新潮文庫

軌道

福知山線脱線事故
JR西日本を変えた闘い

松本創著

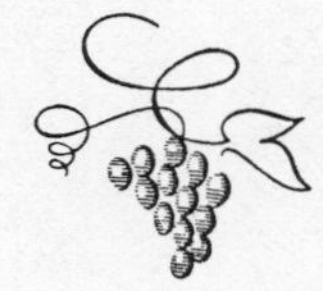

新潮社版

軌道　福知山線脱線事故　JR西日本を変えた闘い

目次

第Ⅲ部　安全をめぐる闘い

軌道

福知山線脱線事故　ＪＲ西日本を変えた闘い

プロローグからあとがきまでに登場する方の肩書は、
２０１８年４月の書籍版刊行当時のものです。

図版作成　アトリエ・プラン

浅野弥三一(あさの・やさかず)氏
震災復興計画を手掛けた神戸市須磨区の千歳地区で
(2014年12月、筆者撮影)

JR福知山線事故 現場概略図

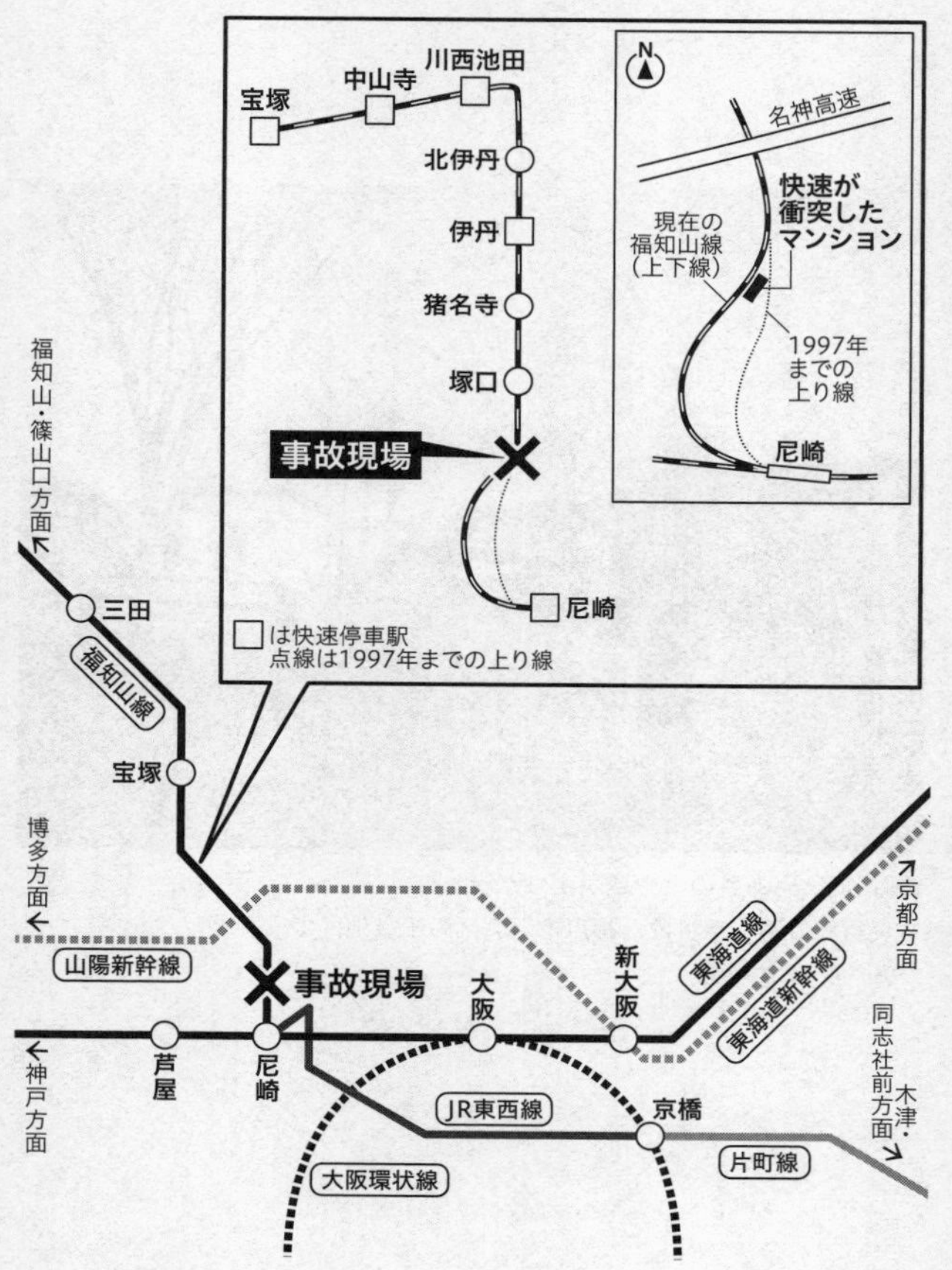

プロローグ　11年の現場から　2016・4・25

かつて「工都」とうたわれ、煙突からたなびく煙と響き渡る槌音を誇ったものづくりの街らしく、中小の工場と住宅が雑然と混在する灰色の風景の中に、その現場はある。

鉄工所、鋼材・パイプや建材の製作所、産業機械や化学工業のメーカー、板金塗装や自動車整備の町工場などが連なる狭い道をハイヤーは通り抜け、踏切の手前で左折して、公設卸売市場と工場のすき間の空き地にすべり込む。奇妙に細長い地形なのは、かつてここに列車の走る軌道があったからだ。約20年前に線路のルートが変更され、今は空き地になっている場所が、毎年この日だけ臨時駐車場に使われる。近隣のタクシー会社から集められた100台余りのハイヤーが同じルートを通って次々と到着し、喪服姿の人たちを降ろしていく。

その車列の中の1台に、私は彼と一緒に乗っていた。こういう形でここへ来るのは5回目になる。

車を降り、道路を挟んで向かいに建つ目的のマンションを仰ぎ見ると、去年まではなかった工事用の白い囲いが建物の南側3分の1をすっぽり覆っている。「エフュージョン尼崎」という名の9階建て分譲マンションは築14年近くになるが――それ以前はこの敷地にも小さな鉄工所や食品工場が軒を連ねていた――人が住んでいたのは最初の2年半だけで、もう長い間、無人のまま時が止まったようにそこにある。最近ようやく保存の話がまとまり、４階部分までを残す工事が数カ月前に始まったばかりだ。マンション足下の沿道では、黒いスーツに社名入りの腕章を巻いた記者とカメラマンの一群が待ち構えている。軽く１００人は超えるだろう。駐車場から現場へ向かうには、道路を渡り、彼らの鼻先をかすめるようにしてマンションの敷地へ歩かねばならない。

脚立の上からカメラを構える者、ノートにペンを走らす者、ＩＣレコーダーを向けてくる者。何ごとか呼びかける声も聞こえるが、どこを向いてどんな顔をしていればよいのかわからない。私の視線は自然と、前を行く背中に定まる。

知り合った頃と比べれば髪はすっかり白くなり、歩幅も狭まったものの、物怖じすることなくマイペースで歩く彼の背中に――。

「撮らんといてや」「何してるねん、あかんで」

大きな声で記者たちを牽制し、カメラを手で払いのけるようにして彼は進んでゆく。いつものことであり、特に感情的になっているわけではない。もともとはっきりと物を言い、時にぶっきらぼうな言葉で人をはねつけるような印象を与えるところが彼にはある。何よりも、今ここでは取材に応じないという意志をはっきり示しておかなければ、にじり寄って来るメディアスクラムに巻き込まれ、押し潰されそうになるのだ。ちょうど10年前の今日がそうだった。

現場の傷跡も、人びととの記憶もまだ生々しかった頃。メディアの数は今以上に多く、記者たちは殺気立っていた。取材のルールも確立されておらず、彼とその家族、私を含む同行者はあっという間に報道陣に取り囲まれた。取材対象が漏らす沈痛なひと言や表情を逃すまいと互いを横目で意識し合う記者たちは、他社の記者が半歩でも踏み出すような素振りを見せると反射的に、どっと同じ方向へ殺到する。あの時も彼のすぐ後ろにいて、不意に押し寄せる人波にもまれた私は、この種の取材にさらされるストレスを初めて思い知った。

それはたとえるなら、意思も表情もなく、獲物を探す本能だけで動くサメの群れに囲まれたような不気味な恐怖と圧迫感だった。自分自身もふだんは「あちら側」にいる人間である。自分の仕事が否応なく帯びる暴力性を突きつけられた気がした。

あれから10年が経ち、保存工事が動き始めた現場はずいぶん様子が変わった。

警備員に導かれて敷地に入ると、両側を防音壁に囲まれた通路がまっすぐ北へ延びている。先頭を行く彼のすぐ右後ろを私は歩き、彼の家族や親戚たちが続く。私たちの後ろに身を隠すようにしているのは、敷地の中を撮ろうとするカメラを避けているのだ。

彼の肩越しに見える正面80mほど先では、防音壁の上に身を乗り出したカメラマンが2人、こちらへ向けて望遠レンズを構えている。右を見上げれば、真っ青な空に高所作業車のブルーのアームが3本、数十mの高さまで伸び、テレビカメラが見下ろしてくる。

慰霊と献花の列が続く現場の模様が、今日の関西のトップニュースになるのだろう。

激しい衝撃でレンガ色の外壁がえぐられ、コンクリートや鉄骨がむき出しになったマンション。2階のバルコニー部分には亀裂が走っている。その壁に手をつき、あるいは壁の前にしゃがみこんで手を合わせ、涙で頬を濡らす人びと。献花台に次々と積み重なってゆくユリやカーネーションの白い花束。周囲に吊るされた無数の千羽鶴。

そして、静かな祈りを破る轟音と、哀悼の長い警笛を残し、すぐそばを走り抜けてゆく銀色の電車──。

この現場の「4月25日」は、毎年そんな写真と映像で報じられる。

彼は2カ所に設けられた献花台に花を供え、淡々と焼香を済ませると、あの壁には近づこうとせず、数十m離れたところにたたずんだまま、祈る人びとを見つめている。

「そばへ見に行かなくていいんですか」

私が尋ねると、苦笑交じりに困惑を口にした。

「僕はええわ。あそこで何をしたらいいのかわからん……」

死者の鎮魂を祈る命日の現場ですら、彼は「遺族」としてふるまうことを自制している。感情に突き動かされることを拒んでいる。そんなふうにも見えた。

2016年4月25日午前11時過ぎ、兵庫県尼崎市久々知3丁目のJR福知山線脱線事故現場。発生からまる11年を迎えた巨大事故の記憶を語るマンションの前に私はいた。

彼──事故で妻と妹を失い、次女が瀕死の重傷を負わされた浅野弥三一の傍らに立ち、何分かごとに通り過ぎてゆく電車の轟音を聞いていた。

事故の「原因」は組織運営の「結果」

西日本旅客鉄道株式会社の宝塚駅発同志社前駅行きの上り快速電第５４１８M列車（７両編成）は、伊丹駅を平成17年４月25日（月）９時16分10秒ごろ出発し、猪名寺駅を通過した後、塚口駅を９時18分22秒ごろ通過した。その後、同列車は、名神高速道路の南にある半径３０４ｍの右曲線を走行中、１両目が９時18分54秒ごろ左へ転倒するように脱線し、続いて２～５両目が脱線し、最後部７両目が９時19分04秒ごろ停止した。

１両目は左に横転し、前部が線路東側にあるマンション１階の機械式駐車場奥の壁に衝突し、後部下面がマンション北西側の柱に衝突していた。また、２両目は中央部左側面が１両目の後部を間に挟んでマンション北西側の柱に、後部左側面が北東側の柱に、それぞれ衝突するなどしていた。さらに、３両目は前台車全２軸が左へ、後台車全２軸が右へ、４両目は全４軸が右へ、５両目は前台車全２軸が左へ、後台車全２軸の左車輪がレールから浮いて、それぞれ脱線していた。なお、６及び７両目は脱線していなかった。

本事故による死亡者数は１０７名（乗客１０６名及び運転士）、負傷者数は５６２名（乗客５６２名。兵庫県警察本部から提供のあった情報による。）である。

国土交通省航空・鉄道事故調査委員会が、事故から2年2カ月後の２００７年6月に公表した事故調査報告書の冒頭に記された事故の概要である。

報告書は、事故列車の当日の運行経過と23歳の高見隆二郎運転士についての詳細――当日の乗務行路、事故直前の宝塚駅や伊丹駅でミスを繰り返したこと、１週間前からの勤務状況、評価や処分歴、性格、健康状態など――を記し、ＪＲ西日本の運転士教育や懲戒処分のあり方、車両の性能、現場の設備、ＡＴＳ（自動列車停止装置）の設置状況、列車運行計画などを多岐にわたって調査・分析した後、２４３頁で「原因」をこう記している。

本事故は、本件運転士のブレーキ使用が遅れたため、本件列車が半径３０４ｍの右曲線に制限速度70㎞／ｈを大幅に超える約１１６㎞／ｈで進入し、１両目が左へ転倒するように脱線し、続いて2両目から5両目が脱線したことによるものと推定される。

本件運転士のブレーキ使用が遅れたことについては、虚偽報告を求める車内電話を切られたと思い本件車掌と輸送指令員との交信に特段の注意を払っていたこと、日勤教育を受けさせられることを懸念するなどして言い訳等を考えていたこと等から、注意が運転からそれたことによるものと考えられる。

本件運転士が虚偽報告を求める車内電話をかけたこと及び注意が運転からそれたことについては、インシデント等を発生させた運転士にペナルティであると受け取られることのある日勤教育又は懲戒処分等を行い、その報告を怠り又は虚偽報告を行った運転士にはより厳しい日勤教育又は懲戒処分等を行うという同社の運転士管理方法が関与した可能性が考えられる。


横書きでわずか12行、Ａ４のページ３分の１ほどの記述。

１９８７年４月の国鉄分割・民営化、ＪＲ発足以降で最悪の事故であり、戦後の鉄道事故でも４番目に犠牲者が多い巨大惨事を総括する文章としては、あまりに素っ気ない。懲罰的な人事管理や再教育など、ＪＲ西日本のいわゆる企業体質を指摘したのは異例だったが、結局のところ、事故調査が認定したのは「運転士のブレーキ遅れ」、つまりは個人の注意散漫によるミスという直接原因にとどまったというふうにも読める。

浅野は、報告書の作成過程で公述人の一人として意見を述べているが、この内容にはまったく納得しなかった。事故調査報告書が示した「原因」は、彼から見れば「結果」に過ぎない。それを引き起こしたＪＲ西日本という組織の問題が抜け落ちている、と。

そして、浅野の事故後の闘いはここから本格的に始まっていった。

私は、この事故を浅野弥三一という一人の遺族の側から見つめてきた。

彼が事故をどう受け止め、何に憤りや疑問や不条理を感じ、どこに原因があると考えてきたか。加害企業のＪＲ西とどう対峙し、この巨大組織のどこに問題を見出し、追及してきたか。それによって何を動かし、変えようとしたか。さらには、事故をめぐるマスメディアの報道や社会の反応は彼の目にどう映っていたか。

取材者として客観的に、事故の全体像を俯瞰して描き出すというよりも、浅野個人の視座に即し、いわば彼というフィルターを通して、事故に関するさまざまな動きと向き合ってきたと言っていい。ちょうど現場での献花のように、彼の後ろに立って、その肩越しに。

そうなった理由は、事故の前から淺野と交流があったことが大きい。私は地元紙の記者だった2000年、彼が支援していた尼崎公害訴訟関連の取材で知り合い、その流れで、彼の都市計画コンサルタント事務所が中心となって取り組む尼崎再生のまちづくりに関わるようになった。事務所に出入りして、若いスタッフとフリーペーパーを作ったり、イベントを手伝ったりするうち淺野や妻の陽子（ようこ）ともよく顔を合わせ、言葉を交わすようになっていった。だから、彼女が犠牲になった事故は、私にとって単なる「取材対象」ではなかった。

もう一つは、事故後の淺野に接するうち、どうしても彼の考えを理解したいと思うようになったことだ。

彼の発言や行動は、これまで私が取材や報道を通して見聞きしてきた事故や災害の遺族とは何かが決定的に違っていた。家族を失い、傷つけられた無念とやりきれなさ、加害企業への憤り、原因究明と責任追及への思い、そして二度と繰り返してほしくないという願いは、いずれの被害者にもあるはずだ。だが、淺野の視点と方法論は独特で、語る言葉は時に難解で、ＪＲ西に対する姿勢は鋭く峻烈（しゅんれつ）でありながら、柔軟で融和的に見えるところもあった。

正直なところ、事故から数年の間は、淺野が何にこだわり、どこを目指しているのか、理解しかねることもあった。雑誌に書く記事の取材をめぐって、こちらの意図をどう説明しても聞き入れてもらえず、「そんな取材には応じられない」と断られ続けたこともある。

だが、私が距離を置いていた数年の間にも、淺野は自らのやり方を貫き、JR西に粘り強く働きかけ、とうとう対話の回路を開かせた。そして、「官僚組織以上に官僚的」と言われた巨大企業を動かし、自己検証と組織変革に向かわせた。

事故後5年以上過ぎた頃から、私はまた淺野と事故について話すようになった。そうして、毎年4月25日の追悼慰霊式典と献花に再び参列を許されるようになったのだった。

国鉄一家の行列

淺野とともに事故現場を訪れる5時間ほど前の午前6時過ぎ、私は報道陣の一人として、あのマンション前の路上にいた。JR西の真鍋精志（まなべせいじ）社長（現・会長）をはじめ、現役と歴代の幹部が早朝のうちに献花に来るのを取材するためである。

幹部の到着を待つ記者たちの中に、知った顔を見つけた。私が新聞社にいた十数年前に交流のあった他紙の同年輩の記者である。現場に集まる記者の中では、今や最年長の部類に入るベテランとなった彼は、こんな感慨を漏らした。

「ここにいる記者で、発生当時を知ってる人間はもうほとんどいないだろうけど、僕は別の支局に転勤してからも、この事故がずっと引っ掛かっていてね。何年かぶりに戻って来て遺族の取材をしていても、彼らの中では全然何も片付いてないんだよね。事故をきっかけに家族がばらばらになってしまったなんて話も少なくない。ほんと罪深いよ、JRは」

つい数日前まで熊本地震の応援取材に行っていたという彼は、こうも言った。

「震災といえば、20年経ったけど阪神・淡路もやっぱり引っ掛かってる。阪神・淡路大震災のちょうど10年後にこの福知山線の事故が起きたわけだけど、どこかつながってる気がするんだよね。高速道路が横倒しになった震災の光景と、電車がマンションにぶつかって大破した光景がね。コスト削減や合理化を追求しすぎて、本当は一番大事なはずの安全が軽視された結果というか……」

私自身は震災と脱線事故を結びつけて考えたことはなかったが、言われてみればなるほど、通底するものがある気もする。

浅野は、都市計画コンサルタントとして震災復興のまちづくりに深く関わってきたし、ＪＲ西は震災後いち早く復旧したことがきっかけとなって急成長を遂げた。同じ阪神間という地域で起きたことだけに、そういう関わりもあるのだ。

30分ほど経った頃、ＪＲ西の幹部たちが到着した。真鍋社長を先頭に現場へ向かう25人ほどの行列の中に、取材や報道で目にしてきた顔がいくつかあった。

事故当時の社長で、検察審査会を経て強制起訴された歴代3社長の一人、垣内剛。事故後の立て直しのために子会社から呼び戻されて社長に就いたものの、神戸地検に起訴されたことにより、道半ばで辞任した山崎正夫。事故当時の広報室長で、真鍋の片腕の副社長として被害者対応本部長も務める来島達夫（現・社長）……。

黙禱と献花を終えた真鍋は、報道陣の前でこう語った。

「これからこの場所も少しずつ形を変えていきますが、私どもが事故を引き起こした事実は変わりません。11年が経ちましたけれども、やはり私どもが当事者として、きちんと鉄道の安全を確立していくこと、また風化防止をしなきゃいけない。この二つを一体のものとして、しっかり取り組んでいきたい」

マンションの一部保存や慰霊碑の建立など、事故の痕跡と教訓を伝える施設の整備が決まり、２０１８年夏の完成を目指して工事が動き始めたことを受けての言葉である。

垣内の前任の社長で、事故当時は会長だった南谷昌二郎は、前日に献花を済ませたといい、現場には現れなかったが、午前9時から尼崎市内のホールで行われた追悼慰霊式には出席していたようだ。式の終了後、ＪＲ関係者と立ち話をする淺野の後ろを、顔を伏せ、足早に通り抜けて行ったのを私は見ている。

そして、分割・民営化を主導した「国鉄改革三人組」の一人であり、「ＪＲ西の天皇」と呼ばれるほどの権勢を誇った井手正敬（事故当時は相談役）は、この日も姿を見せなかった。事故につながる組織風土を作った最重要人物として、淺野ら遺族たちが再三面会を要望してきたが、歴代3社長裁判の法廷以外、公式の場に出てきたことはない。事故以降、マスメディアの公式な取材に応じたこともほとんどない。

井手に代表される「国鉄一家」の強烈なエリート意識と、それゆえ自らの過ちを決して認めず、部下や現場にもミスを許さない〝無謬主義〟。その強固な組織の論理に、淺野は事故後の10年余り、自らのすべてをかけて挑み続け、ついに硬い岩盤に穴を穿った。

特別な人脈があったわけでも、政治家などの権力を頼ったわけでもない。彼を支えたのは「なぜ妻や妹は、なぜ娘はこんな目に遭わなければならなかったのか」という根源的な原因究明への意志と、都市計画の専門家として災害や公害の現場で行政や企業や被災者と向き合い、数々の交渉や調整を担う中で培ってきた交渉力だけだった。鉄道にとって、人の命を預かる公共交通機関にとって、「安全」に優る価値観などない。

極めてシンプルな、しかし私たちの誰もが時に、利便性や快適性や経済合理性の前に忘れてしまいそうになる原理原則。それをただの理念やスローガンではなく、どうやって具体化し、実効性あるものにしていくのか。

遺族としての痛みに耐え、自らの感情すら封印し、愚直なまでに一つの目的を追い続けてきた淺野弥三一の十余年にわたる「軌道」を本書に記録しておきたい。

第Ⅰ部　事故が奪ったもの

偶然が人間の実存性にとって核心的全人格的意味を有(も)つとき、偶然は運命と呼ばれるのである。…………無をうちに蔵して滅亡の運命を有する偶然性に永遠の意味を付与するには、未来によって瞬間を生かしむるよりほかはない。未来的なる可能性によって現在的なる偶然性の意味を奔騰(ほんとう)させるよりほかはない。

――九鬼周造『偶然性の問題』

第1章　喪　失

蒼天（そうてん）の桜

遅咲きの桜が、名残を惜しむように蒼（あお）い空に輝く朝だった。

「もう行くのか。ちょっと早すぎるやないか。そんなに急いで行かんでもええのに」

身支度を整えて玄関に向かう妻に、淺野弥三一は声をかけた。

「こういうことは早い方がええのよ」

妻の陽子は言って、「行ってきます」と微笑（ほほえ）んだ。「日帰りやし、軽装で行くわ」。

濃紺のワンピース。首には前夜選んだ空色のスカーフを巻き、小さなハンドバッグを持っていた。大型連休間近の、よく晴れた暖かい月曜日。初夏のような出で立ちだった。隣に次女の奈穂が寄り添っていた。1歳半になる姪っ子にあげるんだとお菓子の紙袋を下げて。

2005年4月25日。母娘は兵庫県宝塚市安倉の自宅を出た。午前8時半過ぎだったと淺野は記憶している。

38年連れ添った妻の、それが最期の姿になった。62歳だった。

妻と娘が千葉県の親戚を訪ねることになったのは前日24日の夜。急な話だった。日頃から何かとやり取りのあった淺野の叔母が、前年の秋から体調を崩して入院していた。仕事を休めない淺野の代わりに、叔母と仲の良かった陽子が見舞いに行ってくれることになり、数カ月前からタイミングを探っていたのだが、淺野の仕事がひと息ついたことで思い立ったようだ。陽子は妻であると同時に、淺野が営む都市計画コンサルタント事務所をずっと支えてきた社の役員でもあったから、ほっとする気持ちがあったのかもしれない。

その日、淺野が関わってきた阪神・淡路大震災の復興まちづくりが一つの区切りを迎えた。神戸市須磨区千歳地区の区画整理事業で、公園と地区センターの完成式典があったのだ。

戦後の焼け跡に長屋や狭小住宅が建ち並び、約1200世帯が肩を寄せ合っていた同地区は、1995年1月17日の震災で9割以上焼き尽くされ、高齢者を中心に47人が犠牲になった。戦後50年目に再び焦土と帰した地区の復興計画を市役所と住民の間に入って調整し、新しい町の姿を描いていく。難しくもやりがいのある役目を地区の自治会から依頼され、震災3カ月半後の5月から10年にわたって取り組んできた仕事である。

浅野たち夫婦と若い社員2人の事務所全員で式典を手伝い、町の新たな一歩を住民たちと喜び合った。ささやかな祝賀会が開かれ、少しだけ酒を飲んだ。ほろ酔いの帰り道、「これで少し肩の荷が下りるな」と浅野が漏らすと、陽子は「ご苦労さま。これからはちょっとペースダウンしたら」と、ねぎらいの言葉をかけてくれた。

祝賀会でたくさんもらった紅白饅頭を近所に配り、早めの夕食を食べている時だった。陽子がふと、「お父さん、お見舞いやけど明日はどうやろ」と切り出した。

「明日か。うん、明日やったら事務所のほうは大丈夫やろ。悪いけど行ったってくれるか」

日帰りだというので、浅野も軽い気持ちで頼んだ。

近くに住んでいる淺野の実妹の阪本ちづ子(当時55歳)、結婚して大阪にいる長女の吉成充智とその末娘、それに次女の奈穂も一緒に行くことになった。奈穂は6年間にわたるカナダでの生活を終え、つい2週間前に家に帰ってきたばかりだった。

電話でとんとん拍子に話がまとまると、その晩のうちにちづ子が近くの駅で新幹線の切符を買ってきてくれた。午前10時10分、新大阪発ののぞみ。宝塚から出かける3人は、大阪から向かう充智と10時に新幹線の改札前で待ち合わせることになった。

翌朝、陽子と奈穂は車で出かけて行った。15分ほどのところにあるちづ子の家に寄り、彼女の夫が車ですぐのJR川西池田駅まで送ってくれるという。

「蒼い空に輝く遅咲きの桜」は、山すその住宅街にあるちづ子の家に向かう2人が、車の中から見た風景だ。「きれいやね」と母娘は弾んだ会話を交わしたのだという。見舞いとはいえ、長く海外にいた娘と久しぶりの小旅行。妻には浮き立つような解放感もあっただろう。

ただ、淺野が思わず口にしたように、少し急ぎ過ぎていたかもしれない。スムーズにいけば、待ち合わせの30分も前に新大阪へ着いてしまう計算だった。

2人を見送った後、淺野はいつも通り9時10分頃に家を出て、車で30分ほどの距離にある尼崎市南武庫之荘の事務所に向かった。いつものようにカーラジオを聞くともなしに聞いていた耳をとらえたのは9時半のニュースだった。

ＪＲ福知山線の上り快速電車が塚口駅と尼崎駅の間で脱線――。

「死傷者が出ているもよう」と言ったかどうかは覚えていない。嫌な気がした。「ひょっとしたら」という不安と、「どうか乗っていないでくれ」と祈る気持ちを両方抱えたまま、事務所に着いた。

最初に、新大阪駅で待っている長女の充智の携帯に電話した。

「お母さんたちは着いたか」と尋ねると、「来てへん。事故があって電車が止まっているみたい」と言う。いったん切り、妹の夫に電話すると「時間からすれば、きっとあの電車ですわ」と不安気な声だ。３人を川西池田駅で降ろしたのは9時過ぎだったらしい。妻の携帯を鳴らす。何の反応もなかった。コール音も鳴らなかったように思う。もう一度、充智に電話したが、やはりまだ来ていない。「今日は中止や。もう帰りなさい」と帰宅させた。

10時過ぎにテレビを点(つ)けると、現場の生中継が始まっていた。

マンションの角に押し潰(つぶ)された車両がまず目に飛び込んでくる。その周辺に散乱する数台の後続車両。踏切で乗用車と衝突して脱線し、線路脇(わき)のマンションに激突したとアナウンサーは伝えていた。レスキューや救急隊員、警察官に交じって、近隣の住民らしい人たちも走り回っている。人手が足りていないという。担架が足りず電車のシートで負傷者を運び出している、現場にブルーシートを広げて収容しているという情報もあった。負傷者はかなりの数だというが、詳しくはわからない。いずれにせよ、妻たちが無事であればもう新大阪に着いていなければおかしい。巻き込まれたのか。いや、事故列車に乗っていても助かっている可能性もある。どこかに逃げ延びてくれたのでは。生きていてくれ――。

たまたま休みで自宅にいた長男の弥三仁(やさひと)や妹の夫と何度も連絡を取りながら、ずるずると蟻地獄(ありじごく)に引きずり込まれていく心境だった。

巻き込まれたことが決定的になったのは、新大阪から引き返した充智の家に残されていた留守番電話だった。知らない男性の声で「淺野奈穂さんが事故に遭い重傷です」と何件も入っていたという。正午頃、充智からの電話で知らされた。

テレビが伝える死傷者の数は半時間ごとに10人単位で増えていった。弥三仁と妹の夫に、負傷者が搬送されている尼崎中央病院に走ってもらい、その後、奈穂の搬送先と判明した兵庫医大病院に回ってもらうよう頼んだ。淺野は自宅に戻って連絡を待つことにした。

地獄をさまよう気分だった。

（注・事故直後の状況については、浅野と充智の記憶にいくつか相違がある。充智の話では、母と妹の携帯電話を何度も鳴らし、留守番電話も残している。また、勤務先のテレビでニュースを見た自分の夫から大事故であることを知らされ、家に戻るよう言われる11時頃まで新大阪駅で待っていたという）

偶然の連鎖

事故調査報告書によれば、３人が乗った宝塚発同志社前行きの快速電車（7両編成）は、９時10分44秒に川西池田駅に到着し、36秒間停車した後、定刻より35秒遅れて9時11分20秒に同駅を出発している。次の停車駅の伊丹（いたみ）駅では所定位置を約72ｍ、3両分以上行き過ぎる大幅なオーバーランを起こした。バックして乗客を乗降させた後、１分20秒遅れの9時16分10秒に同駅を出発。猪名寺（いなでら）駅を通過した後の直線でどんどんスピードを上げ、制限速度の時速１２０㎞を超える時速１２５㎞に達した。次の通過駅である塚口駅を時速１２２㎞で通過したのは1分12秒遅れの9時18分22秒だった。

伊丹駅以降の異常な運転ぶりが乗客たちの証言や手記に多数残されている。

「オーバーランで止まった後、アナウンスもなく急にバックを始めた。戻る速度は速く、ホームでの停車も荒っぽかった」（6両目乗客）、「伊丹駅出発後なかなかお詫びの車内放送がなく、友人と軽く不満を漏らした。『なんか急いでるなあ』『さっきの遅れを取り戻そうとしてるんやね』という会話もした」（1両目乗客）。

その車内放送が終わる頃から乗客たちは体感したことのないスピードに恐怖を感じ始める。「車体が上下に揺れ、窓ガラスがガタガタ軋みだした」（1両目乗客）、「車窓の風景に目が追いつかなくなるほど」（2両目乗客）、「新幹線のように風景が流れていった」（5両目乗客）、「限界までスピードを上げている感じ」（6両目乗客）。この間、1分余りのこととみられる。

そして電車は、名神高速道路をくぐるとすぐ現れる右カーブへ時速116㎞で進入してゆく。同カーブの制限速度は時速70㎞。通常は塚口駅を通過した直後にブレーキをかけて大きく減速するところだが、ブレーキ操作の形跡は一切ない。惰行したままカーブに突っ込んで行った直後の9時18分50秒、ようやく手動ブレーキが使用されるが、猛スピードで勢いのついた車体を制御する力はもはやなかった。

発生当初、踏切事故と報じられたのは、時速50㎞近く速度超過した電車がノーブレーキでカーブに突っ込んで行くという異常事態を、ＪＲ西日本も警察も想定していなかったからだ。

9時18分54秒、1両目が左に倒れるように脱線。続いて2〜5両目が次々と脱線し、最後部の7両目は9時19分04秒に停止した。

陽子たち3人が乗った川西池田駅を出てから8分足らずのことだった。

3人は2両目に乗っていた。4つあるドアの最後部から乗り込み、空席がないため立っていた。事故の2年後に奈穂が書いた手記に、その瞬間までの描写がある。

〈席はほとんど満席状態で、開かないほうのドアに母と叔母がもたれ、私は2人の真ん中に右手で手すりを持ちつつ、「桜が満開だし、いいお天気で気持ちがいいね」と久しぶりの再会を楽しんでいました。

電車は、伊丹駅に近づいても速度が落ちなかったので、「伊丹には止まらなくなったのかな?」と感じました。しかし、駅を通り過ぎようとした時、急にブレーキがかかり電車がバックし始めました。叔母の「この運転手寝てんのかな? 起こしてこようか?」という冗談に3人が笑っていた数分後、片輪が浮いた位の揺れで母はバランスを失いながらも叔母の手を取りました。二人の重なり合った手を、私は左手で引き寄せようと握った瞬間に、「グシャ」というアルミ缶を潰したような音を最後に記憶

がなくなりました〉(『JR福知山線脱線事故 2005年4月25日の記憶』より)

浅野が後に奈穂に聞いたところによれば、川西池田駅に着いた3人は、時間に余裕があるため快速は見送り、座って行ける普通電車に乗ろうかという話もしたのだという。しかし結局、最初に入ってきた快速に乗ってしまった。

「出かける日、家を出る時間、乗る電車。すべて運の悪い方悪い方を選んでしまった」

そう言って浅野は悔やむ。自分が見舞いに行ってほしいなどと言わなければ。あの朝、もう10分でも出発を引き留めていれば……。

長女の充智にも同じような後悔がある。

「新幹線をあの時間にしてほしいと言ったのは、わたしの都合なんです。上の子供2人を学校と幼稚園に送り出した後に新大阪に向かうから、あんまり朝早くは行けないって。自分のせいだと、今でも責任を感じることがある」

事故につながる必然があの列車にいくつも潜んでいたとしても、乗り合わせた者にとっては悪い偶然が重なっただけであり、誰かが責めを負うことでは決してない。わかってはいても、残された者たちはそうやって自分を責めることになる。

そもそも浅野や陽子にとってJRは日常の足ではなかった。こうして新幹線で遠出する用事でもなければ、ほとんど使う機会はなかった。いや彼らだけでなく、宝塚市内でも古い地域に住む人たちの多くはそうだという。

「うちの安倉という地域は旧小浜村（現在の宝塚市小浜地区）、古くは小浜宿と呼ばれた宿場町の一角なんやけど、鉄道はどこの駅からも遠く、バスの便も悪くてね。宝塚には、阪急電車の宝塚線と今津線、JR福知山線の3つの線路が走っているといっても、ふだんの買い物や日常的な移動はほとんど車です。

それでも何か必要があって電車に乗るとしたら、ほとんど阪急やったね。僕は西宮に通った中高時代や神戸の大学時代はずっと阪急の今津線を使ってた。仕事で神戸や大阪に電車で行く用事がある時は、女房によく車で今津線の逆瀬川駅まで送り迎えしてもらった。子供たちは、京都に職場があった息子と、奈穂が一時期、伊丹の会社に勤めている時に使ってたかな。だけど基本的に、うちやこのへんの人たちは阪急族なんですよ。JRは、不便で本数も少ないローカル線という国鉄時代からのイメージが強く、ほとんど縁がなかった」

JR福知山線は、民営の「阪鶴鉄道」を前身とする。大阪郊外の神崎（現在の尼崎駅）を起点とする鉄路が明治20年代から30年代にかけて整備され、塚口、池田、宝塚、三田、篠山、福知山、舞鶴と順次延伸し、大阪から兵庫の裏六甲（阪神間北部や丹波地域）を経て京都北部が結ばれていった。それが１９０７（明治40）年、日露戦争後の国策で制定された鉄道国有法によって国有化され、官設鉄道「福知山線」となる。後の国鉄である。

それによって宝塚市域の交通の要衝は、街道筋の宿場町だった小浜から、北西へ２km余り離れた現在の宝塚駅周辺へと移ってゆくわけだが、ほどなく京都と出雲を結ぶ山陰本線が開通したことで幹線鉄道の地位を奪われ、亜幹線つまりは格下の路線にとどまった。前後して開通した阪急電鉄の前身「箕面有馬電気軌道」が、宝塚の新温泉や歌劇場、住宅地など沿線地域開発に力を入れ、当時急速に発展していた阪神間と結ばれたこともあり、宝塚における鉄道の地位は、淺野が言うように圧倒的に阪急優位が長く続いてきた。

福知山線の乗客が増えるのは、沿線の三田市が大規模ニュータウン開発で人口が急増した１９８０年代後半から90年代にかけてのことだ。国鉄時代終盤の86年、ニュータウンの入口となる新三田駅が設置され、同駅までの複線化と福知山駅までの全線電化が完成。ＪＲになって以降は「ＪＲ宝塚線」の愛称が付き、一時廃止されていた快速電車も再投入された。97年には複線区間が篠山口駅まで延び、さらに尼崎駅と大阪の京橋駅を結ぶＪＲ東西線が開通したことによって、大阪市内を巡る主要幹線である大阪環状線や、大阪府東部から京都府南部へ至る片町線（学研都市線）と直通で結ばれる。

90年代後半の数年間、地元紙の三田の総局にいた私は、当時の盛り上がりをよく覚えている。山間部や田園地帯を縫ってのんびり走る、多い時間帯でも1時間にせいぜい6～8本程度だったローカル線は飛躍的に本数を増やし、都心への通勤通学路線に変貌（へんぼう）していった。

当時、ＪＲ西の社長だった井手正敬が強力に推し進めた、いわゆる「アーバンネットワーク」――京阪神の都市近郊路線を増便・高速化し、路線間の接続を改良することで、「私鉄王国」と言われる関西圏で私鉄各社に対抗する経営戦略――である。事故がその延長線上にあると言われる所以（ゆえん）だ。

だが、そんな沿線の発展も、ＪＲと私鉄の競争も、古くから宝塚に暮らしてきた浅野や妻の陽子にとっては関係のないことだった。たまたま乗った鉄道路線の、たまたま乗った快速電車。たまたま乗り込んだ2両目。それが最悪の運命へ猛スピードで突っ込んでいくとは、誰が想像できただろう。

40時間後の対面

3人が乗り換えるはずだった尼崎駅の1・4km手前のカーブで脱線転覆した快速電車は、先頭2両が線路脇のマンションに激突し、大破した。1両目は、建物1階の駐車場に突入し、横倒しの状態で奥の壁にぶつかった。2両目は建物側壁に衝突。車両の左側面に柱が食い込み、「く」の字型に押し潰された。脱線だけではこうはならない。線路脇わずか5mにマンションが建っていたこと、軽量化によりステンレス製だった車体に強度がなかったこと、そもそも車両というものは側面からの衝撃を想定しておらず、ほとんど無防備であったことが被害を広げた。「これほどの大破は見たことがない」と専門家が息を吞むほど原型をとどめぬまで破壊された先頭2両を中心に、その日のうちに死者58人、負傷者441人に達した。

2両目に乗っていた淺野の家族3人のうち、奈穂は先述の通り、重傷を負ったことが確認された。同じ車両で奇跡的に助かった同志社大生に頼み、姉の家に電話をしてもらったからだ。しかし、陽子と阪本ちづ子の安否はつかめないままだった。

淺野の息子の弥三仁たちが兵庫医大病院を訪ねた時、ICU（集中治療室）に入っていた奈穂はわずかに意識があり、ひと言ふた言交わしたという。浅野が後に医師から聞いたところによれば、その数時間が生死の境だったようだが、とりあえず生存が確認されたことで、彼の意識は妻と妹の安否確認に移る。充智やちづ子の家族、親戚たちも自宅に集まり、40カ所以上の病院を当たった。だが、事故から10時間以上経った夜になっても何もつかめなかった。

大きな事故や災害が起こった時、当事者や渦中にいる者ほど情報の空白地帯に置かれる。何ごとが、どれほどの規模で起きているのかわからない中で、不安と焦燥に駆られながら、とにかく最悪の事態だけは回避したい、どうにかして免れていてほしいと、それだけを願う。

重苦しい時間がじりじりと過ぎて行った。誰かが「（遺体安置所となった）尼崎の市立体育館に行こう。最後はそれしかない」と言った。それで、浅野を除く全員が体育館へ向かった。

夜中の零時頃、「ちづ子らしい遺体があるから見に来てほしい」と親族から連絡があり、体育館へ行った。彼女の夫は「違う」と言っていたが、その息子は「お母さんに間違いないわ」と力なく言った。他の親戚も無言で同意している。遺体確認など、浅野もしたことはない。だが結果的に、妹に引導を渡す形になってしまった。

遺体は棺に入っていた。その上にインスタントカメラで撮った写真が置いてある。まず写真で確認し、間違いないとなったら棺を開けて対面する。

妹の顔を見た時、一瞬クッと胸が詰まった。しかし、その先に悲しみや悔しさが溢れてくることはなかった。涙も出ない。

「ああ、ちづ子やな」

呆然と、そう思うだけ。感情というものが断ち切られ、自分から離れてどこかへ行ってしまった。自分が生きているのか死んでいるのかすらわからない。いわば「空」の状態だった。

「連れて帰ります」と言う妹の家族と一緒に体育館を出たのは、午前2時頃だった。

あくる日も朝から体育館へ行った。1階の控室にたくさんの遺族がいたが、声を上げて泣いたり、感情をあらわにしたりする人はほとんどいなかった。低く嗚咽を漏らしながら、みんな静かに壁を背に座っていた。泣き崩れるのは地下の安置所である。とにかく空気が重かった。耐えきれず、1時間おきに外へ出てグラウンドを歩いた。詰めかけていた記者たちに何度かコメントを求められたが、すべて断った。

陽子の情報は相変わらずなかったが、ＪＲの社員が30分ごとに現場の搬出状況をアナウンスしていた。だが、正確な情報など誰もつかんでいない。それが、ＪＲ西日本が独自に把握した情報なのか、兵庫県警が発表した捜索状況なのか、そもそも本当に現場と連絡が取れているのか、何もかも不確かなままだった。「マンションの耐震診断をするので遺体搬出はその後になる」というアナウンスがあった。「ちょっと待て。順番が違うやろう」とJRの社員に詰め寄った。すると、しばらくして「1、2両目の遺体はすべて搬出された」という情報がアナウンスされた。「何を言っている。うちのは出てきてへんやないか」

混乱の極みだったとはいえ、無責任な発言が腹立たしかった。「ここの責任者は誰や」「県警は何をやっている」。何度となく、そんなやり取りをした。結局、「1、2両目に十数人ずつ遺体が残っているようだが、3両目を解体しないと出せない」ということになった。

妹の死亡を確認した時点で、たった1%の望みも断ち切られている。ただ妻を早く出してやりたかった。巨大な残骸(ざんがい)と化し、埃(ほこり)まみれになった車両から。忌(い)まわしい絶望の暗闇(くらやみ)から。

「おまえ、どこにいるんや……」

祈るように心の中で問いかけるばかりだった。

事故の翌朝、体育館に向かう淺野の姿がテレビの映像に残っている。取材を受けたことなど本人の記憶からすっぽり抜け落ちているが、車に同乗したカメラは、短いながらも生々しく、妻を捜す表情を至近距離でとらえている。

「今搬送しているものがあるんで、そこでまあ……ちょっとまだ、それがわからんと。で、着てる物では違うと」

携帯電話で誰かと話す横顔には緊張感がありながら取り乱したところは一切なく、落ち着き払っているようにも見える。仕事の打ち合わせでもしているように冷静な口調。車を降り、左手を尻ポケットに突っ込んで、体育館入口へ大股で歩いてゆく後ろ姿は決然として、誰も寄せ付けない雰囲気が漂う。

撮影したのは読売テレビ記者の堀川雅子。尼崎公害訴訟関連の取材で淺野と面識があったものの、2年以上会っていなかった堀川は、淺野の妻が事故に巻き込まれたらしいと知り、事故翌日の朝早く、ためらいつつ電話をかけたという。

「電話口の声は意外なほど落ち着いていましたね。『今から体育館に行くんや』と言われるので、同行させてもらえませんかとお願いしたら、『ああ、まあええよ』と。たしかＪＲ尼崎駅で待ち合わせたと思いますが、顔を合わせた時は『おおマサミさん、久しぶりやなあ』って、名前を間違えられたからよく覚えてるんですけど、なんというかサバサバした感じすらあって。どうにか平静を保とうとされていたのかもしれません。撮影は無理かもしれないと思いながらハンディカメラは持って行ったので、これで撮らせてもらってもいいですかと恐る恐る聞いたら、具体的な文言は忘れましたけど『まあ別にええよ』という感じで了解してもらった。それで、うちの社の車で体育館へ向かうほんの何分かの間でしたが、わたしが隣で回したんです。状況がわからず混乱してはいるけれども、表情や話しぶりは努めて冷静という印象でした」

堀川の証言は、事故直後の浅野に接した知人たちの印象と一致している。

混乱してはいるが、努めて冷静を保とうとしている——。浅野の内面では「感情が断ち切られた空の状態」であったのが、周囲にはそう映ったということだろう。その状態は、後々まで続くことになる。

浅野が、妻の陽子らしい遺体があるという連絡を受けたのは26日の夜9時頃。朝から詰めていた体育館から自宅に戻ってしばらくのことだった。

「確認に来てほしい」と言う警察官に着衣を訊くと、濃いグリーンの服だという。

「それなら違う。女房はたしか濃紺の服だった」と電話を切った。認めたくなかった。

知り合いの尼崎市職員から「一度確認に行った方がいい」と電話があり、さらに11時過ぎ、再び警察から「とにかく一度見てもらいたい」と要請があった。そこでようやく浅野は、家族や親戚と一緒に体育館へ向かうことにした。

零時半頃体育館に着いたが、安置所へ行く気になれず、30分ほど控室で座っていた。親戚に促されて地下へ下りた。

見せられた写真は右向きの横顔だった。激しい打撲で腫(は)れ上がり、大きな青いあざがついている。おばけのようだと思った。こんな顔が妻のはずはないと、心の中で打ち消そうとする。だが、妻の妹が最初に口を開いた。「これは姉さんや。間違いないわ」。髪の生え際(ぎわ)が自分と似ているという。

遺体が身に着けていた遺留品が傍らにいくつか置いてあった。服はよく見ると深い緑の、黒に近いぐらいの色だった。濃紺だと思っていたが違ったのか。判断がつかない。ただ、空色のスカーフには見覚えがあった。だが、腕時計は自分とペアの物ではない。

「いつも着けてる時計と違うやないか」

一つ認めては、一つ違う理由を探す。目の前の現実を受け入れる踏ん切りがつかなかった。指輪の裏側を見てもらうと、38年前の結婚記念日と、2人の同じイニシャル「Y・A」が刻まれていた。

「足を見せてくれないか」

そばに控えていた係の人間に言う。陽子はかなりひどい外反母趾だったのだ。遺体の足は見慣れた形だった。腹部に手術痕もあるという。それも妻の体にあったものだ――。

涙は出なかった。何も考えられなかった。ひと言も発することができぬまま、ただそこに立ち尽くしていた。そんな自分を、肉体から遊離したもう一人の自分が見つめていた。

棺の中で正面を向いた妻の顔には、もう一つ大きな黒いあざがあった。あの朝、出かけて行った笑顔とは似ても似つかない。悔しいだろう。唇をきゅっと結んでいるのを見て、「この人らしいな」と淺野は思った。

事故発生から約40時間。27日の午前1時を回っていた。

最愛の面影

一つ年下の陽子との出会いは見合いだった。淺野の自宅近くにある良縁に恵まれると評判の尼寺へ、彼女が母親に連れられて来たのが縁になった。淺野が神戸大学大学院の建築学専攻を修了したばかりだった25歳の4月の雨の日、尼崎市内で初めて顔を合わせた。

「僕はどこかの大学に職を見つけるつもりやったけど、先行きもはっきり決まってない頃。結婚なんてまだ早いし興味もなかったんやけど、祖母や親から熱心に勧められてね。

見合いの日はちょうど僕の母校が高校野球のセンバツ大会に出ていて、それが気になってしょうがなかった。両家の顔合わせが済むと、雨の中、総絞りの着物姿の女房を連れて甲子園へ行った。彼女はまったく野球を知らなくてね。並んで差した傘の下から『どうして（ランナーは）あっちへ走るの？』なんて聞いてきましたよ。その後、ヅカガール（宝塚歌劇団の団員）がよく行くというレストランで食事をした。それが初めて会った日の思い出。『あの時、お父さんは私より野球ばっかり見てた』と、よく冗談交じりに責められたもんです」

明るくて素直、小さなことにこだわらない闊達（かったつ）な女性だった。その印象は一緒に過ごした38年の間、まったく変わることはなかった。

「骨身を惜しまず自分の仕事をしっかりとやる人でね。家庭のことも、事務所のことも。それでいて押しつけがましさや出しゃばることは少しもなく、いつの間にか人の輪の中にいる。自分にはできないことだけに、いつも感心して見ていた」

大学院を出た浅野は結局、教授の頼みで大手不動産会社に就職したものの、マンション開発の仕事に興味が持てず、半年余りで退社。ちょうど設立まもなかった京都の都市計画コンサルティング事務所に誘われ、その一員となった。1968年2月のこと。当時、建築の分野から派生する形で注目され、自身も大学院で取り組んだ地域開発やまちづくりを手掛ける仕事に飛び込んだのだった。同時に、陽子との結婚生活が始まった。京都の事務所にいた7年の間に、長男の弥三仁、長女の充智、次女の奈穂が2年おきに生まれている。

1975年、33歳で独立し、尼崎市に「地域環境計画研究所」を設立。阪急武庫之荘駅北側のマンション一室からのスタートだった。現在、同社のホームページにはこうある。

〈当社の理念は1975年に設立した頃はちょっと珍しい存在でした。当時は日本全国でニュータウンやダム建設など巨大な開発がすすみ、豊かな日本の経済力を背景に国際化がすすめられていた時代。成長こそがすべてだった時代に「住民の暮らし方」や「地域と人との関係性」に注目した創業者の浅野弥三一は、自治体や関係団体からの調査研究や計画策定にかかわる受託業務のかたわら、ライフワークとして水害や土石流、大気汚染、大地震といった地域の再生に取り組んできました。
そうした経験を通じて得た次の三つの視点が当社の理念のベースになっています。
地域の自然や歴史や文化を大切にする。行政と住民の間に立って橋渡しをする。住民が地域にかかわる仕組みをつくる〉

新しい分野に新しい視点で取り組む新しい会社。「住民のためのまちづくりを支援したい」という浅野の思いだけで走る事務所を支えたのが、妻の陽子だった。結婚前は薬剤師として病院に勤めた経験があったが、それとはまったく異なる経理・総務の仕事を担った。

「3年目まではずいぶん経営的に厳しかった。5年でやっと少し安定した。それでも毎年決算を済ませるたび、女房と『来年も食べていけるんやろうか』と話し合ったもんです。

実は、女房は若い頃、いずれ資格を活かして薬局を開きたいと思っていたようで、そのための勉強もしていた。それが40代の半ばだったか、『もう薬局はいいねん』と言うようになった。僕の仕事をこれからもずっと支えようと決心してくれたんやと思う」

「家でも会社でも24時間一緒にいて、よく嫌にならないね」と子供たちにあきれられるほど二人三脚で作り上げてきた仕事である。その事務所が30周年を迎える年に妻は逝(い)った。

　夫婦の関係を長女の充智はこんなふうに見ていた。

「父はあの世代の男性らしく仕事一筋の人。休みの日もあちこちを飛び回っていて、わたしたちの子育てや同居していた父の両親の世話など、家庭のことはすべて母に任せきりでした。無口というのではないけど気難しいというか、こだわりが強く、物の言い方がきついところがあって、人付き合いも上手な方じゃない。

　そのあたりをフォローして、親戚やご近所との付き合いなんかを全部一手に引き受けていたのが母でした。尼崎の米屋の生まれで、商売人の家庭に育ったからというのもあるんでしょう、自分のことよりも父のすることや周りの事情をよく見て、細かな気配りができ、人当たりも柔らかい。うちの家は母がいないと、とても回っていかなかったと思います」

　職場でも同じような関係だった。事故後、顧問に退いた浅野に代わり、地域環境計画研究所の社長を務める若狭(わかさ)健作(けんさく)は言う。

「僕と同期の綱本武雄(つなもとたけお)が新卒で事務所に入った時、浅野はもう60歳ぐらい。長年一人で看板を張ってきた人の下にいきなりついたわけです。右も左もわからないまま現場へ連れて行かれるんですけど、最初は戸惑ってばかりでした。浅野のことを『闘うコンサルタント』と言う人もいるように、自分の中の原理原則や仕事のやり方に妥協しない人なので、仕事先で衝突することも少なくない。ようケンカする人やなあと思って見てました。

もちろん僕らもよく叱られました。2人で一生懸命考えていったプランやアイデアを話しても言下に否定されたりすると、さすがにへこみますよね。でも、そういう時は奥さんが必ずフォローしてくれた。『社長も今はああ言うてるけど、わかってくれるから。わたしからもよう言うとくから、あんたらも頑張り』と、こっそり声をかけてくれるんです」

厳格で職人気質の淺野が「骨格」だとすれば、物腰柔らかく周囲をまとめていく陽子は「土台」だった。淺野は土台を失ってしまったのである。家庭においても、職場においても。

50代の半ばから、夫婦は引退後について話すようになっていた。

「子育てが終わり、家も建て替え、亡くなった姑や高齢の舅に代わって、これからは自分がこの家の土台になってゆくという覚悟が女房にはあったと思う」

義父の生活介助に必要になるからと、いつの間にかケアマネージャーの資格に挑戦し、そのために体力を付けようと健康体操の講習にも通っていた。指導者の資格を取り、近所の主婦や高齢者を集めて教室を開いていた姿を覚えている。

「そうやってあれこれ忙しい中で、自分自身の生活も楽しんでいた。和服を日常に取り入れたいと着付けを習い、気がつけば家でも時々着物で過ごしていたりね。『引退後は2人でゆっくり旅行したい』ということもよく言っていた。それまでも、夫婦で鹿児島の温泉に出かけたり、カナダにいた奈穂に通訳を頼んで3人でイタリアを巡ったり、機会を見つけては旅行をしてきたけど、仕事から完全に解放され、互いの長年の労をねぎらう旅はまた違った気分で楽しめただろうに……」

そんなささやかな夢も、あの日一瞬にして奪われてしまった。

弔いの日

妻の遺体確認から一夜明けた27日、自宅前に詰めかけた報道陣に対し、淺野は「写真や映像は流さない」という条件で取材に応じた。入院中で、まだ事故後の様子を知らされていない奈穂の目に触れることを恐れたためだった（しかし、報道各社が集めた妻の写真がその日の夕刊に載り、淺野はマスメディアに不信を抱くことになる）。

昼前に遺体を自宅に連れて帰り、仏事の準備を進めた。仏間に寝かせた妻の遺体を前にして考えていたのは「この人らしく送ってやりたい」ということだけだった。

「どうやって事故直後の数日間を乗り切れたのかわからない」

と、淺野は振り返る。さまざまなことがあったはずだが、記憶はほとんど残っていない。自分がどこにいて、何をしているかもわからない夢遊病のような状態だった。

「女房や妹の遺体と対面した時から、僕の中には二人の自分がいた。光のない荒涼たる砂漠に放り出され、呆然と立ち尽くす自分。それとは別に、感情を完全に排して淡々と事態を受け入れ、やるべきことに対処していくもう一人の自分。感情のない自分に手を引かれ、呆然とした自分が頼りない足取りで暗い砂漠を歩いている。そんな精神状態やった。

冷静……というのとは違う気がする。あえて言うなら、感情が断ち切られた冷徹さが自分を動かしていた」

28日に通夜（つや）、29日に葬儀が自宅近くの松林寺（しょうりんじ）で行われた。参列者は８００人を超し、寺の前の国道１７６号に長い列ができるほどだった。

私も葬儀に参列した。よく晴れた午前中だった。終了後、寺の短い階段を下りる手前で弔問客を見送る喪主の淺野を今もよく覚えている。なんとか立ってはいるが、その姿はゆらゆらとはかなげで、心ここにあらずに見えた。かける言葉もなく黙礼すると、「ありがとうね」と弱々しいひと言が返ってきた。

眼鏡の厚いレンズの奥の目は濡れているようにも、まぶしさに細めているようにも見えた。突然の巨大事故が彼から奪い去ったものの大きさを思うと、ただ黙って目で応えることしかできなかった。

葬儀が始まる直前、寺の境内で、淺野は事故後初めて奈穂に会っている。

4日ぶりに向き合った娘は顔が腫れ上がり、首をギプスで固定されて車椅子に座っていた。2両目の車内で両足を挟まれたことによるクラッシュ症候群だった。

手記によれば、奈穂は事故の数分後、呼吸ができない苦しさと足の激痛で意識を取り戻した。無残に折れ曲がった車体の残骸、外れた電車のシート、棚の鉄棒などが絡み合ってぐちゃぐちゃになった車内で折り重なるように人が倒れていた。両足首を鉄棒に挟まれて動けなかった奈穂は、自分の下に母親と叔母がいると思ったという。何が起きたかは理解していた。

頭上の方でスッと立ち上がる人がいた。「大丈夫ですか」と声をかけてきた彼に家族への連絡を頼んだ。それが充智の家に残されていた同志社大生の留守番電話である。

なんとか救出されたものの、病院に運ばれてからの数時間、生命の危機に陥る。駆け付けた兄と叔父に、医師が「いつ急変するかわからず、命の保証はなんとも……」と説明するのをベッドで聞きながら、「ああ、わたし死ぬんだ」と思っていたという。

そんな状態で過ごした3日の間、ずっと頭の中を占めていたのは母と叔母の安否だった。どこにいるのだろう。助かっていてほしい――。病院には充智が付き添っていたが、奈穂にショックを与えないよう亡くなったことは伝えられなかった。尋ねても「心配しなくていい」と言葉を濁された。ようやく4日目、母の通夜がある日の朝、奈穂はすべてを聞かされる。そして、「どんなことがあってもお葬式には行きたい」と姉や医師に頼んだのだった。

ICUに入院している患者が外出するなど前例がないと病院は渋ったが、淺野も娘と同じ気持ちだった。どうしても母親にひと目会わせてやらねばならない。充智が交渉した結果、看護師の付き添いのもと、2時間以内という条件で外出が許可された。

奈穂の手記に、淺野との対面の模様がある。

〈お寺の裏に車が着けられ、車椅子に乗っている私が降ろされると父の弟が駆け寄ってきて、涙を堪(こら)えながら「よく生きてたな」と私に言葉を掛けてくれました。父の弟を含めた4人の男の人が、お寺の砂利道で私の車椅子を持ち上げ、入り口まで連れて行ってくれました。目の前には父がハンカチで口を押さえ、「すまなかった。悪かったな」と、私に謝るのです。私の方こそ2人と一緒にいたのにも関わらず（手記ママ）、2人を守れなくて自分だけが生き残った後ろめたさで、「ごめん。私だけ生き残ってしまって…」と言葉を返すと、父は「お前まで生きてなかったら俺はどうしたらいいねん」と泣いていました〉

棺の中の母と対面し、30分だけ傍らで過ごした奈穂は、葬儀が始まる前に病院へ戻され、長い入院とリハビリの生活に入ってゆく。

私が目にした淺野のはかなげな姿は、この直後のことだったのである。

「奈穂に対しては申し訳ないという思いしかなかった。顔を見た時は、そのひと言しか出てこなかった。自分が叔母の見舞いに行ってほしいなどと頼んだばかりに、日本に帰って来てこれから新しい生活を始めようという娘をあんな目に遭わせてしまった」

事故からしばらく、「五感が失われたように、何も感じることができなかった」という状態の中で、淺野が自責と後悔の痛みを伴って今も記憶しているできごとである。

もう一つ、はっきり覚えている松林寺でのできごとがある。こちらは憤り（いきどお）とともに脳裏に刻まれている。

28日、通夜が始まろうとしていた夕刻のこと。JR西日本の秘書室長と名乗る男性ら数人に呼び止められた。会長の南谷昌二郎が弔問に来ているという。建物の入口へ出ると、白髪の小柄な男が待っていた。自分と同年輩だろう。「このたびは誠に申し訳ございませんでした」と頭を下げてくる。決まりきった謝罪の言葉の羅列。適当に相槌(あいづち)を打つと、続けてこう言った。

「今後また補償の話もありますんで」

耳を疑った。考えるより先に言葉が出た。

「あんた、今何を言うた。もういっぺん言うてみい」

初対面の通夜の席である。あれだけの事故を起こした企業のトップが、妻を殺した加害者側の代表が、謝罪の態度も、故人を悼(いた)む言葉もそこそこに、補償つまりは示談の話を持ち出す。いったいどういう神経をしているのか。なんと非常識な人間か。怒りを抑えられなかった。

「あんた何しに来たんや。そんなことをわざわざ言いに来たのか。帰ってくれ。通夜になど出なくていい、帰れ」

突然激しい怒気を帯びた淺野の言葉に、南谷は慌(あわ)てて「いや、それは……」と平身低頭し、付き従っていた社員たちは凍りついた。浅野は踵（きびす）を返した。「これから事故に関する資料をいろいろ要求することになるから用意しておけよ」とだけ言い残して。

あの時を語る浅野の表情は今も険しい。

「通り一遍の、おざなりな謝罪を口にすれば事は済むと彼は思っていたんでしょう。いちおう神妙な顔をして頭を下げておけば、早々に補償交渉に持ち込める。厄介な問題を早く片付けてしまおう。そんな思惑が見え見えの態度やった。しかし普通の人間的感情を持っている者であれば、自分たちが殺した被害者の通夜に来て、いきなりそんな話をしますかね。自分たちがどれほどの事故を起こし、どれだけの人の命や生活を奪ったか、彼は何もわかってないんやとはっきり悟った。なんで僕が怒ったのかも、理解できていないと思う。

おそらく彼はこれまでもそうしてきたし、あの会社ではそれでも出世できたんでしょう。だけど僕にすれば、これほど非常識かつ稚拙な人間がトップにいる組織に女房は殺されたのか、殺されねばならなかったのかと……あまりにも不条理ですよ。その時から、この事故を不条理ととらえ、なぜそんなことが起こったのかを考えるようになっていった」

ＪＲ西日本という組織に対する、これが浅野の第一印象である。

「誠心誠意の謝罪」「100%当社に責任がある」と口では言いながら、その実、被害者に与えた損失や苦しみや窮状を一つも理解しようとせず、自社の論理や組織防衛ばかりを優先する。幹部たちの稚拙な対応に、淺野はこの後何度も憤り、あきれることになる。

孤絶と自暴自棄

陽子という土台を失った家には、淺野と息子の弥三仁、90歳近い老父の男3人、それに陽子が可愛(かわい)がっていた小型の老犬クッキーが残された。大阪に住む長女の充智は、3人の子供を抱え、妹の奈穂の入院生活を支える役目もあって、そうたびたび実家に戻って来られない。親戚が時々来てくれたりもしたが、いつまで頼れるわけでもない。

日々の食事は料理好きな弥三仁が引き受けてくれたが、彼にも仕事がある。手伝いや分担をするにも、淺野は家事などほとんどしたことがない。家のどこに何があるのかもわからない。買い物はどこでするのか。洗濯や掃除はどうすればいいのか。老父の世話は。家計の管理は。庭仕事や犬の散歩は……。妻が一手に担ってきた仕事が家の中に投げ出された。

代々の家業であった大工の棟梁として、かつては大勢の職人を束ねた老父も体力が衰え、もともと口数が少なかったのもあって、ほとんど会話がなかった。息子とも最低限の連絡のみで、事故に関する話はしなかった。しゃべれば思い出して辛くなる。自分がみじめになってくる。触れないことが、お互いの思いやりであったかもしれない。

家族をつないできた妻という糸が切れ、それぞれが鎖の玉のようにばらけた。彼女の存在がいかに大きかったか、自分がどれほど支えられてきたか。わかっていたつもりではあったが、浅野はあらためて、どうしようもなく痛感することになった。

夢遊病のような精神状態で事故から約2週間を過ごし、5月の連休が明けると、浅野は仕事に復帰した。事務所にも、やるべきことは山積していた。

たとえば、尼崎公害訴訟の事後処理。市内の工場群の煤煙と国道43号や阪神高速道路を走る車の排気ガスで1万人以上がぜんそくを発症した大気汚染公害の患者会に、浅野は長く関わってきた。１９８８年に提訴された訴訟が和解した２０００年以降も、原告団と国・企業の間で、交通量規制や環境改善策をめぐる協議が続いており、患者たちの療養や尼崎の街を再生する取り組みも引き続き行われていた。阪神・淡路大震災の復興まちづくりも終わっていなかった。事故の前日に神戸市須磨区の千歳地区がひと区切りを迎えたとはいえ、自治会や地区センターの運営は緒に就いたばかりで、まだまだ組織作りや話し合いが必要だった。隣の長田区では、復興計画を進めるため、借地権者に移動するよう納得してもらわねばならなかった。当初は別のコンサルタントが入っていた地区だが、うまくいかず、淺野の手腕を頼って持ち込まれた仕事だった。

週に1回、奈良大学で担当している講義もあった。戦後の国土開発を概観し、大都市と地方の農山村の変容をたどり、災害や公害の歴史も振り返りながら、これからの日本の地域政策を論じる――大きなテーマを依頼されたのは、淺野がこれまで手掛けてきた都市計画の仕事や、ライフワークとして取り組んできた災害・公害からの再生支援など、豊富な経験を買われてのことだった。

事故で妻を亡くしたからといって、そうした仕事の数々を投げ出すわけにはいかない。何よりも、自分自身がまず日常を取り戻したかった。仕事に没入することで絶望のどん底からどうにか這い出し、妻のいない生活に踏み出してゆく足掛かりを見つけたかった。自らを鼓舞するような気持ちで外に出かけ、積極的に人と会おうとした。

だが、周囲は明らかに戸惑っていた。仕事先で出会う人、公害問題や震災復興に共に取り組んできた人、大学や研究を通じて交流のあった仲間、事務所の社員、近所の人たち。誰も事故のことは口にしない。仕事の話をしながらも腫れ物にさわるような遠慮が嫌でも伝わってくる。無理もない。どれほどの事故が起き、遺族や被害者がどんなに辛く過酷な目に遭っているか、連日の報道でみんな知っている。心中を慮れば軽々に口に出せる話題ではない。というよりも、私自身そうだったが、かける言葉が見つからないのだ。

「火山の噴火口に取り残された気分だった」

そう淺野は振り返る。

「お鉢巡りというのがあるでしょう。あれですよ。山頂のくぼ地の真ん中に僕が一人ぽつんと立っている。何百mか離れた火口の周りに大勢の人がいて、こっちをのぞき込んでいる。姿は見えるけど声は届かない。表情もよくわからない。そんな孤絶状態に置かれている感覚。こっちは足を滑らせて噴火口に落ちるかもしれないし、突然の噴火で吹き飛ばされるかもしれない。そうなっても誰も助けてくれない。手を伸ばしたって届く距離やない」

孤絶状態を自ら作り出していた面もあったかもしれない。見舞いの言葉をかけられることも時々あったが、とても素直に受け取ることができなくなっていた。

「女房と親しかった方なんかが『お困りでしょう。何でも言ってください』と電話をくれたりするんやけど、それがたまらなく虚しく感じられてね。すごく儀礼的・表面的に聞こえて、内心で反発を抱いてしまう。わかったようなことを言わないでほしい。じゃあ、あなたは僕らのためにメシの一つも作ってくれるのか、布団の一枚でも干してくれるのか、と。

平穏に暮らしている人たちへの妬み心というかね。女房をあんな形で亡くした者の気持ちが他の誰かにわかってたまるかという拒絶感もあるし、自分が何か悪いことでもしたのかと運命を呪う気持ちもある。そういうものがないまぜになって、自分の方から壁を作り、距離を取ってしまう。頼むから俺のことは放っておいてくれ、とね」

今となってはこうして当時の自分を客観視し、心境を言葉にすることもできる。だが、「噴火口」に一人立っていたあの頃、感情をコントロールすることは到底不可能だった。耐え難い喪失感に苦悶し、絶望と自責に苛まれ、不意に激情に襲われる。永遠に続くように思われる精神の彷徨。どれだけもがき苦しんでも、心は空っぽで、時は止まったままだった。

夜眠る前に目を閉じると宇宙の虚空に放り出されたような気がした。夢はまったく見ない。かと思えば、仕事中や運転中のふとした瞬間に、現実かまぼろしか、境目の曖昧な夢想にふける自分に気づくことがあった。

断崖絶壁の上から妻が大切にしていた老犬を深い谷底へ放り投げている自分。巨大な氷河の割れ目に声もなく落ちてゆく自分。心の奥底から湧き上がってくるやり場のない破壊衝動と、すべてを覆い尽くす虚無感が白昼夢となって、何度も眼前に立ち現れた。

「自分の存在を否定したい。この身をなくしてしまいたい。女房と暮らした日々も、事故のことも、これから先の人生も、何も考えずに済めば楽になる。そんな願望が湧き上がってくるのを止めることができなかった」

事故後初めて、奈良の大学へ講義に向かった時のことを今も強烈に覚えている。大阪から生駒の山を越える峠道を車で走っていた。ダンプカーの後ろに付き、いくつものカーブを曲がってゆく。目の前で点灯と消灯を繰り返す赤いブレーキランプに、いつしか意識が吸い寄せられていった。このままハンドルを切らなかったらどうなるだろう。ブレーキの代わりにアクセルを踏み込んでしまおうか。それもいいかもしれない。どうせ生きていたってしょうがない。この先に苦しみ以外の何があるというのか——。

「当時の心境をひと言で言えば……自暴自棄、やろうね」

遺族の社会的責務

淺野の苦悶と停滞する日常をよそに、ＪＲ西は事故の復旧と運転再開へ向けて慌ただしく動いていた。事故直後に同社の内部でどんな動きがあったかは知る由もなかったが（それについては第5章で詳述する）、報道などを通して耳にするだけでも、巨大組織の迷走とその背景にある問題が伝わってきた。

脱線事故当日の25日午後、発生から約6時間後の記者会見で同社の村上恒美・鉄道本部安全推進部長は、現場カーブに石の砕けたような粉砕痕が見つかったと発表した。「事故との因果関係は不明」としながらも、線路に付着した白い粉の写真を掲げて説明し、置き石が原因となった可能性を強く示唆したのである。また、「理論上、現場カーブでは時速１３３㎞で脱線の可能性が生じる」と説明。それでは事故を起こした２０７系車両の営業最高速度を超えることから、速度の出し過ぎによる脱線の可能性は低いと示唆していた。

置き石原因説は、発表から3日後の28日に国交省の航空・鉄道事故調査委員会が「粉砕痕は線路上の敷石（バラスト）と同じ成分であり、外から持ち込まれたとは考えにくい」と否定するまでくすぶった。理論上の脱線速度については、乗客がいない状態での想定であり、風などの気象条件も計算に入れていないことが判明。安全推進部長は「予断を与えて申し訳ない」と謝罪することになる。

隠蔽工作や捜査の誘導とも取れるこうした対応は、国や事故調に大きな不信感を植え付けた。北側一雄・国土交通大臣は「あの段階で中途半端な発表をするのはいかがなものか」と不快感を示し、JR西に対して、捜査に全面的に協力すること、早急に「安全性向上計画」を取りまとめること、運行再開はATS（自動列車停止装置）の新型機ATS-Pの設置が前提となることなどを指示した。安全推進部長は当初、「新型ATSの整備は運転再開の条件ではない。ゴールデンウィーク中に設置工事はしない」と社の方針を明言していたが、大臣発言を受けて一転、「5月3日から新型ATSの工事に着手する」と修正する迷走ぶりだった。

幹部ばかりではない。事故後1週間あまり経った頃から、現場職員たちの無責任な行動が報道で次々と明るみに出る。

事故列車には出勤途中の運転士2人が乗客として乗っていた。脱線直後、それぞれが所属する尼崎と森ノ宮の電車区へ電話で報告したが、当直係長は本人のけがの有無と、代わりの交通手段があるかを確認しただけで、「遅れずに出勤するように」と指示。2人は救助活動に加わることなく現場を離れ、通常の運転業務に就いていた。

天王寺車掌区では、懸命の救助活動が続いていた事故当日の昼間、社員43人がボウリング大会を開いていた。この件が報道で発覚し、JRが社内調査をしたところ、近隣の支社や別の車掌区でも事故発生を知りながらゴルフコンペや居酒屋での宴会などが開かれ、管理職94人と一般社員91人が関わっていたことが判明する。

記者たちに突き上げられた安全推進部長は「残念ながら鉄道マンの基本ができていない。プロとして不十分」と消え入りそうな声で語り、垣内剛社長は「一連の不適切な事象は、社会人として鉄道人として思慮と配慮に欠ける行為で、深く恥じ入っております。今後の風土改革に向けた教訓としたいと思います」とコメントを出さざるを得なかった。

こうした報道を淺野はいちいち注意深く追っていたわけではない。だが、事故後に接したJR西の幹部たちの印象から、そういう組織なのであろうことは感じ取っていた。

「ひと言で言えば、彼らには事故を起こした当事者という意識がないんですよ。乗客の安全を誰が守るのかという自覚がない。ただ自分たちの組織と権益を守りたいから、外部に責任転嫁を図ったり、運転士個人のミスとして処理しようとする。上から下までそういう組織になってしまっているんでしょう。だから、幹部連中が入れ替わり立ち替わりうちに来て、いくら謝罪の言葉を並べ立てても一つも響かない。本当に申し訳ないことをしたという人間的感情も、これからは絶対に安全最優先に努めるという意志も伝わってこない」

6月の初め、社長の垣内が初めて自宅を訪ねてきた時のことを淺野はよく覚えている。

玄関先で「何をしに来た」と問うと、「お詫びに参りました」と言う。「うちの被害状況をどこまで知っているのか」と訊くと、いちおうのことは把握しているようだったので家に上げた。何を詫びているのか、まずは聞こうと思った。

その直前の5月末、JR西日本はA4判で19ページからなる安全性向上計画を国交省に提出していた。そこでは、事業運営に余裕がなく、安全への取り組みが形式的だった▽減点主義がミスを隠す風潮につながった▽経営トップが現場に足を運ばず、現場社員間でもコミュニケーションが不足していた▽前例主義や縦割り意識の影響で事故対策が対症療法的だった——と組織風土を反省したうえで、運転士の新たな研修制度や適切な再教育の導入▽ATS-Pの設置をはじめとする安全設備の強化▽所要時間や制限速度など列車ダイヤの見直し▽安全諮問委員会の設置など安全推進部の機能強化――といった再発防止策が列挙されていた。

〈国鉄時代の反省に基づいて取り組んできた、信賞必罰を基本とした職場管理の徹底が、事故対策の検討に際しては、個人の責任追及を重視する風潮を醸し出していた。このことが作業環境や設備条件の変化など、事故の背景を分析する取り組みを不十分なものとしていた〉

と、事故直後から批判を浴びていた懲罰的な日勤教育への反省を匂わせる一文もあり、末尾では、会社の「憲法」である経営理念の見直しにも言及していた。ある程度踏み込んだ内容になったのは、一度作成したものを国交省に「責任逃れ体質」「弁解ばかり」と突き返され、その意を汲んだものになったからである。

計画提出後の記者会見で「私個人としては80～90点の高得点をあげられる」と自画自賛した垣内に対し、淺野は問うた。書かれた内容はいい。だが、これらの対策が本当に数年のうちにできるのか。「憲法」のような理念だけで日々の運行の安全が守れるのか。そもそも、事故調査は緒に就いたばかりで原因もわかっていないのに、なぜ90点などと胸を張れるのか。ＪＲは自ら事故を検証し、遺族や社会に対して説明する義務があるのではないか――。

ＪＲ西がどこまで本気なのかを淺野は問うたのだった。運行再開を急ぐために「安全最優先」の美辞麗句を並べただけではないのか、と。事故以来、福知山線の宝塚―尼崎間は不通が続いており、１日当たりの損失は２５００万〜３０００万円に上ると言われていた。

淺野の問いに垣内はまともに答えることができなかった。通夜の日の南谷と同じように通り一遍の謝罪を口にしただけで、あとは何を話せばよいのかわからない様子で、ほとんど押し黙っていた。意思のないロボットのように淺野には映った。

淺野が抱いた疑念は2週間後、確信に変わる。6月18日に宝塚のホテルでＪＲ西が初めて開いた遺族向け説明会でのことだ。

冒頭、垣内は遺族と負傷者に謝罪し、事故の全責任がＪＲ西日本にあることと安全最優先の組織改革への決意を述べた。続いて、現時点で判明している事故の状況と安全性向上計画の内容を説明。そのうえで「１００％私どもの責任。誠心誠意対応したい」として、補償についての方針を明らかにした。国内で起きた事故の前例を踏まえつつも、一般的な逸失利益や葬儀費用に上乗せし、ＰＴＳＤ（心的外傷後ストレス障害）も対象とすることや遺児への奨学金創設も検討しているという内容だった。

だが、引っ掛かる点は別にあった。不通区間の運行を翌19日から再開すると垣内は述べたのである。最初にそのことを発表した14日の記者会見で、「運行再開につきましては、多くのご遺族・負傷者の皆さまのご理解を得たところであり……」と述べていた垣内に、淺野は質問をぶつけた。

「多くの遺族というのはどれぐらいの数なのか。どうやって確認したんですか。少なくともうちは聞いていない」

同様の声がいくつも上がった。「聞いてはいるが、承知した覚えはない」という人もいた。「今日説明して明日からとは、再開ありきやないか」「先にマスコミに発表して既成事実にしたのか」という反発もあった。続出する批判に垣内は答えられず、立ち往生した。「沿線からの運行再開の要望も強く、どうかご理解を」と頭を下げるのがやっとだった。

淺野は言う。

「僕は運行再開そのものに反対したわけやない。沿線住民のためにも、できるだけ早く復旧したほうがいいことは理解していた。再開日はダイヤに余裕がある土日が望ましく、23日にはJRの株主総会が控えているのもあって、19日の日曜日が有力であることも新聞報道で知っていた。だけど、『多くの遺族の理解を得た』などといい加減なことを言うのだけは許せなかった。僕は一切説明を受けてないからね。

結局のところ、『安全最優先』も『誠心誠意の対応』も言葉だけで、とにかく早く再開したいという本音が透けて見えた。被害者を軽視し、口先だけで安全を唱える彼らの姿勢を僕は批判したわけです。組織改革だとか言ってるけど、何も変わってないやないかと」

説明会の終了後、淺野は垣内に歩み寄り、手書きのメモを手渡した。事故後、報道や専門家によって指摘されてきた組織的・構造的要因を明らかにしろと求める内容だった。論点は4つ。懲罰的な日勤教育、余裕のないダイヤ編成、ATS-Pの設置遅れ、会社全体の安全管理体制。自分はまずそれらについて、JR西自身の見解と納得のゆく説明を求めるという通告だった。淺野が「事故原因の4項目」と呼ぶこのメモが、後々までJR西と対峙（たいじ）する際の主要な論点となってゆく。

会場を出たところで淺野は記者たちに取り囲まれた。質問に答えるうち、こんな言葉が口をついて出た。

「事故を教訓とするため、JR西日本は自分たちが起こした事故に本気で向き合い、原因を検証しなければならない。そして、その結果を遺族・被害者にきちんと説明する責任がある。それを求めていくことが、われわれ遺族の使命、社会的責務だと思う。私個人としても、女房の気持ちを考えると簡単に引き下がれない」

遺族の社会的責務――。何の落ち度もなく一方的に家族を奪われ、絶望のどん底でもがき続ける者に「責務」など生じるのだろうか。そんなものを自分は負わねばならないのだろうか。自分で口にしていながら、よくわからなかった。だが、思わず発したその言葉によって、淺野は後々、自分のなすべきこと、進むべき方向を見出(みいだ)してゆくことになる。

運転士を含む死者１０７人、負傷者５６２人というＪＲ史上最悪の被害を出した福知山線脱線事故から55日ぶり、６月19日にＪＲ西日本は宝塚―尼崎間の運行を再開した。同社のまとめによれば、不通期間の運休電車は２万１２０１本。乗客延べ約５４２万７０００人に影響した。この間の減収は約15億円と見込まれ、これに加えて、振り替え輸送に当たった阪急電鉄に代替輸送費約８億円、神戸電鉄へは約１億円を支払うことになった。

第2章　連　帯

技術屋の原点

支援者から被害者になった——。

ＪＲ福知山線脱線事故後の自分を語る時、淺野はしばしばそう表現する。事故の「遺族」と呼ばれる当事者になったことで、自らの人生そのものであった仕事についても見つめ直さざるを得なくなった。自分はこれまでいったい何をやってきたのか。都市計画の専門家として、一人の「技術屋」として、自然災害や公害で傷ついた人びとをサポートしてきたつもりだった。だが、本当に彼らのことを理解できていただろうか。

自暴自棄と絶望の淵で、そんな自問が否応なく湧き上がってきた。

ある日突然、わが身に降りかかってきた受け入れ難い現実を、どう受け止めればよいのか。この事故をただ「不運だった」で終わらせないために自分は何をするべきか。まずは事故の真相と原因の究明だろう。なぜ妻や妹は命を奪われ、娘は瀕死の重傷を負わねばならなかったか。自分や家族はなぜ、こんな苦しみを抱えねばならないのか。警察の捜査や事故調査を待つばかりでなく、加害者のＪＲ西日本自身を事故に向き合わせ、被害者に向けて語らせなければならない。加害企業が責任を負う、それが第一歩ではないのか。

事故から十数年にわたってＪＲ西と対峙していくことになる淺野の行動と思想、憤りや無念を抱えながらも対話に臨み続けた姿勢を理解する手掛かりは、彼がそれまで歩んできた人生、つまりは仕事の中にある。

少し長くなるが、淺野の来歴を振り返っておきたい。

前章で触れた通り、淺野の家は代々、大工の家系だった。生まれ育った宝塚市の小浜地区は古くからの宿場町だったが、大工や左官も多く、江戸時代中期には寺社仏閣の建築や補修を手掛けるいくつかの職人集団ができていった。現在の伊丹市に近い安倉（あくら）という集落で「大彌（だいや）」を屋号とし、「安倉大工」と呼ばれた麻野家、これが淺野の家のルーツである。

地元郷土史家の調べによれば、宝塚、伊丹、西宮など近隣の地域に受け継がれるだんじりや太鼓台（祭礼用の山車（だし）の一種）、有名な寺の山門、庄屋（しょうや）筋の邸宅などに、建造を手掛けた棟梁（とうりょう）として先祖の名が残っている。時代によって「麻野」「淺埜」なども混在するが、江戸末期の曾祖父（そうそふ）の代から「淺野」姓に統一し、名前に「弥」の字を使うようになったらしい。曾祖父が弥市、祖父が弥三郎、父が弥一郎、そして本人、弥三一である。生まれは１９４２年の２月。

子供の頃は大勢の職人たちが家に出入りしていた。家業を継ぐという明確な意思こそなかったが、自分もいずれ建築系の仕事をするのだろうと漠然と考えていた。神戸大学の工学部建築学科に進み、大学院を出て一級建築士の資格を取ったのは自然な流れだった。

ただ、若い頃から極度に視力が悪く、細かい図面仕事に向かなかったのと、戦後の都市整備や地域開発が大きく動いていた時代背景から、当時注目を集めていた都市計画を専門とするようになった。個々の建築物を「作品」として設計するよりも、面的な広がりを持ち、社会との関わりも強いところが自分の志向にも合っていた。

大学入学は61年、大学院修了が67年。京都の都市計画コンサルティング事務所に入ったのが翌68年。この間は一貫して高度経済成長と国土開発の時代だった。

所得倍増計画を受けて62年に策定された全国総合開発計画は「地域間の均衡ある発展」をうたい、太平洋ベルト地帯をはじめ、全国各地に新産業都市という名の工業地域を誕生させた。続く69年の新全国総合開発計画は、新幹線や高速道路などの交通網整備、大規模工業地帯の開発をさらに加速した。大都市圏に集中する人口の受け皿に丘陵地や山林が切り拓かれ、大規模ニュータウン建設が急速に進んだのもこの時代である。

浅野も20代から30代にかけて、国や自治体から発注を受け、さまざまな開発計画の策定や調査事業に携わっている。

大学院時代には、神戸・三宮駅前の再開発や西神ニュータウン建設計画の試案を描き、国鉄六甲道駅の高架化に関する調査をしたこともある。7年間勤めた京都の事務所時代は、難航を極めた地下鉄御池線（現在の東西線）の建設構想、京都の洛西や滋賀の湖南地区でのニュータウン開発、国鉄の山科駅前一帯の再開発といった大規模プロジェクトから、琵琶湖周辺や島根県の隠岐諸島など小さな町の振興計画まで幅広く担当した。

高度成長の最前線に立ち、都市や地域の将来像を描く仕事にはやりがいがあり、当時盛んに言われた「科学技術立国」の一端を担(にな)っている実感もあった。だが一方で、徐々に疑問が生じてくる。都市計画は何のためにあるのか。自分たちは誰のために仕事をしているのか……と。それは若手らしい理想主義であると同時に、経済成長に陰りが見え、開発行政や工業化の負の側面が次々とあらわになってきた70年前後という時代の影響もあった。

「大学時代や駆け出しの頃はまだ開発一辺倒の時代。僕も疑問を持たなかった。山を削り、海を埋め立て、都市部では買収や立ち退(の)きによってできた土地の上に区画を線引きし、道路を通し、住宅を配置し、行政の方針に沿って計画を描いていたわけです。それはまあ社会全体の生活環境の向上、安全や利便性のためには必要やったんでしょう。そう信じて僕らは調査をし、計画の理屈付けをしていた。だけど、いわば能書きをまとめて役所に手渡せば仕事は終わり。そこには住民の視点がまったくないことに、だんだん気がついていった。

都市計画のせいで生活や仕事の環境が一変し、時には不利益を被(こうむ)る人たちもいるわけです。しかし彼らは意見を言えないんですよ。言う術(すべ)がない。そもそも情報が入ってこないから何を言えばいいのかわからない。計画を進める側はちゃんと説明もせず、ただ上から、土地を出せ、決まったことだから従えと言う。そんなことでいいのかと。都市計画というのは本来、住民のためにあるはずやのに、計画を進めることが目的化してるんやないか。官製まちづくりの、そこが限界やないか。そんな疑問に何度かぶち当たるうち、自分のやっていることが、ただの自己満足に思えてきてね」

そんな頃、事務所の仲間の誘いもあって、「国土問題研究会」（国土研）というグループに参加する。土木、建築、防災、気象、地質、環境、エネルギー、交通、農林漁業……さまざまな分野から若手の研究者や技術者が集まった有志の勉強会。そこでは活発な議論や共同研究が行われていた。仕事の休みを利用し、チームを組んで地方の山間部や農漁村を回る調査活動に、浅野も積極的に関わるようになってゆく。

浅野が専門とする都市計画は、設計や調査など、純粋に「技術職」の部分もあるが、仕事の多くを占めるのはマネジメントやコンサルティングの業務である。提案・調整・交渉・説得・意見の取りまとめ……。専門分野と一般の人をつなぐ「通訳」、あるいは、異なる分野の専門家の間に立つ「調整役」の役割が求められる。表に出ることはあまりないが、縁の下で関係者をまとめる、このオーガナイザーの手腕によって、事業の進捗（しんちょく）と成否が左右される。

国土研の活動は基本的にボランティアだったが、浅野はそこでの経験を通じて、科学や技術と社会や地域住民を出会わせ、合意形成をしていく能力と視点を身に着けていった。

“やられる側”の論理

60年代後半から災害や公害という形で表面化してきた高度経済成長のひずみは、70年代から90年代にかけて、いたるところで住民を圧迫していた。

岡山県では、ダム建設計画を押し切られ、村が湖底に沈むことになって困惑する古老たちがいた。長野県には、ダム建設で生じた地盤のひずみで、ダム湖に引きずり込まれそうになっている山村があった。兵庫県には、川のそばの軟弱地盤を無理に拓いたため何度も浸水被害を受ける住宅地があり、大阪府や岐阜県では護岸工事の影響で豪雨時に河川が溢れ、住民訴訟が起こっていた。集中豪雨による土石流や崖崩れで３００人近くが亡くなった82年の長崎大水害は都市の脆弱性をあらわにした。

こうした地域で住民や行政の話を聞き、解決策を模索するのが国土研の活動だった。91年の雲仙・普賢岳噴火災害では、大火砕流と土石流に覆われた被災地に十数人のメンバーが通い、数年かけて復興への提言書をまとめている。淺野は公営住宅のパートを担当した。

災害が頻発する根本原因は「列島改造と大企業本位の高度経済成長政策にある」というのが国土研の基本的なスタンスだった。そこに動員され、加担した科学技術者のあり方を反省し、真に地域や住民に資する科学技術を実現するため、以下の三原則を掲げていた。

住民の要求を民主的に集約し、上意下達ではなく下意上達で動く「住民主義」▽地域の歴史や社会的・経済的・文化的条件を十分踏まえた「現地主義」▽あらゆる専門領域の知見と相互の討論のうえで進める「総合主義」――である。

76年、国土研の中心メンバーとなっていた淺野が書いた小論文『住民運動の新段階と発展の探究』には、当時の時代背景と国土研の活動理念、そして淺野自身の問題意識と運動への考え方がよく表れている。たとえば、こんな文章がある（注・一部に句読点や送り仮名を加え、漢字・仮名の変換、［ ］で文言の補足を行った）。

〈70年代以後になって国土の総破壊とでもいえるほど、災害とくに河川や山崩れ等の災害が激発し、それによって多くの被災者がその責任を社会的に明らかにする方法として、またその被災の救済を要求する裁判闘争を展開してきた。その裁判闘争への協力もまた、最近の［国土研活動の］特長である。その基本争点は、企業者側の天災論に対して、国土研及び住民側の人災論の対決となっている。それは基本的には、災害を不可知論を前提とした自然現象とする認識と、災害を社会現象として科学的に認識するという認識上における対立の場となっている。

〈このような状況の中から住民が主体的に自らのいのちとくらしを守り、そして発展させる為（ため）には次のような課題があろう。

①住民が地域管理者あるいは統治者としての主体性を確立し、科学的な見地のもとに、学習や研究をすすめ、理論武装すること。

②その中から住民が集団的に一致しうる要求をなるべく具体的にはっきりさせ、その要求獲得において団結すること。

③住民運動のすすめ方について、その方法、時期等について十分一致すること。この場合、企業者との闘争課題と自らの運動上の課題をはっきりさせておくことが重要である。

④地域住民と直接かかわりを持つ地方自治体（首長）を十分説得し、地方自治議員や職員等とも連携を強め、共に進む方向を目ざすこと〉

文面からわかるように、国土研は、行政や大資本といった強者から生活者や労働者の権利を守り、「住民主体」の地域政策を目指すという戦後民主主義的な価値観を強く打ち出していた。政治の季節の影がまだ色濃い時代。時として革新系の政治勢力と接近・共闘し、その一派と見なされることもあったが、淺野自身の関心は政治闘争にはまったくなく、あくまで「技術屋の理想と責務」を追求することにあったという。

「僕自身は学生運動もやったことがないノンポリでしたけど、当時は住民主体なんて唱えるだけで反体制的な政治運動と見られたんですよ。経団連が、いかに住民運動を分断するかという内部レポートを書いたりしてね。僕はこれに対抗しようと、東大の若手社会学者だった松原治郎（まつばらはるお）や似田貝香門（にたがいかもん）が書いた『住民運動の論理』、ジャーナリストの本多勝一（ほんだかついち）の『殺される側の論理』なんかも読んで勉強した。理論武装するためにね。

　そして、自分は技術屋として軸足を住民サイドに、もっと言えば〝やられる側〟に置こうとはっきり決めたんです。都市計画家として身に着けてきた技術論や法制度などの専門知識は、まず住民のために使うべきやと。

　だけどそれは、都市計画そのものをむやみに否定したり、感情的に反対運動を展開したりするのとは違う。反体制やイデオロギーを掲げる政治活動でも、もちろんない。都市計画というのはあくまで技術やからね、それ自体に良し悪（あ）しはない。ちゃんと住民に情報が公開され、彼らの要望や権利が反映され、正しい手続きと目的で使われるならいいんです。そうなるようにサポートするのが、僕ら技術屋の責務やと考えるようになったんです」

先の論文でも淺野は「住民運動と二人三脚で前進する科学技術者運動」を提唱する一方で、「安易な裁判闘争」や「絶対反対のみを主張する闘争」への疑問を投げかけている。彼が書き、語った言葉から、その運動論を要約すれば、次のようになる。

地域の復興や開発は住民主体でなければならない。〝やられる側〟に耳を傾け、彼らの権利や要望を事業計画に最大限反映させるよう求める。しかし、白紙撤回要求や糾弾ばかりの運動に陥ってはいけない。行政や企業と反目し、対話のチャンネルを閉ざしてしまってはならない。粘り強くテーブルに着き、交渉と説得を続け、味方を作る。そして合意点を探る。でないと、住民は社会から孤立し、疲弊するばかりだ。運動は、交渉相手だけでなく社会に広く訴えかけ、理解を得られるものでなければならない――。

これは自然災害だけでなく、後に公害患者団体からの要請で関わる二つの大気汚染訴訟――岡山県の水島コンビナートが引き起こした倉敷公害訴訟、阪神工業地帯の工場群と国道43号線や阪神高速道路など周辺の自動車排煙が原因となった尼崎公害訴訟

——においても、淺野の基本姿勢となってゆく。

行政に対しても、高速道路公団や大企業を相手にしても、あるいは同業者や他分野の専門家と議論する時も、この「住民主体」の原則が揺らぐことはなかった。頑固なまでに筋を通し、譲らない。当然、しばしば衝突するし、煙たがられもする。いつしか誰言うともなく「闘うコンサルタント」と呼ばれるようになったのは、淺野の仕事ぶりに対する敬意であると同時に、畏怖(いふ)や揶揄(やゆ)の意味合いも含まれていた。だが、一匹狼(おおかみ)的にキャリアを積み重ねてきた本人にとっては、それすらも含めて〝勲章〟であったかもしれない。

震災復興の日々

主に自治体の業務を請け負う都市計画コンサルタントを本業としながら、災害復興支援をライフワークとしてきた淺野にとって、キャリアの集大成となったのが1995年1月17日の阪神・淡路大震災だった。

生まれ育った故郷であり、自宅や事務所を構える地元であり、仕事で数々の地域に関わってきた神戸・阪神間がまるごと被災地となった都市直下型地震。それまで20年以上にわたって全国の災害被災地を歩いてきた経験が問われた。自らは大きな被害こそ受けなかったものの、これまでよりずっと当事者に近い立場で。

浅野は、いくつかの地域で住宅再建や復興まちづくりに関わっているが、最も大規模なのはやはり第1章で触れた神戸市須磨区の千歳地区である。先述の通り、約1200世帯のうち9割以上が焼失し、高齢者を中心に47人が犠牲になった。そして、震災2カ月後に神戸市が都市計画決定した区画整理事業の対象地域になっていた。

浅野の仕事は、神戸市が作成した復興まちづくり計画に対する住民の意見を聞き、異論や要望があれば原案に反映させ、住民提案を取りまとめること。行政と住民の間に立ち、両者の意見をすり合わせて合意形成をさせる調整役だった。通常は市が選任したコンサルタントが派遣されるところを、千歳地区の連合自治会長だった鍋山嘉次（なべやまよしつぐ）が断り、ツテをたどって紹介された浅野に託すことにしたのだった。

「市が派遣するコンサルに任せたら、市の計画をそのまま飲まされるでしょう。われわれ住民に形ばかりの説明をして、表面的に意見を聞いて、結局は思いどおりに進めようとする。それではいかんと思ったから、うちは市のコンサルを断って浅野さんにお願いしたんですわ。いろんな災害で住民と一緒にやってきたというあの人の経歴を聞いてね」

90歳を超えて、なお矍鑠とした鍋山は、奇遇にも元国鉄マンである。千歳地区内にあって名門工場と呼ばれた国鉄鷹取工場に10代で入り、車両整備や施設保全、特にボイラーの技術を身に着けた。戦地への出征を挟んで復職した後は車掌を5年ほど経験し、その後、大阪鉄道管理局で長く資材調達の仕事をした。計40年あまり勤めた国鉄を定年退職したのは、民営化直前の１９８６年。数年間の関連会社勤務も終え、震災当時は自治会の活動に注力していた。

千歳地区はケミカルシューズの町だった。工程ごとに細かく分かれた下請け仕事が長屋から長屋へ回っていく典型的な下町である。約２５００人いた住民は借家住まいが多く、震災後は、避難所や仮設住宅、親戚宅などへ散り散りになっていた。浅野と、鍋山ら自治会の役員たちは手分けして連絡先を探すところから始めた。震災半年後の夏頃から、地区内の町ごとに集会を開き、まちづくり協議会を設立していったが、話し合いの前にまずは区画整理とは何かということから住民に理解してもらわねばならなかった。

「普通の住民は区画整理なんて知らんからね。私かて同じ。換地や減歩という専門用語も当然聞いたことがない。だから、町ごとに連日勉強会や相談会を開いていったんやけど、住民はみんな被災のショックと先行き不安で殺気立っていてね。

『区画整理て、そんなもん誰が決めたんじゃ』『お前らは市の回し者か！』と、私も淺野さんもボロクソに突き上げられたもんですわ。『仮設住宅の環境が悪い。なんとかせえ』と関係ない苦情が持ち込まれたり、酒に酔って絡(から)んだりする人もおりましたよ。

私も血気盛んな方やったからカッときて、『なんやと！　もういっぺん言うてみい』と応戦したり、市役所に乗り込んで担当者を怒鳴り上げたりしてね、〝鬼の鍋山〟なんて言われてたらしい。だけど、そういう時でも淺野さんはじっと黙って耐えてたね。私があんまり激高すると、『鍋山さん、やめとき』と制止される。口調は冷静やけど、言葉に重みというか迫力があった。私よりひと回り以上、十何歳も年下やのになあ」

同地区の復興計画では、市の原案にある公園や道路をどうするかが焦点となった。受け入れれば千歳町1丁目がまるごとなくなり、幹線道路が地域を分断する。ただでさえ区画整理で道が拡(ひろ)がり、減歩も課されるところへ、受け皿となる公営住宅を建てる土地が不足するだろう。そうなれば大半の借家人が戻れないのではないか。住民の間に不安と不満が渦巻いていた。

淺野が振り返る。

「最初の頃、住民の集会には神戸市の担当職員が来ていました。だけど、彼らは自分たちの計画が前提の説明しかしない。僕の役割は、住民が誘導されないよう間に入り、彼ら自身がどうしたいのか意向を引き出すこと。だから、その職員に言うたんです。『あんたがいたら、まとまるものもまとまらへん。しばらく来んでもええ。地元の意見がまとまったら、ちゃんと呼ぶから』って。『そういうわけには……』と渋ってましたけど、結局押し返した。

そうやって市と交渉する一方で、住民のあらゆる不満を鍋山さんと2人で受け止める。そのうえで説得する。建物を元の場所から動かすことだけは了解してもらわないと、話が前に進まへんからね。板挟みになって大変やったけど、鍋山さんという住民のリーダーがいたから、なんとかやれたというのもあるね」

市と住民の間に立ち、数年がかりで交渉を重ねた結果、公園は統合移転する小学校の跡地に移すことになった。地区を貫く幹線道路はなくなり、緑道が張り巡らされることになった。震災被害が大きく、閉鎖が決まったJR鷹取工場の広大な敷地を市が買い取り、災害公営住宅を建てることも決まった。「一人でも多く戻って来られるように」という住民の意向を受けて、淺野は神戸市の原案を押し戻し、復興計画を描き直したのである。

ただ、それでもやはり、住民の半数近くは地区に戻れなかった。

住民主体の復興へ最善は尽くした。ある程度は達成できた。だが、とても十分とは言えない。他にやりようはなかったか。技術屋の責務は果たせたか。それとも、これが都市計画の限界か……。忸怩(じくじ)たる思いは今も胸にくすぶる。

実は、鍋山も千歳地区に戻れなかった一人だ。震災後、子供の住む別の区へ夫婦で転出し、復興まちづくりのために通ってきていた。妻は既に亡くなり、今は市営住宅で暮らしている。元の町に戻れなかった心残りはあるが、浅野への信頼は揺るがない。

「私はね、浅野さんに頼んでよかったと今も思ってますよ。こちらが当初期待した以上によく動いてくれた。『鍋山さん、決めるのはあんたらやからな』と住民の意思を尊重して、方針が決まれば、どんな難しい状況でも逃げなかった。プロの仕事やったね。あの人がおらんかったら千歳の復興はなかった。そう断言できるぐらい感謝してるし、尊敬もしとるんです」

2005年4月24日、震災10年の節目に千歳公園と地区センターの完成式典があったことは第1章に記した。浅野も鍋山も、複雑な思いを抱えながら、それでもこの日ばかりは「やっとここまで来た」という安堵(あんど)に身を浸していた。

翌朝に起こる最悪の事態など、想像する由(よし)もなかった。

遺族の連帯

脱線事故から56日間、ＪＲ福知山線が運行再開した05年6月19日までを淺野がどう過ごしたかは前章に詳述した。その続きから話を始める。

運行再開から6日後、事故からちょうど2カ月に当たる6月25日、大阪市内に遺族らが集まった。事故被害者の会「４・25ネットワーク」の初会合である。一人娘を亡くした藤崎光子（ふじさきみつこ）の呼びかけに応じて、この日出席したのは25遺族44人と負傷者１人。まず、それぞれが自己紹介し、被害状況と現在の心境を語った。

それまでは、互いに連絡を取り合う方法がなかった。ひと家族ごとに付いたＪＲ西の遺族・負傷者担当社員から一方的に事故対応や補償の方針を聞かされるだけで、遺族たちは不安と疑心暗鬼に駆られていた。加害企業の言うことをそのまま信用できるはずもなく、黙って聞き入れていいとも思わない。しかし疑問や反論をぶつけようにも、鉄道やＪＲ西に関する知識もなく、事故処理、捜査や事故調査、被害者対応などが今後どう進むのか、法的な流れや手続きもわからない。他の被害者がどんな状況にあり、何を求めているのか知る術もない。

いわば、JR西の「誠心誠意の個別対応」という建前によって、遺族・負傷者は分断されていたのである。

だが、藤崎は、亡き娘と営んでいた印刷所の仕事で訴訟資料などを作っていた関係で、1991年5月に滋賀県で発生した信楽高原鐵道事故の遺族と面識があった（死者42人、負傷者628人。JR西が一方の当事者であるこの事故については第4章で詳しく述べる）。娘の葬儀翌日に連絡を取ると、「大組織と向き合うには一人でも多く遺族を集めた方がいい」と助言され、自ら調べたり呼びかけたりした結果、49遺族、負傷者7人と連絡が取れたのだった。

そのうちの一人が淺野だった。しかし5月下旬に会合の連絡を受けた時は当惑し、出席するかどうか、しばらく迷ったという。仕事では〝やられる側〟に立ち、住民の連帯と闘争を支援してきたが、いざ当事者となると、不安やわずらわしさが頭をもたげた。

「遺族どうしの交流や情報交換が必要なのは理解できるけど、いったい何を目的に集まるのか、自分が行って何ができるのか、よくわからなかったからね。言葉は悪いけど〝傷のなめ合い〟であれば、そんなのは遠慮したいと思ったし、事故直後からマスコミを使ってJR批判を強めていた旧国労・動労系の組合に利用されるんじゃないかと警戒心もあった。

何よりも、この自分の苦しみが他人にわかってたまるか、頼むから放っておいてくれという気持ちが強かった。たとえ同じ事故の被害者であってもね」

そんな迷いを抱えながらも出席した初会合で、淺野は世話人の一人になるよう出席者たちに依頼される。1週間前のJRの遺族説明会で社長の垣内を問い詰めた質疑や、職業柄か性格か、自然と議論をリードする立場になる能力を頼られてのことだった。

この日は、ネットワークの目的と位置付けが話し合われた。遺族だからといって出席を強いたり、一つの大きな方針で縛ったりせず「ゆるやかなつながり」にすること。原因究明、補償問題、心のケアなど関心のあるテーマごとに分科会を設け、情報を共有すること。世話人は遺族のさまざまな意見や要求を受け止めて整理するとともに、JR西との交渉でこれを伝え、実現に努力すること――などが合意事項だった。

「僕自身がそうだったように、こういう場に出て来る気になれない人もいる。それでもいい。同じ事故の被害者でも悲しみは人それぞれだし、JRに対しても、ネットワークに対しても、求めることはみんな異なるわけだから。そんな話をした記憶がありますね」

この4・25ネットワークが発足したことで「不安が軽減した」「癒(いや)しの場ができ

た」と感じる遺族は多かった。誰もがやり場のない悲しみと怒りを抱え、情報を求めようにも得られず、精神的な孤立に苦しんでいたのである。

当初は逡巡した淺野にとっても、最大の目的であるJR西自身による事故原因の究明と説明をはじめ、後々起こってくるさまざまな問題について、追及・交渉する足場と仲間ができたことは大きな意味があった。ネットワークは月1回の例会、その合間に世話人会や分科会を開き、ニュースレターやメーリングリストでの情報発信など活発に活動し、参加者も徐々に増えていく。遺族取材に押し寄せるマスコミ対応の窓口にもなった。

弁護士グループや鉄道・安全問題の研究者からの支援と助言もあった。その一人、弁護士の佐藤健宗は、弁護士登録3年目だった駆け出しの頃に信楽高原鐵道事故に関わって以来、被害者支援と鉄道の安全確立に長く取り組んでいた。淺野とは尼崎公害訴訟の担当弁護士を通じて、4・25ネットワーク初会合の数日前に知り合い、深く関わっていくことになる。

「遺族が連絡を取り合い連帯するのは、企業と対峙する時に絶対必要な基本です。特にJRのような大企業が相手の場合は。そうでないと、加害企業の担当者がやって来て型通りに謝罪し、分厚い資料を渡して『一般的な交通事故の判例から当社の責任はこの範囲だから、お宅の逸失利益はこうで、慰謝料や補償はこのぐらいで』と慇懃(いんぎん)に〝ご説明〟をし、要求や疑問があれば持ち帰って、また次回に……と企業側のペースで、向こうの都合のいいように話が進んでいく。鉄道や事故処理のプロ集団を相手に、とても個人でなど対応できません。

そもそも『補償』というのもおかしな言葉で、これは土地収用とか、ビルの建て替えで店が休業せざるを得ないとか、適法行為の範囲で生じる利益の損失を穴埋めすることです。事故の場合、刑事責任は別としても、生命、身体、自由、名誉などを侵害する民法上のいわゆる不法行為は明白にあるわけですから『損害賠償』と言うべきなんです。そういう話も初期の頃にネットワークでしましたね」

交通分野の大規模事故で遺族が連帯し、加害企業や国に働きかけた例は1985年8月の日本航空123便墜落事故、佐藤も関わった信楽高原鐵道事故などがある。

「慰霊行事や追悼施設のことだけでなく、事故対応や責任追及、さらには再発防止のあり方まで踏み込んで求めていったのは、日本では日航機事故が最初だったんじゃないでしょうか」と佐藤は言う。

日航機事故の遺族たちによる「8・12連絡会」は、事故4カ月後の結成に際して、次のような声明文を出している。

〈この連絡会の目的は、遺族相互で励まし合い、助け合い、一緒に霊を慰めていくことです。また、事故原因の究明を促進させ、今後の公共輸送機関の安全性を厳しく追究していくことです。私たちは、あの忌まわしい出来事が繰り返されないために、世界の空が安全になることを心より願って行動を起こしました。（中略）

私たちは、「遺族」と呼ばれ、悲しみに打ちひしがれた姿を期待され、下を向きながら生きていくことに終止符を打つために、あえて会の名から「遺族」の文字を削りました。今は「遺族」を憐れんでいる誰もが、第二、第三の「遺族」となる可能性を持っているのです〉

表面的な言葉で、形式上の責任は認めて謝罪するものの、本音ではさっさと金を払って解決したい企業側と、金の問題より前に、真に誠意ある謝罪、事故原因の究明と再発防止への取り組みを求める遺族の対立。会発足の経緯と構図は、4・25ネットワークと共通している。原因究明を目的とする分科会を作り、適正な事故調査へ向けた監視と要望、国への働きかけを行ったりしたのも、この先例を参考にしたものだ。

ある日突然、脱線事故の当事者になった淺野が、日航機事故や信楽事故の遺族たちの活動を詳しく知っていたわけではもちろんない。しかし、無責任な哀れみの視線を向けられたくない、家族が犠牲になった事故を「たまたま起きた不幸なできごと」で終わらせたくない、社会全体の問題ととらえ、考えてほしい——浅野の言葉で言えば「事故を社会化する」——という願いは、いずれも同じだった。

極限の交渉

信楽高原鐵道事故の遺族らと「鉄道安全推進会議（ＴＡＳＫ）」を結成し、裁判や話し合いの過程でＪＲ西と向き合った佐藤弁護士は、その印象をこう表現する。

「非常に硬直した、官僚主義の、表面上の言葉とは裏腹に、本質的な部分では自分たちの責任や誤りを決して認めず、絶対に譲歩しない。そんな組織でしたね」

福知山線の事故対応でも、まったく同じことが繰り返された。佐藤の形容する組織の性格とは具体的にはどういうことか。その組織を浅野はどんな言葉で動かそうとしたか。克明に記録したメモがある。

２００５年９月６日、事故調査委員会の「経過報告」が公表されたのを受け、その日午後に４・25ネットワークの世話人ら８人がＪＲ西本社へ乗り込んだ時のことである。遺族対応の責任者である常務に面会し、垣内社長宛ての「申入書」を手渡すのが目的だった。

文書には概ね以下のようなことが書かれていた。

本日公表された経過報告は、事故の概要と車両機器に残された記録を分析しただけで、真の原因究明にはまだほど遠い。だが、聞くところによれば、その内容をJR西が遺族・負傷者に対して個別に説明するという。加害当事者が事故調査の内容を説明するのは、調査の独立性・公正性に反する行為である。ダイヤと定時運行強要の問題、ATS設置遅れの理由、異常な運転を引き起こしたヒューマンファクター（人的要因）と組織的要因（日勤教育や勤務条件など）など、こちらが求める4項目について、説明会の場で情報を開示すること――。

浅野が当初から一貫して求めてきた「JR自身が事故原因、とりわけ組織的背景を調査して、公開の場で説明せよ」という要求をあらためて突き付けたわけだが、応対した総務部のマネージャー2人が「マスコミを入れず当事者だけでやりたい。応接室で常務がお聞きする」と言ったことで、いきなり場は荒れた。「このロビーでやればいいじゃないか」「お宅らは全部内密にやろうとする」「あんたらじゃ話にならない。常務に会いに来たんだから、ここへ呼んで来い」。口々に抗議するメンバーたちと押し問答の末、面会は応接室で、約30人の報道陣が囲む中、45分遅れで始まった。冒頭に浅野が申し入れの趣旨を説明した。

「事故調の最終報告までには1年か1年半、あるいはそれ以上の相当な時間がかかる。遺族はこの4カ月間、精神的・肉体的に極限状態だ。それは事故に対するお宅らの説明がなく、表面的なお詫びだけで済ませてきたからだ。原因を問うても、県警が捜査中だから、事故調に資料を渡したから……としか言わない。何が原因だったのか、事故調とは別に口を開いてほしい。それが加害者責任だろう。この申し入れは（ネットワークに参加する）50数遺族の総意だ。社長の『誠心誠意』という言葉が本当なら、われわれの要望にちゃんと応えるべきだ。1カ月以内に場所を用意するから、説明に来てほしい」

　これに対し、常務の小出昇は型通りの謝罪の後、こう述べた。

「事故調が経過の中間発表をすることが1カ月ほど前に明らかになり、いくつかのご遺族からJRとしてどんな対応をするのかと質問があった。社内で検討し、役員が個別に説明させていただくことになった。それに向けて努めてきたところです」

　個別対応は遺族の要望だというのだった。以下、メモの抜粋・再構成である。

浅野「そういう話が進んでいるのであれば、50数遺族が参加するわれわれネットワークにも打診があって然るべきじゃないか」

遺族A「そもそも、なんで事故調の報告をJRがするんですか」
浅野「そこまで事故調とJRは癒着しているんですか」（声を荒らげる）
常務「そんなことはありません。われわれは事故調と警察に全面的に協力しているだけです」
浅野「説明する立場にないやろ。じゃあ事故調とお宅の関係をはっきりさせよう」
常務「調査に関わる資料を提出しています」
遺族B「説明は、106人の遺族を集めて、事故調がやるべきでしょうが」
遺族A「なんでそんなに事故調とつるんで」
浅野「お宅らは、亡くなった人をこれ以上愚弄するのか」
JR総務部「必要なデータ類は一切提出していますので」
浅野「個別の説明には反発があったのでやめます、と言ってくれ。われわれは認めるわけにはいかんのや」
常務「1カ月前から（遺族に）案内しているので」
JR総務部「建議（事故調から国交省への改善意見）の提出などもありますし……」
遺族B「遺族向けに説明してくれと、JRから事故調へお願いできないのか」
常務「われわれはその立場にありません」

浅野「その立場認識が間違ってると言うとるんや。お宅ら加害者責任を全然わかってない」

常務「経過報告を踏まえ、私どもとしてぜひ取り組んでいきたいことが……」

浅野「そんなもん、お宅らのPRやないか。こちらの設定する場所に出てきて、（申し入れている）4項目について説明してほしい」

常務「ご遺族ごとの扱いが異なることは避けさせていただきたい。これまでも（ネットワークに参加しているか否かで）遺族によって対応が違うのではという不信や疑問の声もあった」

遺族A「対応がバラバラだから、一緒にと言ってるんじゃないですか」

浅野「われわれの場に出てきて口を開いてくださいよ。それが亡くなった霊に応えていく入口なんですよ」

遺族A「慰霊祭よりも説明をしてほしい。説明こそ慰霊なんですよ」

公平性と手続き論を盾に遺族らの要望をにべもなく退ける、見事なまでの官僚答弁である。浅野は「誠心誠意とはどういう意味か」「前向きに検討しますぐらい言ったらどうなのか」と問いを重ねるが、JR側の姿勢は変わらず、話し合いは平行線をたどる。

事故車両のデータを収集し、分析して結論付けよとは言っていない。それは事故調の仕事だ。求めているのは、JR自身が作った安全性向上計画にある「組織風土」の問題とは何か、社長が説明会で口にした「100%責任」とはどういうことか、加害者として見解を示してほしいということだったが、とても意図が伝わっているとは思えない。淺野は、遺族がなぜ説明を求めるのかを何度も繰り返した。

淺野「亡くなった人をどう弔えと言うんですか。早く説明したいんですよ。加害者のJRがこう言っている。それで少しは弔いができるんじゃないですか。今はただ線香あげるだけで、なんにも説明できない。肉体的にも精神的にも極限状態にある遺族の、心の底からの叫びなんですよ。せめて、それを和らげるためにお宅らができるのは口を開くことでしょ。

なんとかしてくれへんか。このままでは遺族も死んでしまうで。あんたら責任取れるんかい。冗談やない。わしも死んでしまう。お宅らにしたら死んでもらった方がマシでしょうが、小出さん。遺族の気持ちわかってる？　よう言うよ。全然わかっとらんよ。二次被害を出したらいかんのや。この場でイエスかノーか答えろとは言いませんが、前向きに検討してくださいよ。それぐらい言ってよ」
常務「1カ月前から手分けして案内しているわけでして」
淺野「何人の遺族から個別説明の要望があったんですか」
常務「大変多くの遺族の方です。数はわかりませんが」
遺族C「運転再開の時もそうやった。あれと同じ手口やないか。あの説明会の時と」
淺野「何件かわからん遺族の希望を優先して、われわれには応えられないと言うんですか。50数遺族の声は無視すると言うんですか」
遺族D「一部の遺族と、われわれは何が違うんですか。その差はないと説明してくれ」
常務「ですから、個別に……」
淺野「ようわかった。今日で、これまでの誠心誠意という言葉は崩れたね。それならお宅やなく、社長に説明してもらわんと」
常務「同じことの繰り返しで恐縮ですが、個別におうかがいするということで。事故調の中間報告が出た段階で、それぞれのご遺族に丁寧に説明することが会社の方針です」

浅野「それじゃ受け入れることはできない。その申入書、社長に渡してくれ。1週間以内に返事を、社長名で。今日はもう終わりや」

1時間あまりのやり取りは、こうして物別れに終わった。

物言う遺族

「4・25ネットワークが大きな集団だっただけに、JR側にも警戒心や、ある種の恐怖心があったんでしょう。言質(げんち)を取られてはいけない。こちらの要望に耳を貸す気はまったくない。面倒事を早く終わらせたい。そういう思惑が見え見えやったから、遺族の言葉もつい、きつくなったんですよ」

交渉の場にいた木下廣史(きのしたひろし)が振り返る。先のやり取りの中の「遺族D」だ。

「僕も会社員やから、組織決定に反して個人の見解でしゃべれないというのはわかりますよ。後々になってJR西の幹部と一対一で会って話してみたら、意外と話せる人やったりもする。でも組織になると全然だめ。話にならない。組織防衛なんでしょうけど、その意識が強すぎて、自分たちが加害者であることがまったくわかっていない対応でした。態度や言葉の端々から、傲慢さ、隠蔽体質、事故を解明する気もないことがにじみ出ていた」

近畿大学3年生だった22歳の長男を失った木下は、事故原因とその組織的背景の解明を何よりも求めていた。さまざまな思いを持つ遺族の中でも淺野と考えが近い。

「息子は1両目に乗っていて、最後に搬出されたんです。2日目にはもう生きていることはないやろうと思っていましたが、やっぱり親ですからね。万が一……という気持ちはあった。

現場から回収された財布と定期入れの中を見て絶句しました。小銭がね、全部折れ曲がってるんですよ。十円玉や百円玉がグニャッと90度も。身に着けていたアーミーベルトというんですか、何トンの車で引っ張っても切れない強さのベルトも切れていた。いったいどれほどの衝撃と圧力を受けたんやと……」

木下は、慰霊式典や現場保存といった追悼のあり方にはほとんど関心がなかった。JR西に事故と向き合わせ、自ら語らせることだけが父として長男にしてやれる弔いだと考えて、4・25ネットワークの「説明責任部会」を担ってゆく。

やり取りを詳述した先の面会のように、4・25ネットワークはさまざまな要請・要望文書や声明、質問状を作成し、JR西をはじめ、事故調査委員会や国交省へ向けて、あるいは兵庫県警や神戸地検、検察審査会に適正な捜査と裁判を求めて、これを発信・持参した。特定の宛先ではなく社会全体へ向けて遺族の願いを伝えるものもあった。世話人会の名で作成した文書に限っても5年間で23通。初期のものをいくつか列挙しておく。

「慰霊と安全のつどい」についての質問状（2005年8月8日）事故の節目としてJR西が計画していた慰霊行事の意義と内容を質問。JRは当初、事故1カ月後に遺体安置所だった体育館を会場として開催する案を打診し、遺族の猛反発を受けた。結局、兵庫県など沿線自治体との実行委員会主催で9月25日に尼崎駅前広場で行われたが、経緯、内容、出席者の顔ぶれなどが遺族をないがしろにするものとして、淺野や木下ら17遺族が欠席した。

奨学金制度についての要望書（2005年8月8日）被害者遺児に対してJR西が創設予定だった奨学金の給付額の増額、給付条件の拡充などを求めた。

事故調査委員会に遺族への説明を求める要望書（2005年8月31日）事故調査の経過報告公表を前に、遺族・負傷者に対する説明を要望。アメリカのNTSB（国家運輸安全委員会）には被害者支援の部局があり、調査結果もまず被害者に知らせていると指摘した。先述したJR西への申し入れなども受け、事故調は9月19日に遺族向け説明会を開催した。

北側一雄・国土交通大臣への要請書（2005年10月4日）事故調査の徹底とともに、JR西が遺族に対して説明責任を果たすよう指導を要請。淺野をはじめネットワークの9人と面会した北側大臣は次のように述べた。

「事故の事実関係だけでなく、なぜ運転士があんな運転をしたのか、背景要因まで踏み込んで分析するのは重要なこと。事故調は独立機関であり、国交省に指導権限はないが、そこまで明らかにしようとやっていると思う」

「JR西に説明責任があり、遺族・被害者に誠実に対応するのは当然のこと。ただ、当事者に説明させると内容が甘くなったり、発生直後の置き石発言のように、ごまかす危険性がある。みなさんの求める背景要因については、JRが事故後にまとめた安全性向上計画で触れていると本人たちは考えているのではないか」

淺野は、「JRが遺族に説明することは、事故調査になんら影響を与えないと理解してよろしいですね」と念を押したが、北側は「結局、さまざまな要因が重なっているんだろう。今日の要請があったことはJRに伝えておく」と直接的な返答は避けた。

声明「JR羽越線での特急脱線をうけて」（2005年12月26日）JR東日本の羽越線で特

急が脱線、5人が犠牲となった事故を受け、「福知山線事故の教訓は生かされなかった」とし、両事故の全容解明と、全国の鉄道事業者の安全総点検をアピール。

事故原因の究明とJR西の説明責任を軸に、被害者支援や安全問題について、4・25ネットワークがさまざまな発信をしてきたことが見て取れる。だが一方で、JR西や国の機関を相手に「物言う遺族」の姿、「集団で闘う」場面が報道されるにつれ、距離を置く被害者が出てきたり、無関係な傍観者から誹謗中傷や悪意ある噂が湧き起こったりしたのも事実だ。

いや、ネットワークに限ったことではない。被害者を取材していると、事故直後から何年も後に至るまで、卑劣な嫌がらせを受けた体験談は枚挙に暇がない。

息子を亡くしたある遺族男性は、自宅にJR幹部が謝罪に来た場面をニュースで報じられた。同席した親戚の女性が、頭を下げる幹部に向かって「荷物を運んでるのと違うんですよ。人の命を運んでるんです。わかってるんですか」と激しい怒りをぶつける映像だった。それを見て男性の妻だと勘違いした複数の人間から匿名の電話や手紙、電報が来るようになった。「謝っている相手を怒鳴りつけるとは、なんと失礼な態度か」「補償金もらうんだろ。文句を言うな」。中には「そんな心構えだから子供が事故に遭うんだ」などという内容もあった。息子を亡くした絶望に、度重なる嫌がらせが追い打ちをかけ、男性の妻は心身を病んでしまった。

　そこまで直接的な悪意でなくても、「あの家は補償金を釣り上げるためにゴネている」「車を買い替え、家も建て替えるらしい」「何カ月も仕事を休んでも食べていけるとは、いい身分だな」といった妬み交じりの、何の根拠もない噂や陰口が被害者の耳に入ってくる。周囲の視線に恐怖を感じ、外出できなくなる人も多くいた。

　見知らぬ寺から「事故で亡くなった奥さんが呼んでいる。ぜひ来てください」と電話が入り、話を聞いてみれば「供養に１００万円必要だ」と言われた人。慈善団体を名乗る人物が突然訪ねて来て、「寄付をお願いしたい」と持ち掛けられた人。「あなたのお子さんの魂は事故現場から抜け出せずに泣いています」という匿名電話に傷つけられた人……。

　匿名の悪意が跋扈するという点では、ネットはまさに無法地帯だった。原因究明を求める遺族の願いを嘲笑し、愚劣な中傷や罵詈雑言を書き込む者がいれば、鉄道の車両やシステムに関する知識を開陳しつつ、いかに防ぎようのない事故だったかを〝解説〟してみせる者がいた。4・25ネットワークが開設したホームページには、先のJR羽越線事故への声明に対して、「あれはダウンバースト（突風）という自然現象が原因であり、鉄道設備や運行計画は関係ない」と訳知り顔のコメントが書き込まれ、それをきっかけにコメント欄が荒れたこともある。

何が彼らを駆り立てるのかはわからない。家族の喪失と不在を埋められるはずもない「補償金」がそんなに妬ましいのか。遺族が「遺族らしく」悲しみに打ちひしがれ、泣き暮らしていないのが気に入らないのか。JR西のような大企業や国交省などの〝お上〟に盾突くのが生意気だと思うのか。それとも、たいした理由もなく、日頃の鬱憤(うっぷん)晴らしに目についた人間を叩(たた)いているだけなのか。

遺族・被害者に投げつけられた、あまりにも醜悪な言葉を聞くたび、私は憤りを感じるより先に絶句してしまう。そして、マスコミになど出たくない、社会に存在を知られたくないと考えるようになっていく人の気持ちがよく理解できる。もちろん、世間からの反応以前に、記者の取材を受けることそのものがストレスになることだってあるのだ。

淺野の耳にも、そうした声が届かないはずはない。ネットワークで遺族の声は報告されているし、家族からも聞いているだろう。だが怯(ひる)まない。臆(おく)さない。「闘うコンサルタント」には、そんなもの慣れっこなのかもしれないと、淺野の強さをあらためて思う。と同時に、事故に遭うまでは普通の市民だった遺族が、大企業を相手に、あるいは社会へ向けて、声を発し続けることの難しさも思うのだ。

　誰もが淺野のように強くはない。誰もが淺野のようには闘えない……。

誓いの手記

　事故の年の暮れも押し迫った２００５年12月27日、ＪＲ西日本は、垣内社長と南谷会長が翌06年２月１日付で退任し、副社長の山崎正夫が社長に昇格、会長には前住友電気工業会長の倉内憲孝（くらうちのりたか）を外部招聘（しょうへい）するトップ人事を発表した。倉内に代表権はなく、山崎が経営の全権を握る形だった。

　降格して取締役で残ることになった垣内は、「企業風土の改革などで新体制への方向付けはできた」と会見で語ったが、実際は４・25ネットワークをはじめ遺族・負傷者との溝（みぞ）は埋まらないまま、賠償交渉にもほとんど入れず、11月にはＡＴＳ－Ｐの速度設定ミスが相次いで発覚するなど、事故につながりかねない不祥事が続いていた。この人事発表から約１カ月後の１月24日には、鳥取県の伯備線（はくび）で保線作業中の作業員５人が特急列車にはねられ、３人が死亡する事故も起きた。

「刷新人事で出直しを図るのが狙（ねら）い」と報じられたのは、そういう事情に加えて、新社長の山崎がJR西のトップとしては初の鉄道本部出身、技術畑の人物だったためだ。しかも山崎は、鉄道本部長を務めたのを最後に、「ジェイアール西日本メンテック」という清掃業務の子会社へ出向し、事故後に呼び戻されるまで7年近くも本社を離れていた。それまでのJR西ではあり得ない〝出戻り〟人事であり、平時なら社長になるはずもない人物だったのである。

この苦肉の社長人事が後に、JR西にとって、また淺野にとっても、大きな意味を持ってくるのだが、就任時点では知る由もない。山崎新社長への感想を記者に問われた淺野は「手始めに検証に着手してほしい。事故に至った真相を語るのは当然。被害者に口を閉ざした前体制の態度を引き継げば、被害者の傷を広げるだけだ」と、従来の要望を繰り返している。

事故から1年の4月25日を迎えるのを前に、淺野は、4・25ネットワークの声明文作成、シンポジウム「追悼と安全の夕べ」の開催準備、妻の一周忌法要の手配などに追われていたが、その合間を縫って手記を発表している。これは、私が依頼し、インタビューと構成を担当した『月刊現代』の記事だった（掲載誌発売は5月1日）。

4月11日から2、3日でインタビューを行い、原稿用紙にして35枚ほどにまとめた手記では、事故発生から、妻と妹の遺体との対面、娘への思い、遺族となった苦痛と絶望、4・25ネットワークの活動、さらにはJR西への憤りと不信、交渉の経緯までが語られている。つまりは本書でここまで書いてきた内容の原型だが、重複しない部分をいくつか抜粋する。

〈この1年の間、航空・鉄道事故調査委員会の経過報告をはじめ、さまざまな角度から直接・間接の原因が語られた。制限速度70キロを大きく上回る時速110キロ以上でR304（現場カーブ）へ進入したことが直接の原因だったという。しかし私は、この異常な速度超過は「原因」ではなく、「結果」だと思っている。つまり、そのような異常運転をしなければならなかった、また、それを許してしまったシステムの中にこそ、真の「主因」があると言いたいのである。

まずは運行計画の問題がある。ダイヤ編成に本当に問題はなかったのか。事故後の改正で、駅での停車時間を延ばす「余裕時分（ゆとり）」が強調されたが、それだけで十分とは思えない。ダイヤというものは駅間の距離や地形、最高速度の設定、車両の性能まですべて勘案して編成されるべきものだ。過密であるか否かだけでなく、ダイヤの作り方そのものを洗い直す必要がある。また、運転技術の未熟さや指令のあり方といったヒューマンファクター（人的要因）の検証も必要だろう。そして、それらを改善してもなお起こるミスを防ぐのがＡＴＳの役割であるはずだ。その新型機の設置がなぜ遅れていたのか――。

ほかにも、日勤教育などの懲罰主義、私鉄との競争を重視するあまりの利益偏重、組織内の風通しの悪さといったＪＲ西日本の「体質」論が指摘されている。いずれも事故の背景となる問題かもしれない。あるいは、「民営化そのものが諸悪の根源だ」という論調すらある。

しかし、「企業体質が悪いから事故が起きたのだ」という言い方は、私たち遺族にとってはごまかしでしかない。企業体質が悪かろうが、鉄道事業者として最低限守るべき安全への意識が徹底していれば、これほどの惨事は防げたはずではないか〉

〈とはいえ、この１年、ＪＲ西日本という化け物のような大組織と対峙(たいじ)するなかで、その「体質」をつくづく痛感したことが何度もあった。

垣内氏が家に来た際、私は指摘した。「ＪＲは民営化後、国労（国鉄労働組合）潰(つぶ)しが最大のテーマだったんだろう」と。反論しない彼に、私は「そんなことばかりやっているから、安全という本質がおろそかになるんだ」と言った。ＪＲ西日本には４つの労組がある。それぞれに主張があるのは理解しているし、組合活動そのものを否定するつもりはない。だが、安全を置き去りにした政治闘争など許されるはずがない。

遺族の間には事故車両に乗っていた車掌の話を聞きたいという声がある。しかし、組合の庇護(ひご)の下で休職状態にある彼に、会社も連絡が取れないのだという。社員であれば当然受けるべき職務命令が通らない。それほど異常なことがまかり通っているのだ。

断っておくが、私はこの問題で、どんな政治勢力にも与(くみ)しないし、利用されるつもりもない。議員や政党を頼ろうとも思わない。被害者としての訴えは、私たち自身が純粋に、正道と思える道を歩む中で、社会的な共感が広がっていくのだと思う〉

手記は、この1年の心境の変化をあらためて振り返る語りで締め括(くく)られている。

〈絶望の底に突き落とされたあの日から、1年になる。光のない砂漠に突然放り出された私は、自分がどこに立っているのか、どこに向かえばいいのか、何も分からないまま、呆然(ぼうぜん)と数カ月間を歩いた。秋が深まるころ、ようやく自分の身に起きた出来事を見つめられるようになった。そして、「なぜ」を問い始めた。年が明けて、少しだけ顔を上げられるようになった。整理がついたとか、冷静になれたということではない。ただ自分のやるべきことが見えてきた。だが、目指す山ははるか遠い。

4月25日、私たちを支援してくれる市民組織による追悼行事がある。その前に、女房の一周忌の法要を済ませてやろうと思っている。いまやっと写真を整理し始めたが、遺品の整理はだいぶん先になりそうだ。

事故からしばらく経(た)って、私の携帯電話に女房の声が残されているのに気付いた。操作を誤って、たまたま保存していたらしい。事故の数日前に吹き込まれた仕事上の伝言だった。時々再生してみる。電話で話す時は背筋をピンと伸ばしたような、ちょっと気取った響きになるあの人らしい話し方だ。

私はいまもJRには乗りたくない。乗れないのである。あの快速電車と同じ銀色の車両を見ると、いまでも胸が騒ぐ。しかし、JR西日本との闘いにおいては臆してはいられない。背筋を伸ばしていこう。女房の電話の声のように。

二度と、あのような不条理に泣く人を出してはならない。強く願う。それが女房や妹への本当の供養になるのだから〉

原稿をプリントアウトし、尼崎の事務所で向かい合って読み合わせをしている時、浅野がふと漏らしたつぶやきを覚えている。「ちょっと、こういうのを読むと、もう……」。修正箇所があるのかと原稿から顔を上げると、浅野は眼鏡を外し、ハンカチで目を押さえた。

編集部が付けた手記のタイトルは「JR福知山線の惨劇から1年／独占手記／妻と妹の無念、そして娘の闘い」となった。浅野は、結びの段落にある「不条理」という言葉にこだわったが、私の力不足もあり、その案は容れられなかった。だが、彼にとって、不条理との闘いこそが、JR西を相手にした偽らざる心境だったことが、今ではよく理解できる。

福知山線脱線事故一周忌の追悼慰霊式は4月25日、阪神尼崎駅に近い尼崎市総合文化センターの大ホールで、JR西の主催により行われた。出席した遺族92組577人の中に、浅野や木下の姿もあった。遺族・負傷者・負傷者家族の3人が「慰霊のことば」を述べた。1人が浅野の次女、奈穂だった。

「どうして自分だけが生き残ってしまったのか、今でも悔いています。できれば一緒に死にたかった。リハビリをしていても『何のために生きているのか』と思う時がありますが、今は生き残った私に、母と叔母が使命を託してくれたのだと思うようになりました」

あの日の蒼い空と白い雲、六甲の山並みを模した祭壇に向かって涙声で語りかける奈穂の後ろ姿を、私は浅野の隣の席から見ていた。

先に祭壇に向かった遺族代表の男性が、亡き妻にやさしく語りかけるように、「去年、君の死から誓いました。人前では泣かない、不幸のヒーローでは終わらない。絶対に幸せになる」と、努めて明るい口調で述べた言葉との対照が印象的だった。

第3章　追及

発覚した「天下り」

山崎新体制となり、事故後1年を過ぎても、ＪＲ西日本は実質的には何も変わらなかった。民営化による会社発足から約20年、その前の国鉄から脈々と受け継がれた、佐藤弁護士が言う「非常に硬直した、官僚主義の、責任や誤りを決して認めず、絶対に譲歩しない」組織風土は、そう簡単に崩せるものではなかった。

むしろ、あれほどの事故を起こし、会社発足以来最大の危機に陥ったがゆえに、それまで以上に組織防衛の意識と内向きの姿勢が強まり、事故後の対応がより官僚的に、より硬直化していったのかもしれない。

そのことを物語る事故2年目のできごとにいくつか触れておく。いずれも、淺野や4・25ネットワークが強く問題視し、追及した件である。

一つは、「天下り問題」と言われた、退任役員の処遇とその隠蔽である。事故直後に引責辞任した元幹部3人が関連会社の社長などに就いていたことが、2006年6月の株主総会をきっかけに表面化したのだった。

技術部門のトップだった徳岡研三・専務兼鉄道本部長は「レールテック」社長に、人事や労務管理を統括していた坂田正行・専務兼総合企画本部長は「西日本ジェイアールバス」社長に、事故現場や運転士・車掌の所属区を管轄していた橋本光人・大阪支社長は「JRサービスネット金沢」専務に、それぞれ6月から就任していた。ところが、JR西はそのことを遺族・被害者に一切伝えていなかったのである。

とりわけ橋本は、2005年度の支社長方針5項目の筆頭に「稼ぐ」と掲げ、訓示していたことから「安全より利益を重視した」と強く批判を浴びたうえ(安全については2つ目の「目指す」の中で触れていた)、同支社の車掌らが事故当日にボウリング大会を開いていたことが発覚して、同年の株主総会を待たずに辞任した経緯があっただけに不信を招いた。

徳岡は、安全対策を所管し、ATSの設置計画を定めた責任者である。「天下り」が発覚した株主総会で、株主からこんな声が上がったという。

「鉄道本部長という脱線事故の責任者が、辞任して1年足らずで子会社の社長になっていいのか。しかも、レールテックはレールの保守という安全の基盤を担う会社だ。事故を防げなかった人が社長になって安全が保てるのか」

当然の疑問だが、JR西側はこう答えた。

「徳岡は保線業務に豊富な経験、知識を持っている。これを生かすことがグループ全体の発展につながると考えている」

JR西経営陣の認識では、通常のグループ内人事の範囲であって、なんら問題はなく、遺族・被害者へ報告の必要もないというのだった。7月に入り、一連の人事がマスコミで相次いで報じられるようになっても、「子会社からの就任要請を受けて了承しただけ」「本人たちは本社役員辞任によって既に責任を取っている」という説明をあくまで続けた。

マスコミや専門家からは一斉に批判の声が上がった。事故当時の責任者を安全に関わる子会社に再び起用して、何が組織改革か。形式だけ責任を取り、謹慎が終われば復帰する日本的無責任の典型。社会常識や被害者への配慮があまりにも欠けている。

事故を真剣に受け止めず、反省していない証拠ではないか……。

4・25ネットワークも激しく反発した。なぜこんな人事がまかり通るのか、なぜ遺族にも伏せていたのか、納得いく説明を求めて抗議と申し入れを繰り返した。

説明責任部会のまとめ役だった木下は言う。

「引責辞任した役員がどうしているのか、彼らから事故の説明を聞きたいというのは、それまでも多くの遺族が求めていたんですよ。でもＪＲは『退職した人間のことはわからない』と言い続けていた。それで天下りが発覚すると、『子会社が決めたことだ』と逃げる。僕らサラリーマンの常識で考えて、社長や役員の人事を子会社が勝手に決めるなんてあり得ない。まして、あれほど上意下達が徹底した組織ですよ。これは、会社に不利なことを彼らにしゃべらせないための隠蔽工作だとしか考えられなかった。再就職そのものの是非よりも、隠していたことが許せなかったんです」

遺族や世間の猛反発を受け、ＪR西は7月29、30日に開いた遺族・負傷者向けの報告会に徳岡、坂田、橋本の元3役員を出席させ、社長の山崎が「3人の経験と能力が当社グループ全体に必要不可欠と考え、子会社からの要請を了承した」と説明した。3人は硬い表情で「命(めい)を受けて就任することになった」とそれぞれ言い、「ＪR西日本とグループ全体の信頼回復に役立つよう、一生懸命務めていきたい」と辞職の意思がないことを表明した。ところがこの報告会で、3人が実際には役員辞任からまもない前年8月に、それぞれ別の子会社の顧問に就いていたことが発覚。さらに強い反発を招くことになった。

ネットワークは退任した3役員から個別の説明を求め、JR西本社や子会社へ数回にわたって乗り込んだ。遺族たちの怒りは大きく、数十人がこれに参加した。9月には「天下り役員人事に関する申し入れ」文書を提出し、元会長の南谷（この時点で相談役）、元社長の垣内（同・取締役）を含めた5人にネットワークの集会での謝罪と経緯説明を求めた。これに対するJR西の回答は次のようなものだった。

〈これら退任した3役員は、弊社グループ会社の非常勤の顧問あるいは技術アドバイザーとなることについて、それぞれの会社から個々別に依頼があり個々別に就任し了承を得ておりまして、その事実については各社から連絡があり弊社としても承知しておりました。弊社としては退任役員の顧問就任については、もとより何らの承認手続き等を要するものでもないことから、あくまで関係の各社と退任役員の個別の問題と考えていました。3人の役員の任期途中の退任はそのこと自体が非常に厳しい責任のとり方であると認識していたものであり、顧問就任についてをご遺族様等に特にお知らせすべきものとは考えておりませんでした〉

と、従来の説明を繰り返したうえで、遺族との間に「引責辞任」の認識でずれがあった、心情を損ねたことをお詫びするとし、だが、この件に関する説明は既に尽くしており、申し入れには応じられないという内容だった。いかにも官僚組織らしい慇懃無礼な文面である。

3役員は結局、1年ほどで子会社を退職。数年後に、坂田がネットワークの集会に出席したり、徳岡が遺族と一対一の面会要請に応じたりする中で徐々に収束していくが、問題発覚当初の対応は、JR西という組織の体質が事故から1年を経ても何ら変わっていないことを、遺族・負傷者たちに痛感させることになった。

二次被害

こうした中、遺族たちにとって衝撃的な事件が起こる。事故でパートナーを失った32歳の女性が06年10月、自宅マンションから飛び降りて死亡したのだ。後追い自殺だった。

事故犠牲者の男性と12年間同居する事実婚関係だった女性は、4・25ネットワークに参加していた。彼女の訴えによると、JR西は事故直後の2カ月間は生活費を支払ったものの、未入籍を理由に打ち切られたという。弁護士を通じて交渉すると、ようやく生活費を持参したものの、妻や遺族として扱われないこと、男性にとって「存在しない人」と見なされていることに、女性は深く悩んでいた。親族らに宛(あ)てた遺書にはこうあった（注・報道から要旨を抜粋）。

〈なおちゃん（事故で亡(な)くなった男性）がいない事でもう限界やのに、なんでJRにさらなる苦しみを受けなあかんの。ここは地獄ですか？　悔しくて悔しくてたまりません。なおちゃんの命を奪い、二人の未来を奪い、私から全(すべ)てを奪ったJRが憎くて憎くてたまりません。

私を地獄につき落としたJRと戦ってください。負けるわけにはいかない。なおちゃんと人生を全うしたかったけど、もうできなくなった。なおちゃんがいないなんて受け入れられへん。嫌や、嫌や、嫌や。会いたい。会うには私が行くしかない。私はなおちゃんと二人、この行く末を天から見る事にします〉

病身で働けず、経済的な支えを失って困窮するこの女性への支援を、ネットワークは1年前からJRに申し入れていた。それでも救えず、「108人目の犠牲者」を出してしまったことに遺族たちは衝撃を受けた。「遺族が心の安らぎを得られる場になればと月1回の例会を開いてきたのだが……。相当厳しい立場に置かれていたのだろう。ＪＲ西がきちんと対応していなかったということだ」と、淺野は新聞の取材に語っている。

一方、ＪＲ西は「これまで精いっぱいの対応をさせていただいてきた方ですので、突然の悲報に驚いています。謹んでお悔やみを申し上げます」と土屋隆一郎（つちやりゅういちろう）・専務兼被害者対応本部長名でコメントを発表した。

ＪＲ西は補償について、遺族に対しては、逸失利益（犠牲者が生きていれば得られたはずの収入）、慰謝料、葬儀関係費の３つを柱に提示し、負傷者へは治療費、休業補償、慰謝料を基本とする方針を示していた。前社長の垣内は辞任会見で「数人の負傷者と補償交渉が合意し、一部の遺族と具体的に話し合う準備ができた」と話したが、実際に示談が成立したのは多くが軽傷者で、重傷者や遺族とは先述の通り、ほとんど交渉にも入れていなかった。

だが、この発言――淺野は、早く交渉を進めたいＪＲの「揺さぶり」と見ていた――で被害者たちの間に動揺が広がった。「誰が合意したのか」と疑心暗鬼になったり、「うちはいつまでかかるのか」と取り残される焦（あせ）りを感じたりする人もいた。当面の生活費なども必要に応じて支給されたが、自殺した女性のように働き手を失った家庭には不十分なことも多く、事故から時間が経（た）つにつれ、遺族・被害者の間で生活格差が広がっていった。

やはりネットワークが支援し、私も当時取材した負傷者の家庭がある。

転職の面接に向かう途中だった夫が事故に遭った。肋骨(ろっこつ)が折れて肺を突き破る重傷で、当初は「2週間持たないかも」と言われた。10時間の大手術を乗り越えてなんとか一命を取り留めたものの、入院は長期化。妻は、事故のショックに夫の介護、幼い2人の子の育児が重なり、体調を崩してしまう。事故直後の夫の変わり果てた姿がトラウマとなり、ICUの光景がフラッシュバックしてくるPTSD（心的外傷後ストレス障害）だった。夜も眠れず、全身に鉛を入れたように体が重くなった。病院へ行くと、うつ病の診断。フルタイムで働いていた仕事は事故直後から休職しており、収入も絶たれた。

「医者から『週に2日は介護を休まないと、あなたも廃人のようになる』と言われる状態でした。事故から1年の頃は、自分の病気のせいで家族にも職場にも迷惑をかけている、と死ぬことばかり考えていた」

事故の直接被害者である夫の医療費はJR西が全額負担していたが、妻の通院費は3割のみ。当初は「完治まで面倒を見させてもらう」と言っていた担当者は、日が経つにつれ、「本当は、奥さんの分まで支払う法的な義務はない」と負担を減らすことを求めるようになっていった。事故の負傷者だと偽って見舞金を詐取した人間の話を、何の脈絡もなく持ち出すこともあったという。あたかも、彼らが違法に金銭を要求しているかのように。

「今はなんとか小康状態を保っていますが、夫も肺を切除した後遺症や精神的ショックでまだ働けない状態ですし、この先の生活を考えると……」

私の取材に語る妻の声は沈みきっていた。

事故で傷つき、苦しめられるのは直接被害を受けた者だけではない。家族や周囲の人間を巻き込み、生活や健康や精神を破壊し、時には命すら奪ってゆく。淺野がJRとの交渉で訴えた「二次被害」は、こうした形で現実となっていった。

不遜な弁明

ＪＲ西の「変わらなさ」は、幹部人事や遺族対応だけではなく、事故の核心である安全対策とその思想についてもまたそうだった。それをまざまざと見せつけたのが２００７年2月1日、航空・鉄道事故調査委員会による意見聴取会だった。国交省10階で開かれたこの会は、事故調が事故原因を特定し、最終報告書を作成するのに先立ち、関係者や学識経験者から参考意見を聞く場である。鉄道事故で開かれるのはこれが初めてだった。

公述人は、JR西から労使双方の関係者、鉄道工学や安全問題の研究者・専門家、そして、浅野を含めた遺族2人と負傷者1人の計13人。前年末に事故調が公表していた「事実調査に関する報告書案」――これまでの調査結果をまとめた、最終報告書の草案というべき冊子――について、それぞれの観点から意見を述べることになっていた。傍聴席は、4・25ネットワークなどの遺族・負傷者20人をはじめ、168人で埋まった。

最初に公述に立ったのは、JR西の丸尾和明・副社長兼鉄道本部長。圧倒的な実力者として同社に長く君臨した井手正敬元会長に近いとされ、事故直後の幹部人事をめぐる報道で、次期社長の本命とたびたび報じられた有力幹部である。副社長に昇格する前は福知山線列車事故対策審議室長を務め、事務系ながら事故原因や安全対策に精通している立場だった。

丸尾は、事故調委員席と傍聴席に一礼し、冒頭に「心からお詫び申し上げます」と謝罪を述べると一転、報告書案の記述に対する反論を始めた。

「事故者に対する再教育、いわゆる日勤教育は鉄道輸送の安全確保のために必要不可欠であると考えております」

最初に切り出したのは、事故後に最も強い批判を浴びた日勤教育――ミスをした乗務員を一定期間乗務から外して行う再教育。その内容が極めて懲罰的で、運転士のプレッシャーになっていることが指摘された――の件だった。詳しくは後述するが、報告書案は、高見隆二郎運転士が事故の10カ月前と車掌時代の計3回、日勤教育を受けていたこと、反省文などを繰り返し書かせる内容への不満や乗務を降ろされる不安を友人たちに漏らしていたこと、また、同じ京橋電車区の運転士が聞き取り調査に「事情聴取で何回も怒られた」「トイレに行くにも上司の許可が必要で非常にストレスを感じた」と語ったことを記し、運転技術の再教育よりも精神論的な内容だったと分析していた。

これに対し、丸尾は「エラーを起こした乗務員に、事故原因の分析と自覚、職務の重要性の理解、事故防止への意識向上をさせるのは鉄道事業者の責務」だと主張し、自社が〝勝訴〟した裁判の判例を持ち出した。

01年に自殺した同社運転士の遺族が「いじめに等しい日勤教育が原因」と損害賠償を求めた訴訟で、前年11月に大阪高裁が「安全の理念を徹底する方策として、日勤教育は相当な方法」と、遺族の請求を棄却した判決文の一部を読み上げたのである。判決は、自殺の原因となったことは認めていたが、当然そこには触れない。そして、これを根拠に「意識面の改善に重点を置いた再教育の有用性が認められている」と強調し、さらに、批判的な証言をした京橋電車区の運転士は「みだりに運転席を離れ、乗務員詰所で私的雑事におよんでいたもの」であって、報告書に採用するのは不適当だと主張した。

丸尾の公述は、自殺した運転士も、調査に証言した運転士も会社に敵対的な労働組合所属で、日頃の勤務態度が悪かった、それを改めさせるために行ったものであり、裁判での訴えや証言は信用できないということを暗に述べていた（組合問題については、第4、5章で触れる）。

実際のところ、日勤教育がJR西日本労組（JR西労）や国労など会社側に批判的な組合に所属する者への制裁や締め付けの面を持ち、職場統制と労務管理の手段だったことは、多くの関係者が認める事実だ。労使対立が激しかった国鉄時代から同様の管理手法が存在したが、JR西では、アーバンネットワークを拡充し、急成長していた97年頃から激しくなったともいわれる。

日勤教育に内容や日数の規定はない。各現場長の判断で、反省文や就業規則の書き写し、線路の草むしり、トイレ掃除、ホームに立って列車が到着するたびに挨拶と礼を繰り返す……などを行わせた。上司との面談で長時間にわたって罵声を浴びせられた、人格否定まがいの叱責を受けたという職員も多く、JR西労や国労は長年是正を求めてきた。会社と融和的な最大労組の西日本旅客鉄道労組（JR西労組）ですら、事故後に行ったアンケートで運転士の4割近くが「懲罰的・見せしめ的」と不満を漏らし、8割以上が「必要ない・改善が必要」と答えた。高見運転士も最大労組所属だったが、やはりこの慣行を恐れ、神経質になっていた。

事故をきっかけに社内外から不満と批判が噴出し、JR西は、日勤教育の内容を、より実践的な技術面の指導へと見直したが、先述した裁判の判決で自信を付け、意見聴取会では一転、「問題はなかった」という主張に切り替えたのだった。

丸尾はさらに報告書案への反論を続けた。以下、要約して列挙する。

ブレーキ操作などの運転指導に問題はなかった▽車両検査に怠りはなかった▽ATS-Pの設置計画は順次、適切に進めており、福知山線での使用開始が当初予定から3〜1カ月遅れの平成17年6月（事故2カ月後）となったのは、より安全で確実な施工を行うため慎重に作業した結果である▽鉄道の常識として、運転士がカーブの制限速度を大幅に超えて運転することはないと考えていた。カーブへのATS設置について国の定めはないが、安全性・信頼性の観点から、念のため整備を進めていた▽余裕時分がない運行計画（ダイヤ編成）でも、標準的な運転をすれば定時運行はできる▽ヒヤリハット（乗務員らが事故の予兆を感じた事例）の報告、JR他社の事故などを参照し、ソフト・ハード両面で安全管理体制を整えてきた▽報告書案に記載の京橋電車区運転士へのアンケート結果（列車の遅れと心理的負担、転覆限界速度の認識などについて聞いたもの）は客観性に欠ける▽事故車両の車掌（JR西労所属）は入院中で、会社は十分な聞き取りができていないが、報告書案に記載された非常ブレーキ作動状況と車掌の口述には一致しない点がある。

20分にわたった丸尾の公述は、冒頭と最後に「心からお詫び」を口にし、「全社を挙げて、安全を最優先する企業風土の構築に取り組んでまいります」と締め括ったものの、その内容は弁明と責任逃れ、自己正当化に終始し、事故調の調査方法を批判までする無反省ぶりだった。口調や態度からは「出来の悪い運転士がミスをしたせいで、大変な損害と迷惑を被っている」という会社の本音、被害者意識すら透けて見えた。

事故調の委員たちは不快感を隠さなかった。

「話が曖昧だ。何が原因で、何が再発防止に有効なのか、具体的に話してほしい」

「訴訟を引用されたが、事故調査の趣旨は再発防止にあり、筋が違う。奇異に感じる。取り消していただきたい」

「あなたの会社は、さまざまな部署の人がいちいちもっともな言い訳をされる。しかし、社会に応(こた)える鉄道員だという気持ちが見られない」

異例なほど厳しい指摘に丸尾は表情をこわばらせ、「(事故原因は)現時点ではわかりかねる、ということでございます」「社員に対し、職責の重さ、意識の徹底をしている」などと、木で鼻をくるような返答を繰り返した。

公述を終え、記者たちに囲まれた時には「事実や口述の一部のみが引用された部分について、全体を把握していただいた方がいいと思うことを申し上げた」と語った。加害者として真摯(しんし)に反省する姿勢は最後まで見られず、「これまでなんとか築いてきたご遺族との関係が崩れてしまった」と、遺族担当社員をはじめ、社内からも公然と批判の声が上がるほどだった。

誤った人間観、歪(ゆが)んだ安全思想

一方、浅野はこの意見聴取会においても、これまで主張してきた4項目、すなわち「日勤教育の内容と妥当性」「余裕のないダイヤ編成」「ATS-P設置遅れの原因」「経営会議などを含めた安全管理体制」の検証と解明をあらためて求めた。

ＪＲ西は安全運行の責任を運転士個人の技量と経験に押し付け、競争力強化と利用者拡大へ向けたダイヤを編成しながら、十分な安全対策を取っていない。経営目標や営業方針ばかりが優先され、安全を点検する仕組みが欠落していた。これは明白な組織事故であり、経営の責任が問われるべきだ――というのが、公述の趣旨である。

浅野は締め括りにこう述べている。

「事故原因の究明と情報開示は、遺族・負傷者の立ち直りや鉄道事業の安全と信頼回復に不可欠であり、国民全体への影響も計り知れない。遺族・負傷者の声を聞くことは、調査の中立性・客観性にも寄与する。被害者を直視した調査のまとめと適切な情報開示を要望する」

負傷者を代表して公述したのは、４・25ネットワークの中心メンバーの小椋聡(おぐらさとし)である。２両目で重傷を負い、奇跡的に生き延びた小椋は、ネットワークで取り組んできた「犠牲者の最後の乗車位置」調査や、約１００人の負傷者への聞き取りをもとに、得意のイラストを使って、報告書案にはなかった乗客の位置や車内の様子を再現した。負傷者への聞き取りがまだ不十分なことを指摘し、事故調の佐藤淳造(さとうじゅんぞう)委員長（東京大学名誉教授）から「私たちの情報が不完全で、調査方法に改善の余地があることもわかった」という言葉を引き出している。

学識経験者からは、JR西への批判的意見が相次いだ。

「人間の注意力には限界がある。日勤教育などで精神的な重圧を加えたうえ、気になるような情報を無線で流し、注意を損なう状況を誘発してしまっている」（篠原一光・大阪大学大学院助教授／交通心理学）

「日勤教育は懲罰的。個人の意欲によって安全性を高めるというヒューマンファクターの教育理念に著しく逆行している。安全に関するマネジメントも一般企業より10年ぐらい遅れている」（黒田勲・日本ヒューマンファクター研究所所長）

浅野の問題提起を深める形で、さらに具体的にJR西の組織的責任を厳しく指摘したのが、公益事業論を専門とする安部誠治・関西大学教授だった。安部は4・25ネットワークを支援する研究者の一人で、弁護士の佐藤と同じく信楽高原鐵道事故に深く関わった。「企業の安全確立に取り組む原点が信楽の事故だった」といい、事故直後からJR西の組織的欠陥、とりわけ経営陣の安全に対する認識不足を繰り返し指摘していた。「鉄道は人とシステムの組み合わせであることを経営陣が理解できていない。人間のミスをバックアップするシステムを整備すべきなのに、社員に厳しい教育を強いればミスを犯さなくなるという誤った人間観がある」と。

公述で安部はまず、高見運転士が事故に至った行動と心理状態の関係を分析。「多少は運転技量に問題はみられるものの、普通の運転士であった」彼のブレーキ操作が遅れた原因は、事故の約20分前に宝塚駅へ回送列車として進入した際のミスに始まると指摘した。速度超過でATSを作動させたうえ、指令所に無断で「復帰扱い」(解除)するという規則違反を犯したことがストレスとなり、続く伊丹駅での72mのオーバーランを誘発。過去の日勤教育の記憶から、車掌に虚偽報告を依頼するなど、運転士資格を剝奪(はくだつ)される恐れに支配されていた――これが、報告書案にある事実関係を踏まえた安部の推論だった。

そのうえで安部は、JR西の組織的問題に言及した。一点目は、余裕のないダイヤ。背景に、JRの本州3社の中で最も脆弱(ぜいじゃく)な経営基盤があることを、データを交えて詳しく述べた。

中国山地や北陸地方に多くのローカル線区を抱え、山陽新幹線はあるものの、航空機などとの競争に後れを取り、ピーク時より年間約1100万人も乗客が減っている。京阪神の都市圏輸送が柱となるが、私鉄王国の関西では、運賃で競合他社に対抗するのは難しく、安定して収益を上げるには、大阪を中心とする通勤圏の列車のスピードアップと接続改良しかない。これが、井手の推し進めたアーバンネットワークだった。

続きを安部の公述書から引く。

〈1987年4月にJR西日本が発足した当時、宝塚駅〜大阪駅間は最速列車で31分であった。それが、福知山線事故が発生する直前の2005年3月には、22分までスピードアップされていた。一方、阪急電鉄は同じ期間中に、36分だったものを30分に6分短縮した。つまりJRと阪急電鉄の差は、5分から8分に拡がったのである。この8分の差はJR西日本に競争上の優位をもたらした。阪急電鉄の宝塚駅〜梅田駅(大阪)間の輸送量は、1995年度の2億437万人をピークに2001年度には1億7885万人と年間約2550万人も減少しているが、この要因の一つは阪急電鉄からJR西日本に相当数の乗客が流れたことにある。

(中略)とくに福知山線ではダイヤ改正のたびに余裕時分が削られ、また駅の停車時間が短縮されていった。このため、運転士は余裕のない運転を強いられ、同路線では列車の遅れも慢性化していた〉

もう一点は、ATS-P設置を遅らせた経営判断の誤りである。97年3月に福知山線がアーバンネットワークに組み込まれ、尼崎—篠山口間の区間最高速度が時速100kmから120kmにスピードアップした時点で整備するべきだった、と安部は指摘した。導入計画は98年からあったものの、長く放置され、だが、事故後は国交省の指示を受けて、わずか1カ月で設置工事を完了させた。それほど短期間でできるなら、なぜ何年も放置していたのか。仮にもっと早く設置されていれば事故は防げた可能性が高い、と。

〈……列車の最高速度をアップさせ、余裕のないダイヤを組んでおきながら、それに見合う保安システムの改良は放置されてきた。設備投資においても新製車両の導入など競争力強化のための投資が優先され、ATS−P整備など安全性の向上につながる設備投資には極めて不十分な資金しか投入されていなかった。(中略) 歴代のJR西日本の経営陣は、事故防止のための保安システム整備の重要性に関する認識が充分でなく、ヒューマンエラーの捉え方にも著しい欠陥があった。つまり、安全思想に歪みがあったことがATS−P整備の遅れをまねき、事故列車の速度超過を防止することができなかったと考えられる〉

「誤った人間観」と「安全思想の歪み」。安部の二つの言葉は、事故後に繰り返し指摘されてきたJR西という組織の欠陥と事故の背景を端的に表していた。

また、安部はこの場で国の責任も問うている。JR西が「鉄道の常識では考えられない」と主張したカーブでの速度超過による脱線事故は、安部の調べによれば、過去に全国で5件発生していた。74年の鹿児島線の事故では78人が負傷。函館線では76年、

88年、96年と貨物列車が同様の事故を起こしているが、うち2件は民営化後だ。〈それにもかかわらず、運輸省時代を含めて国交省は、福知山線事故が発生するまで鉄道事業者に曲線区間の安全対策を指示してこなかった。監督行政にも瑕疵があったと言わざるを得ない〉

運転士の単独ミスと結論付けたいJR西の思惑に反し、事故調査やこの意見聴取会を通じて、さまざまな組織的欠陥、構造的要因が明らかにされていったのである。

虚偽報告——最終報告書から1

2007年6月28日、JR福知山線脱線事故の事故調査最終報告書が公表された。航空・鉄道事故調査委員会は当初、事故から2年となる4月末頃を目指していたが、意見聴取会での公述などを受け、さらに調査を重ねた結果、2カ月ずれ込んだのだった。

本文263ページ、別冊の資料154ページ。会見に臨んだ後藤昇弘委員長（九州大大学院教授。前委員長の佐藤淳造は意見聴取会後に任期満了）は、「1000人を超える口述や情報を集め、必要なものを報告書に記載した」と、調査を尽くしたことに自信を見せた。

一部これまでの記述と重なるが、最終報告書から高見運転士の事故当日の行動をまとめておく（速度はいずれも時速）。

【乗務行路／事故列車5418Mの出発まで】

事故当日は、2日にわたる勤務の2日目。前日は午後1時から11時まで勤務し、森ノ宮電車区放出派出所で到着点呼を受けて勤務終了。同僚運転士たちと雑談の後、午前零時頃に宿泊の部屋に入った。起床後、午前6時8分に点呼を受けた。7両編成の回送電車を出庫させ、放出駅で松下正俊車掌を乗せて6時56分、松井山手駅へ向けて出発。点呼をした放出派出所係長や挨拶を交わした車掌によれば、体がだるそう、眠そうなどの異常はなかった。電車は松井山手駅で回送から区間快速となり、京橋駅へ。さらに同駅からは尼崎行き普通電車となった。尼崎駅の一つ前の加島駅直前の左カーブでATSが作動し、運転室で警報音が鳴動。高見運転士はブレーキハンドルを操作したが、ATSのブレーキが優先されて減速、時速65kmで曲線に入った。この急減速に車掌は気づかなかった。8時26分30秒、尼崎駅に到着。

宝塚発の快速電車となるため、尼崎駅を8時31分に出て回送運転。だが、宝塚駅の手前まで来た8時53分、運転に狂いが生じる。進入する2番線は黄色信号。その制限速度55kmを超えたため運転室でATSの警報が鳴る。高見運転士はブレーキをかけたが、レールの分岐通過の制限速度を25km上回る65kmで通過してしまい、車体が大きく揺れた。非常ブレーキが作動し、駅の手前で停止。高見運転士はホームに進むため、ATSを解除した。だが、この際に決められた輸送指令員への連絡をしなかった。電車は2番線に入りかけたが、本来停車しない場所で一度停車したため、今度はATSの誤出発防止機能により非常ブレーキが作動。結局、宝塚駅到着は定刻より約44秒遅れの8時56分14秒となった。

発端となった速度超過は、眠気が原因と推定されている。それを隠すためにATSの無断解除という重い規則違反を犯したことが、最初のつまずきだった。

電車は折り返し運転で宝塚発同志社前行き快速5418Mになるため、松下車掌はホームを歩いて7両目に向かった。だが、高見運転士が運転室からなかなか出て来ず、30秒ほど待った。通常は駅到着後1分程度で席を離れるところ、高見運転士は約2分50秒とどまっていた。この間の行動は不明だが、報告書は、非常ブレーキの動作など機器類を確認していた、ちょうどこの時間帯に私物の携帯電話に送信されたメールを読んでいた、などの可能性を挙げている。松下車掌はすれ違う時、ATS-Pの使用区間と勘違いして、「Pで止まったん」と聞いたが、高見運転士はムスッとした表情で何も答えず、1両目方向へホームを歩いて行った。

【乗務行路/事故列車5418Mの出発後】

宝塚発同志社前行き快速5418Mは、宝塚駅を定刻より約15秒遅れて9時4分前後に出発した。最初の停車は中山寺駅。駆け込み乗車があり、出発は約25秒遅れの9時7分40秒になった。次の川西池田駅では乗り込む客が多く、やはり駆け込み乗車があって、35秒遅れの9時11分20秒に出発。その後、北伊丹駅を約34秒遅れで通過。速度は約120kmまで上がっていた。次に停車する伊丹駅が近づいても、電車はほとんど減速しない。停止位置の643m手前で「停車です、停車です」というATSによる警告が1回あったが、高見運転士はそのまま走行。次にATSの停車駅通過防止警報により「停車、停車」という警告と警報音がほぼ同時に鳴り、やっとブレーキをかけたのが9時14分35秒頃。だが、勢いのついた電車は、伊丹駅のホーム始端を時速83km、所定の停止位置を同46kmで通り過ぎた。松下車掌が非常ブレーキを引きかけた直後に大きく減速。めったに使わない予備ブレーキまで使ってようやく止まった。停止位置を72mも行き過ぎるオーバーランだった。

高見運転士は停止後まもなく車内電話で「今からバックするよ」と松下車掌に告げ、制限速度を超える約16kmで後退。これにより、伊丹駅到着は1分08秒遅れの9時15分43秒となった。同駅を出たのは1分20秒遅れの9時16分10秒。猪名寺駅を9時17分38秒に通過後、直線で速度を上げ、塚口駅の上り場内信号機の手前で時速124～125kmに達した。この時、運転席の速度計は誤差により、121～122kmの表示だったとみられる。

塚口駅を通過して約28秒後の9時18分50秒頃、現場右カーブ（半径304m）に進入。速度は時速116km。カーブの制限速度70kmを大幅に上回っていた。その直後から手動の常用ブレーキ（8段階）が各0・0～2・4秒間使用され、105kmまで減速されたが、制限速度でカーブを曲がるには、ブレーキのかけ始めが約20秒遅かった。9時18分54秒、1両目が左に倒れるように脱線。続いて2～5両目が次々と脱線し、松下車掌が乗っていた7両目が停止したのは9時19分04秒だった。現場調査では軌道や車両に脱線の要因となる異常は見られず、速度超過による超過遠心力が原因と推定された。

【交信内容／事故直前】

松下車掌の口述によれば、オーバーランした伊丹駅を出て、「次は尼崎」と案内放送をしたところで間髪入れず高見運転士から「電話機にかかれ」の車内連絡合図があった。続けて乗換案内の放送をしようとしていたのをやめて電話に出ると、具体的な言葉は忘れたが、「まけてくれへんか」と言われた。行き過ぎた距離を輸送指令員に過少報告してほしいという意味だと察し、少し考えて、「だいぶと行ってるよ」と答えた。直後、客席との仕切りのガラスをコンコン叩く乗客がいたので電話の受話器を戻し、扉を開けて応対した。「なんでお詫びの放送せーへんのや」「遅れてるのに謝らんのか」との苦情だった。「今から放送しますので、ちょっとお待ちください」と言い、お詫びの車内放送をした。だが、7両目の事情を知らない高見運転士は、「電話を切られた。車掌が怒っている」と思ったかもしれない、という。

車内放送を終えるとすぐ、総合指令所へ所定停止位置行き過ぎと、それにより列車が遅れていることを無線で報告した。目測では30～40mだと思ったが、運転士の処罰がそれほど厳しくならないよう「8m」とした。遅れは「1分半」と時計を見ずに言った。顔を知らない人でもないので、運転士のためになればと思ってのことで、虚偽報告がばれるとは考えなかった。

この時の無線のやり取りが報告書にある。

指令員「こちら指令どうぞ」

車掌「５４１８Ｍ（ごせん、よんひゃく、じゅうはち、えむ）の車掌です。どうぞ」

指令員「５４１８Ｍ車掌、内容どうぞ」

車掌「えー、行き過ぎですけれども、後部（ごぶ）限界表示およそ8メートル行き過ぎて、運転士と、えー、打ち合わせの上後退で、え、1分半遅れで発車しております。どうぞ」

指令員「後部限界を8メーター行き過ぎ。えー、後退、客扱い。えー、遅れにつきましては、何分でしょうか。どうぞ」

車掌「あ、1分半です。どうぞ」

指令員「1分30秒遅れ。えー、それでは替わりまして、再度、５４１８Ｍ運転士、応答できますか。どうぞ」

指令員「５４１８Ｍ運転士、応答してください。どうぞ」

交信はここで終わっている。ちょうど1分間。松下車掌が報告を終えてホッとしていたところ、いきなりつんのめるような感じで電車が止まった。非常ブレーキよりもはるかに強く、今まで経験したことがないブレーキだと思ったという。

報告書は、高見運転士が車掌に虚偽報告を求める電話をしたのは伊丹駅出発から約35秒後の9時16分45秒前後と見ている。また、ブレーキをかけ始めるべき位置を通過したのは、指令員が「後部限界を8メーター行き過ぎ」と復唱した頃。9時18分30秒前後である。そして、指令員から運転士への一度目の呼びかけの途中に脱線している。「だいぶと行ってるよ」と消極的な答えで電話を切られたことから、高見運転士は、車掌が指令員に何を言うか、無線に特段の注意を払っていた、あるいは日勤教育を懸念して「8m行き過ぎ」に整合する言い訳を考えていた可能性が高いと報告書は結論付けた。さらには、交信内容をメモしようとしていた可能性も挙げている。遺体は右手だけ手袋を外し、運転室には彼の物とみられる、会社から貸与された特殊な赤鉛筆が落ちていた。死因は、腹部打撲による腹腔内出血だった。

【交信内容／事故直後】

事故直後の松下車掌と輸送指令員の携帯電話での通話も記録されている。状況がわからないまま、とりあえず報告する車掌と、報告を理解できない指令員のすれ違いが生々しい。

指令員「えー、車掌さん、落ち着いてゆっくりしゃべってよ」

車掌「はい。伊丹駅を後部限界過ぎまして、で、所定位置戻しまして、発車した後に連絡したんです。指令の方に。それで話をして、あと『運転士さん』ゆうて、あの、指令が運転士さんの方に連絡したんです。そのあと、急ブレーキが掛かりまして停車中です」

指令員「今、まっとるということ」

車掌「はい」

指令員「なんで止まっとるの」

車掌「ちょっと分かりません」

指令員「運転士に、無線通じなければ、運転士に、えー運転士に非常時用の携帯でかけてくれと、ブーブッブブて鳴らして」

車掌「あ、すいません。今、あの、脱線しております」

指令員「脱線しとる」

車掌「脱線しとります」

指令員「えー、えー何？」
車掌「脱線です」
指令員「何しとる。もう一回ゆっくりゆうて」
車掌「脱線しております」

松下車掌は指令員に現在位置を伝え、電話をつないだまま、前方の状況を見に行く。指令員は、車と衝突した踏切事故を疑うが、車掌はそうではないと言い、「前の方が完全にグチャグチャになってます」と告げる。それでも事態が飲み込めず、運転士に代われと言う指令員。車掌が電話を渡したのは、現場にいた後続列車の運転士だった。

指令員「運転士さん」
後続運転士「後続ですよ」
指令員「えー、後続の運転士さんな。当該列車の運転士はおらんか」
後続運転士「僕も探してるんですけど」
指令員「いないの」
後続運転士「いないんですよ。で、ちょっとよくわからないんですけど、もう電車がグシャグシャで、もう3両分ぐらいグシャグシャの車両あるんで、どこが先頭車両か、ちと分からないんですよ」
指令員「あーそ、そんなにひどいの」
後続運転士「もうグシャグシャです。上下線、上下線にわたって、もう車両がもう横に倒れて」
指令員「完全に横転している。倒れてるの」
後続運転士「横転というよりも」
指令員「傾いているの」
後続運転士「いいえ、そういう次元ではなくて」
脱線事故の際に指令が確認するべき事項などのマニュアルは存在していなかった。想定外の事態に直面して現場は混乱し、情報がつかめずに曖昧な報告を繰り返す。現場と温度差のある指令は、過去の経験と思い込みが邪魔をして正確に事態を把握できない。人間の認知とはそういうものかもしれないが、時速100km以上で日々運行する列車を支えるシステムとは、これほど脆弱だったのかと思い知らされる。

日勤教育――最終報告書から2

高見運転士が過去3回、日勤教育を受けていたことは先に述べた。その内容や運転士としての適性はどうだったのか。報告書から人物像を引く。

家族や友人の話では、性格は明るく陽気な方で、友達も多く、悩みや落ち込んでいるところを見せることはなかった。鉄道に特別興味があったわけではないが、高校を出て18歳でJR西に入り、運転士になったのは本人の希望だ。家族には「新幹線の運転士になるのが夢だ」と語っていたという。高校からの友人たちは、メールや携帯電話で連絡を取り合っていたが、「乗務中に返事が返ってくることはなかった」「何かに取り組む時はまじめに取り組んでいた。器用に何でも無難にこなす人」と証言している。

社歴は5年あまり。駅勤務と車掌を経て、2004年5月に運転士として京橋電車区に配属された。事故時点で運転士歴は11カ月と7日。健康状態や勤務態度に問題はなく、京橋電車区長による勤務評価の総合点は、同電車区所属運転士の平均が7・3点のところ、10点だった。所見欄には「基本動作は大きな声でしっかりとできている」とあった。事故6日前に行われた個人面談では「特急列車に乗務したい」「新幹線の運転士」と希望を述べている。

一方で、入社以来、計4回の処分歴があった。車掌時代に駅通過で訓告、後輩車掌の指導役として乗務中に居眠りで厳重注意。それぞれ4日間と1日間の日勤教育を受けた。駅勤務時代には3分の遅刻で注意指導。いずれも解雇や出勤停止などの懲戒処分ほど重くはないが、数は少なくない。「決められたことを確実にやること」が求められ、時間にはことのほか厳しい鉄道の世界では、決して優秀な職員とは言えなかったかもしれない。

運転技術にも同じことが言えた。とりわけブレーキ操作の未熟さが目立ち、運転士になって約2カ月の間にオーバーランを3回、5カ月目には駅停車時にATS－Pを作動させている。このうち、04年6月8日に片町線下狛(しもこま)駅で100mオーバーランし、到着を8分遅らせたことが社内規定の「反省事故I」に当たるとされ、13日間の日勤教育を受けた。

事故当日に3人の上司から1時間半にわたって行われた事情聴取のやり取りが報告書に添付されている。最初に「嘘(うそ)は絶対つくな。再度嘘をついたら運転できないぞ」とくぎを刺され、ミスの詳細を詰められてゆく。通停確認はしたか、どこでしたか、ブレーキはどこから、その時何を考えていた……。重ねて、運転士としての姿勢や心構えを追及される。

「自分の腕にそんなに自信があるのか」「そういうことはありません」「運転士の仕事を舐めているとしか考えられない、TVゲームのように考えてないか?」「違います」「このまま停車駅通過にでもなったら、会社の信用問題になるんやぞ。またもや下狛駅を通過!とマスコミにも報道されて」「……」

高見運転士は約1週間前にも同駅で停止位置を過ぎ、「無断退行(バック)した」と責められていた。さらに、ミスの原因を当初、「一度ブレーキをかけたが緩めてしまった」と事実と異なる報告をしたことで、「嘘をついた」と追及される。

「なんでブレーキ中に『ブレーキを緩めてしまった』と言ったんや?」「行き過ぎたことを報告することが怖かった」「なんでそんなことを言ったんや?」「どうしよう、どうしようと思って、ちょっとくらいならいいかな？と思って」

「ちょっとくらいとは何のことや？」「事象に合わせるというか、なんでこういうことになってしまったのかと……」

「ブレーキノッチを緩めたとなったら精神鑑定されるぞ。もう乗りたくないのか？」

「すみませんでした」

「あれほど嘘はつくなと言っただろう、社会人としても失格だ」「はい」

「なぜ一報で嘘をついたのか」「隠したい気持ちがあったからです」

「何を隠そうとしたのか」「自分のブレーキの採る地点がいつもより、かなり中に入って採ったことです」

「嘘はいけないことは知っていたのか」「知っています。後ろめたい気持ちはありましたが、前回の件があったから、この大切な時期に同じようなことをしたから、怖かったです」

「どういう怖さだ」「お客様に迷惑をかけたから、それに対してどれぐらい怒られるか怖かったです」

聴取内容を読んでいくと、高見運転士は眠気で「ボーッと」なり、ブレーキが遅れたことをごまかそうとしたようだった。そこを疑われ、責められたわけだが、威圧的な口調で、執拗に、繰り返し問い詰める様はまるでパワハラやいじめ、あるいは捜査機関の取り調べのようだった。実際、「ミスをすれば犯罪者扱い」と言う運転士もいる。

ＪＲ西が提出したこの文書は、報告書案の時点では省かれていた。事故調委員の中に「懲罰ぶりばかり強調しなくてもよいのでは」という声があったからだ。しかし、先の意見聴取会で風向きが変わった。組織の責任を省みることなく、弁明と正当化を繰り返すＪＲ西の姿勢に、日勤教育の実態と、それを生む組織体質を如実に語る資料が追加されたのである。

高見運転士は日勤教育に入ると、顛末書と反省文に始まり、毎日異なるテーマでレポートを書かされた。20通に上ったレポートは以下のようなものだった。

掲示と呼込み指導を受けたとき、事故は起こさないという気持ちがあったのに、何故行き過ぎとなったか▽今後の自山・他山の石の活用▽何故、自分は大丈夫という気持ちになれるのか▽注意力をいっそう喚起されるには▽最近、運転士となり一人前になったという、自分のうぬぼれについて▽停車駅通過事故の防止対策▽自分自身の弱いところ、その克服▽自分が理想とする運転士像▽今後、どのように変わるのか▽社会人としての隠蔽工作……。

抽象的な精神論の堂々巡りで、ブレーキ操作に関する項目は見当たらない。何を書けばいいのかわからず作文に苦しむ姿は、点呼を受ける他の運転士から丸見えだった。なんとか言葉をしぼり出し、やっと書き上げても、指導担当者はすぐには受け取らない。「半分程度を消して書き直すなど、何回も書き直していた」と同僚運転士は同情の視線を向けている。点呼時には、彼のミスの内容が「注意喚起」と称して読み上げられる。辛かっただろう、と。

高見運転士は、この時のことを知人女性や友人に漏らしていた。「一日中文章を書いていなければならず、トイレに行くにも上の人に断らなければならないので嫌だ」「社訓みたいなものを丸写しするだけで、こういうことをする意味がわからない」「その間の給料がカットされ、ほんとうに嫌だ」「今度ミスをしたら運転士を辞めさせられる」「降ろされたらどうしよう」……。

日勤教育とは、勤務種別を「乗務員」から「日勤」に変更して行われるため、乗務員手当などが削られる。高見運転士はこの13日間で4万7000円あまり収入が減り、ボーナスも5万円カットされた。ただでさえミスをした自責の念があるところに、厳しい追及と叱責、連日のレポート、見せしめ、減収が重なる。しかも、何日間続くのかも知らされない。大阪支社の前例では1カ月以上に及ぶことや、中には44日間というケースもあった。

高見運転士の勤務態度や能力をどう見るかは、人によって分かれるだろう。ただ、乗務員指導のマネージャーは「運転士になって1年未満で、まだ熟練しておらず、彼が報告した行き過ぎ等の件数がそんなに多いということはない」と語っている。当時921人の在来線運転士がいた大阪支社では04年度、同レベルのオーバーランが14件報告されていた。小さなミスであれば、報告しない運転士もいる。

また、最終報告書に先立ってJR西が公表した調査によれば、事故後の05年9月から06年12月までの間に起きた「停止位置不良」は約2400件。このうちオーバーランが7割以上を占めていた。5mを超すのが812件、車両2両分の40m以上行き過ぎたのは100件に上っていた。あれほどの事故の後ですら、そうなのだ。

優秀とは言えないが、特に劣っているわけでもない「平均的な運転士」。まだキャリアも浅く、上司や同僚から「今後の成長が期待されていた若手」というのが、高見運転士の実像に近い。その彼の技量や適性を高めるために日勤教育が本当に有効だったのか。むしろ、過剰なストレスや恐れを与え、隠蔽や虚偽報告、さらには事故を誘発したのではないか——。

報告書には、日勤教育を肯定する証言もある。

「運転技量の不足なら運転操縦を何回もやらせればよいが、ボーッとしていた、ついうっかり忘れたということなら、もっと意識を持ってやれと、職責の重要性を教える必要がある」

「あらかじめ2日や3日と決めると、本人が充分な理解をせずに期間だけ過ぎて終わってしまう」

「今は家庭でも学校でも怒らない。人間の育成というか、しつけは今や企業にゆだねられている」

ただし、このように語っているのは、ほとんどが管理職、つまり「しつける」側だ。現場の運転士は先述の通り、多くが「必要ない・改善が必要」と考えている。この差こそが、安部教授が指摘するJR西経営陣の「誤った人間観」を物語っているのではないか。

報告書は、「運転技術に関する教育の改善」を提言した。①インシデント（事故に至らないが危険な事態）などの情報を分析して得られた知見をもとに教育を行う②わかりやすくイメージしやすい資料や運転シミュレータなどを使用する③速度超過の危険性を十分に認識させるなど実践的な教育の充実強化。日勤教育については、「一部の運転士にペナルティであると受け取られている」と断じ、「精神論的な教育に偏らず、再教育にふさわしい事故防止に効果的なものとするべきである」と結論付けている。

組織風土――最終報告書から3

日勤教育が大きくクローズアップされたものの、事故調の最終報告書が指摘したJR西の組織的・構造的問題は、それにとどまらない。浅野が求めていた4項目の残り3についても、概略をまとめておく。

【ダイヤ（列車運行計画）】

宝塚―尼崎間の基準運転時間は２００２年3月のダイヤ改正以降、３回にわたり計50秒短縮された（中山寺駅停車に伴う45秒延長を除く）。この結果、事故当時は15分35秒となっていた。ダイヤ上、事故を起こした快速電車５４１８Ｍが宝塚駅を出発するのは、前の特急発車の1分30秒後。ところが、特急の発車から快速が出発できる信号が表示されるまでの時間を事故調が計ったところ、平均は1分33秒だった。ドアを閉めてから発車することを考えると、最初から10秒ほど遅れが出る。また、中山寺駅で15

秒、川西池田駅で20秒、伊丹駅で15秒と設定されていた停車時間も、実際に必要な時間より3〜5秒不足。駆け込み乗車などがあれば、さらに遅れが生じていた。

基準運転時間と3駅での停車時間を足して16分25秒と設定されていた宝塚—尼崎間は、こうしたことから遅れが常態化。事故前の平日65日間を見ると、半数以上の日で尼崎駅到着が1分以上遅れ、平均遅延時間は100秒にもなっていた。JR西は、列車が30秒以上遅れた場合は運転士の報告を求め、1分以上遅れた時は「反省事故」として、日勤教育の対象としていたが、そもそも定時運行が無理なダイヤになっていたのである。

この背景として、報告書は1988年の経営会議資料に「余裕時分の全廃」が記載されていたことを指摘。それ以前は基準運転時間の中に時間的余裕が含まれていたのを、スピードアップのために削っていき、運行計画自体がミスにつながる恐れをはらんでいたと指摘した。

【ATS-Pの設置遅れ】

JR西では、国鉄時代からの改良型であるATS-SWを使用してきた。線路上に設置した2個の地上子（ちじょうし）の間を走行した時間差から速度を検知し、信号冒進（ぼうしん）の危険があれば自動的に列車を止める機能がある。だが、これでは非常ブレーキが作動し、停止から再び走行するまでに手続きと時間が必要になる。このため、連続的に速度をチェックして、常用ブレーキで自然に減速させるATS-Pが開発された。1990年から、阪和線、大阪環状線、関西線、JR東西線と、都市部の路線に順次整備。片町線、東海道線、山陽線などでも、従来のSW型を利用して費用の低減を図る「拠点P」が使用されていた。福知山線でも、98年度の中長期計画に予算が計上され、当初は事故発生前の04年度末までに拠点Pの整備が完了する計画だった。これにより、カーブの入口までに制限速度まで減速させることが可能になるはずだった。

しかし、経営会議での最終的な投資の意思決定が03年9月にずれ込んだうえ、担当の大阪支社内でも工期の認識が十分でなく、設計や工事の発注が遅れた。その結果、工程を見直し、05年6月に使用開始の計画となった。設備投資計画の担当者は「手戻りがあったとか、止めたとかいうことではなく、結果的に遅れることはよくある」と言い、安全推進部長も「遅れそうだという話は聞いたが、工事を急がすとトラブルが発生する恐れがある」と、期限を守る指示はしなかった。また、カーブでの速度超過による脱線があり得ることは理解していたものの、「具体的な危険要素とは認識していなかった」と述べている。

報告書は、96年12月に現場カーブが線路の付け替えによって現在の形になった際に対策を取れたこと、手前の区間の最高速度120kmが、カーブの転覆限界速度104kmを大きく超えていたことなどから、現場カーブへのATS-P整備は「優先的に行うべきであった」と結論付けた。国がカーブでの速度照査機能を義務付けていなかったことも一因と指摘した。

【安全管理体制】

ＪＲ西には鉄道本部長を委員長とする「安全推進委員会」があり、事故事例の報告や安全対策の議論を行っていた。事故の約1年前までは、社長が委員長を務め、会長、副社長、総合企画本部長ら経営幹部が参集する「総合安全推進委員会」も年2回開かれていた。その場で「社員がヒヤリハットを報告しやすくするよう責任を不問にしてはどうか」との提案が一委員から出たが、「中身によっては指導する必要がある」「時期尚早」と見送られた経緯がある。

このため各職場では、日勤教育や評価が下がることを恐れてミスを報告しなかったり、ミスの内容を過少に報告したりすることは日常茶飯事だった。高見運転士が起こした宝塚駅進入時のミスや現場カーブでの速度超過も類似事例が発生していたが、報告されず、事故が起こるまで発覚しなかった。現場カーブで速度超過した運転士は、「その直前に自分が犯したブレーキ操作ミスの言い訳を考えながら運転していたため、カーブ手前でブレーキをかけるのが遅れた」旨を証言している。

カーブでの速度超過対策は、安全推進委の資料で「１３０km／h線区でR６００未満の曲線についてはH14年度で整備終了」とされ、「今後の整備計画」には記載がなかった▽運転席の速度計に誤差が生じる異常は事故1年前の検査で判明していたが、予備品を買う要望が現場から箇所長へ、箇所長から支社長へと上がっていく中で、「もう少し我慢できないか」という言い方が積み重なり、使用が続けられた▽「稼ぐ」と支社長方針の筆頭に掲げた大阪支社長は、「現場は建前論だけでは聞く耳を持たない。楽しい話をしてから、様子を見て一番重要な事故防止の話をしていた」「事故発生後も問題ないと思っている」と釈明した。

以上のような事実調査と解析を踏まえ、最終報告書はこう述べている。

〈これまで述べてきたように、列車運行計画の策定、ＡＴＳの整備、運転士の技量の向上のための教育訓練などの安全に係わる重要事項について、同社の関係する本社、支社、現場等の組織が必ずしも万全の体制をとってきたとは言いにくい実態があり、これらを併せ考えると、経営トップ又はそれに近い立場の者が、安全面から同社の各組織を有機的に統括し、徹底した鉄道運営の安全性の追求を行う必要がある〉

ＪＲ西は、利益追求のためにスピードアップと職員の過剰な締め付けを行う一方で、安全投資を怠り、現場の意見も上がりにくく、ミスを報告しにくい組織になっていた――。事故後、さまざまなところで指摘されてきた「組織風土」「企業体質」の問題を、事故調査委員会は丹念な聞き取りや資料調査で具体的に示し、事故の背景要因になったことを、はっきりと指摘した。そして、本書のプロローグに掲げた「原因」を結論付けたのだった。

事故の直接的な事実関係だけでなく、それを引き起こした組織的・構造的問題にまで踏み込んだ最終報告書は、高く評価された。たとえば、ヒューマンファクターの分析に詳しい芳賀繁（はがしげる）・立教大教授（交通心理学）は、次のように述べている。

〈エラーには理由がある。システムやマネジメントの不具合とか、人間と機械の関係が悪いとか、それらが積もり積もってエラーが起こる。運転士は違反やエラーをし、車掌は事故が起きたのに何もできなかったことに構造上の問題があった。

報告書は「人間だから間違えることもあるし、事故でショックを受けたら教わったこともできないだろう」との思想が、全体に貫かれている。ヒューマンエラーは単純な一つの原因ではなく、さまざまな要因が直接、間接に複雑に絡(から)まっている。事故調査の大事な仕事は、事故の再発防止だ。挙げられた可能性を事故防止の重要な資料として、活用すべきだ。

また報告書には「○○だから、○○すべき」という記述が一つ一つ出ている。多角的な対策を提案しており評価できる〉（『神戸新聞』07年6月30日）

だが一方で、芳賀はこうも言う。

〈ただ、読んだ人の印象として「やっぱり日勤教育が悪かった」「会社が悪かった」となる。改善点を多く指摘しているのに、最後の原因のところで日勤教育など一部の要因だけを挙げるのは、少し単純化し過ぎているように思う〉

淺野の受け止め方も、これと同じだった。

「事故調は、私たち遺族が知りたかったことをよく調べてくれた。ＪＲ西日本という企業の実態が白日の下にさらされ、事故を社会化することにもつながったと思う。

しかし、それだけ踏み込んだのに、なぜ結論の部分では、事故の直接原因と、日勤教育の影響をにおわすだけで終わっているのか。ＡＴＳやダイヤの問題はどこへ行ったのか。理路がまったく示されないまま、唐突に、たった12行の結論にまとめられてしまった。これでは、ＪＲの言う運転士個人のミスということになってしまう。そこがどうしても納得できなかった」

事故調査の目的は責任追及や処罰ではなく、あくまで原因究明だと理解している。だからこそ期待した。だが、裏切られた。到底納得できなかった。

最終報告書の公表から10日後、事故調が遺族・負傷者向けに開いた説明会――こうした会が開かれること自体が異例だった――は４時間に及び、34人が質問に立った。事実が明らかにされたことは評価しつつ、それをどう生かすかは、国の指導や加害企業の自己変革に任せるしかないもどかしさとやりきれなさを誰もが口にした。

事故調の報告書をＪＲ西自身がどう受け止めるのか。加害の当事者であるという自覚と責任を、あの巨大な官僚組織は持つことができるのか。被害者に向き合い、自分の口で説明できるか。そして、真に安全を最優先する企業に変わっていけるか――。

淺野の闘いは、ここから本格的に始まってゆく。

第Ⅱ部　組織風土とは何か

組織が新たな環境変化に直面したときに最も困難な課題は、これまでに蓄積してきた組織文化をいかにして変革するかということである。組織文化は、組織の戦略とその行動を根底から規定しているからである。

——戸部良一、寺本義也、鎌田伸一、杉之尾孝生、村井友秀、野中郁次郎『失敗の本質——日本軍の組織論的研究』

第4章　独　裁

JR西日本の天皇

JR西日本の本社内にある記者クラブ、通称「青灯(せいとう)クラブ」の加盟各社にかつて配布され、担当記者たちに代々受け継がれてきた豪華な装丁の本がある。『マスメディアを通した井手正敬(いでまさたか)小史』。1999年7月に同社広報室が監修・発行した。青灯クラブ担当となった記者が着任挨拶(あいさつ)に行くと、「これを読んでもらえれば、わが社の歩みがわかります」と一読を勧められた社史のようなものだが、正式な10年史はその前年に出ている。表題に個人名を冠したこういう本が作られるところに、

「ＪＲ西の天皇」と呼ばれたこの人物の威光と、「井手商会」とささやかれた巨大企業の実態がよく表れている。

函カバー入りのＡ４判、暗緑色の布張りに金箔押しの文字という仰々しい表紙をめくると、国鉄の分割・民営化による誕生から12年間の歴史が、井手の副社長時代（１９８７年４月～92年６月）、社長時代（92年６月～97年３月）、会長時代（97年４月～発行時点）の折々の寄稿や挨拶文、インタビュー、対談・座談録、人物紹介記事などを転載する形で示されている。一般紙、業界紙、総合月刊誌、週刊誌、経済誌、社内報まで計２２５本。どのページを開いても、井手の自信に満ち溢れた言葉と表情が目に入る。

戦後最大の行革である国鉄改革の理念を背負って発足したＪＲ西日本は、脆弱な経営基盤を克服し、阪神・淡路大震災の危機をも乗り越え、96年10月には念願の株式上場を果たした。その歩みは常に、強力な牽引役の井手とともにあった――。当時の広報室長による巻頭言は、まるで偉大な創業者をカリスマとして奉るかのごとくである。２００４年３月には第２巻が発行されている。装丁こそ簡易になったものの、コンセプトはまったく同じだ。

この井手独裁ともいうべき体制が「上意下達の物言えぬ雰囲気」「懲罰的な社員教

育」「利益優先・安全軽視」の組織風土を作った、と福知山線脱線事故直後から激しい批判の的になった。ＪＲ史上最悪の事故を引き起こした元凶は他でもない、「国鉄改革三人組」としてＪＲを誕生させたその当人だったというわけである。国鉄改革や民営化後の切り崩しで弱体化させられた労働組合が巻き返しとばかりに日勤教育批判を繰り広げ、マスコミもそれに乗じて井手元凶説を展開した。

その批判自体は正当なものだろう。事故当時は相談役に退いていたとはいえ、長年にわたり、人事や財務、事業計画までを事実上一手に握ってきたのだ。経営者として責任を免れるはずがない。だが、井手個人を断罪して事足れりとするのも、また違うのではないか。トップや幹部が悪いせいでこうなったと問題を単純化するのは、会社側が運転士個人のミスに帰そうとする姿勢の裏返しに過ぎない。組織の中の個々人が自分の責任を棚上げし、誰かに押し付けて断罪する、その「切断処理」こそが、組織全体を無責任体質にしたのではなかったか。

井手が、社内の誰もが恐れる「天皇」であったのは事実だ。だが一方で――それゆえに、と言うべきか――ＪＲ西の幹部や労働組合関係者、関西の財界人や行政関係者、事故の前から同社を取材していた記者たちに人物評を聞けば、その経営手腕と統率力はもちろんのこと、〝人たらし〟的な人間的魅力を語る声は多い。

「並の官僚とは違う。リスクや批判を恐れず、先を見通す目があった。修羅場にも強い。批判もあるが、あの人がいなければ、そもそもJR西はここまでの会社になっていない」

「しょっちゅう通勤添乗（通勤時に運転席などに乗ること）や現場視察をして、信号の数や標示の見え方まで、幹部の誰よりも現場を熟知していた。だから現場からの受けもよい」

「話題豊富で、相手のくすぐりどころも知っている。JR幹部たちとの懇親会があると、自然と井手氏の周りに人の輪ができた。彼は日本酒を片手に、遅くまで話し込んでいた」

ワンマン経営の創業社長のようなものなのだろう。会社のことは、事業内容も、経営状況も、社員の気持ちも、自分がいちばんわかっている、辛酸も成功の味も知り尽くしているという強烈な自負が、反面において部下への厳しさになり、進言に耳を貸さない傲慢（ごうまん）さとなる。強硬な抵抗と数々の難局をはねのけて国鉄改革を成し遂げることができたのは、その豪胆さと先見性、人を動かす政治力、既成のルールや権威にとらわれず、現状に甘んじることをよしとしない、「並の官僚とは違う」人間性ゆえであったのだろう。

事故後の報道に溢れた「傲慢な独裁者」像と、私自身が取材で聞いたそれらへの反論、二つの両極端な人物評を携えて、私は井手に会いに行った。そこで語られた事故から12年余りの肉声は第6章に詳述するとして、まず、井手はいかにして「天皇」となったか、その指揮下でJR西はどう急成長を遂げたのか、その歩みを井手自身の証言も踏まえて追ってみたい。

国鉄改革三人組

「国鉄改革三人組と言われるけど、果たした役割の大きさで言えば、社歴で最年長の井手氏が総司令官、2期下の松田昌士（まつだまさたけ）氏（JR東日本社長・会長を経て現在は顧問）が参謀長、さらに2期下の葛西敬之（かさいよしゆき）氏（JR東海社長・会長を経て現在は取締役名誉会長）が現場の切り込み隊長というところでしょう。これは3人ともが納得する評価だと思いますよ」

元日本経済新聞記者のジャーナリスト、牧久（まきひさし）の弁である。国鉄が崩壊から民営化へ向かった20年余りを多数の関係者取材と膨大な資料調査で再検証した『昭和解体　国鉄分割・民営化30年目の真実』を２０１７年に出版している。

戦後まもない1949年、全国に61万人もの職員を抱える公共企業体として再出発した国鉄の歩みは、その始まりから9万5000人の人員整理に直面したように、合理化を進めたい当局と反対する労働組合の対立と紛争の歴史でもあった。最大50万人もの組合員を擁した国労（国鉄労働組合、47年発足）や運転士の組合である動労（国鉄動力車労働組合、59年発足。51年発足の日本国有鉄道機関車労働組合＝機労を前身とする）を中心に、日本最大の労働運動の拠点となった。国労が中核をなす総評（日本労働組合総評議会）を支持母体とする日本社会党が、自由民主党と激しく対立しながら均衡を保つ、いわゆる55年体制の象徴であり、日本共産党の勢力伸長の源泉でもある政治闘争の場だった。

公共企業体である国鉄の職員にはストライキ権が認められていなかったが、労組が仕掛ける順法闘争（業務の能率をわざと低下させ、列車の遅延やダイヤの乱れを招く合法的スト）、現場協議制度（各職場の現場長を相手に集団で行う直接団体交渉）、さらには、違法も辞さぬストの連発に当局は手を焼き、現場は荒れていた。特に71年の「マル生（せい）」と呼ばれた生産性向上運動の失敗——研修や講義で国鉄職員の自覚を促す精神運動的なものだったが、その過程で組合脱退を迫るなど不当労働行為があったとされ、国鉄総裁が陳謝のうえ、運動を中止した——以降は、現場管理権や人事権まで労組に握られ、勤務実態がないのに給与や手当が支払われる「ブラ勤」「ヤミ手当」などの悪慣習が横行した。組合員の突き上げやいじめにも等しい吊るし上げに遭い、自殺する駅長や助役も出た。激しい労使対立は、現場を預かるノンキャリアの管理職を追い詰めていったのだ。

一方、東海道新幹線が開通した64年に国鉄は単年度赤字に転落。巨額の累積赤字が表面化し、67年には5万人の人員整理を打ち出す。まだ若手だった井手、松田、葛西を含め、「学士」と呼ばれたキャリア官僚にとっては、年々膨らみ続ける赤字の解消と、労使紛争で荒廃した職場の正常化、つまり労務管理が至上命題となっていた。

国鉄の解体と分割・民営化は、こうした状況に危機感を覚えた三人組が構想し、少数の若手を集めて決起した〝革命〟だった。国鉄総裁以下、当時の経営陣は改革の必要は認めながらも、分割・民営化には反対の「国体護持派」であり、労組も当然ながら猛烈に抵抗した。三人組は、行革と国労＝総評潰しを同時に企図していた中曽根康弘首相や、その下で運輸大臣を務めた運輸族ボスの三塚博、その後を引き継いだ橋本龍太郎ら自民党の大物政治家たちと水面下で連絡を取り合い、社内では国体護持派と暗闘を繰り広げ、労組を切り崩し、時には左遷の憂き目に遭いながら、密かに賛同者を集め、改革の道を拓いていった。

当時30〜40代だった若手改革派たちが、同志の結束を確認し、不退転の決意を固めるため、〝連判状〟を作っていたことが今では知られている。〈改革は、分割・民営化をもってする以外無いと考える〉と宣言した15人の「決意書」、〈国鉄経営の現状は、いつ破綻（はたん）しても不思議のない破局的状況にある。（中略）この際、思い切って禍根を断ち、今こそ抜本的な改革を断行すべきである〉と経営陣の総退陣を求めた20人の「決起趣意書」がそれだ。改革が失敗すれば、署名した全員が国鉄を追われることになる。決死の覚悟だったという。

牧はこれを、下級武士たちが決起して徳川幕藩体制を崩壊に追い込んだ明治維新になぞらえて「国鉄維新」と呼び、それはまた「戦後」と「昭和」の解体でもあったと書いている。

社会部の若手記者だった68年に国鉄記者クラブ担当となった牧は、国鉄関係者に広い人脈を持つ。井手にも深く取材し、個人所蔵資料や未発表の回想録も参照して、500ページを超すこの大著を書き上げた。松田と葛西は国鉄改革を語る著書をそれぞれ出版しているが、井手は「総司令官」だったにもかかわらず、単著という形では記録を残していない。福知山線事故の影響だと言われている。事故がなければ、日経新聞の名物連載「私の履歴書」への登場が決まっており、JR発足20周年に当たった

2007年には、未発表回想録や日経の連載をベースに、井手の筆による国鉄改革論が、満を持して刊行される予定だったという。

だが、事故によって相談役辞任に追い込まれて以降、井手は数例を除いて公式の取材を受けず、ほぼ口を閉ざしてしまった。その意味で、牧の『昭和解体』は、国鉄改革の中心にいた〝井手史観〟が最も正確に反映された貴重な歴史資料とも言える。

その終わり近く、井手が橋本運輸大臣からJR西への赴任を言い渡される場面がある。分割・民営化で誕生するJR7社の会長には地元財界の重鎮を選び、社長には国鉄や運輸省の幹部を配置したと橋本は三人組に説明し、こう告げたという。

「しかし、西日本は経営体力が弱く、関西財界の間で対立もあって人選が難しく、結局、（注・社長は）運輸省出身で元海上保安庁長官の角田達郎にすることになった。角田さんにお願いするためには、国鉄出身者が代表取締役副社長としてサポートする必要がある。君たち三人の中で、今すぐにでも代表権を持てるのは年次的に見て井手君だけだ。井手君には西日本の副社長を頼む。角田さんを支えてほしい。松田君は北海道の予定だったが、東日本に回り、葛西君は予定どおり東海に行き、三人で本州三社の要の役を果たしてほしい。頼む」

三人組は、井手が中枢会社の東日本を担うシナリオを描いていた。他の国鉄幹部やマスメディアも、三人組のリーダー格であり、改革派が勝利した後は国鉄総裁室長として組織と人事の全権を握った井手が東日本の役員になり、将来的に社長に就くのが既定路線と見ていたため、この逆転人事には「いったい何があったのか」と驚きの声が上がった。井手自身、すぐには受け入れ難く、その場で即答しなかったという。ここまでの橋本とのやり取りは、葛西の回顧録『国鉄改革の真実』にもほぼ同じように書かれているが、牧の記述にはその先がある。

結局、井手は翌日に受諾の返事を伝えるのだが、橋本の秘書に呼び出され、「何が気に食わなくて昨日、受けなかったんだ。橋本はあなたに賭けているんですよ」と言われる。その意味を、牧はこう解説する。

〈橋本には、三人組の代表格である井手を西日本に持ってきて、（中略）自分の選挙区を盤石なものにしようという狙いがあった、と見てもよい〉

中選挙区制だった当時、橋本の選挙区はJR西管内の岡山2区。ここには同じ自民党の実力者、加藤六月がおり、「六龍戦争」と呼ばれるほど、毎回激しい選挙戦になった。橋本は、井手を地元に置くことにより、JR西を挙げての支援体制を作ろうとしたという見立てである。

政治家の思惑による人事介入であったにせよ、国鉄総裁が了承した以上、井手に断る理由はなかった。総裁室長として、学士組のキャリア官僚たちには「どこへ行くことになっても従え。文句は言うな」と告げていたからだ。幹部たちの証言によれば、希望調査の紙は配られたが、ほぼ全員が第1希望から順に北海道、東日本、東海、西日本、四国、九州、貨物と全7社の名前を書き、実際の振り分けは井手ら三人組に委(ゆだ)ねられたという。

いずれにせよ、こうして国鉄改革の「総司令官」は、JR西の副社長として大阪へ赴任することになった。旧大阪鉄道管理局の中では「東京からものすごい剛腕のエリートが来ることになった」とひとしきり話題になったという。

「成長」と「安全」

先に挙げたJR西発行の『マスメディアを通した井手正敬小史』の中で、井手は自らの氏素性や生い立ち、国鉄改革をはじめとする職歴、鉄道事業への思い、関西の印象や活性化への提言、そして、JR西が目指すところを大いに語っている。

南北朝時代の武将、楠木正成(くすのきまさしげ)に連なる家系であり、「楠公(なんこう)同族会」の会長を務めていること。内務官僚だった父は戦後の憲法制定に携わり、若くして文部事務次官を務めたこと（後に法学者となった井手成三）。学習院初等科の頃から東大経済学部時代までラグビーに熱中し、体力と敢闘精神を培ったこと。入社まもない見習い時代に大阪に勤務し、駅業務から運転、保線作業まで経験したこと。

インタビューで国鉄入社の動機を聞かれると、決まってこう答えている。

「何十万人もの大きな組織を動かしたかったから」

ほかにも、たびたび出てくる印象的な言葉がいくつかある。

たとえば、「良質の危機感」。民営化当初、ＪＲ西の社内に醸成された空気を井手はこう呼ぶ。首都圏を抱えるＪＲ東日本、東海道新幹線というドル箱を持つＪＲ東海と比べると経営基盤の弱さは歴然としていた。国鉄最終年度の１９８６年度に黒字だったのは、山陽新幹線と大阪環状線のみ、他の52路線はすべて赤字だった。さらに、全国一発達しているといわれる私鉄との競争がある。その分、以前の国鉄に戻してはならない、親方日の丸意識を捨てて民間企業に生まれ変わらねば、との意識が強かったという。

あるいは、「野戦」。民営化当初は戦争と同じで、決断の早さが求められる。いちいち稟議書を回してハンコをついている余裕などない。自らのトップダウン手法をそんなふうに説明した。この言葉は、後の震災復旧を語る時にもよく出てくる。

社長に角田達郎、会長には村井勉（アサヒビール会長）がいたが、実質的な〝大将〟は副社長の井手だった。副社長室の前には毎朝、決裁や報告に訪れる職員たちの〝井手詣で〟の列ができ、やがて椅子が並んで、廊下が待合室のようになったという。「リーディングカンパニー」「1兆円企業」を目指せと旗を振り、社員を叱咤激励する井手の大号令の下、JR西は成長路線を突き進んでゆく。時速120km運転に対応した新型車両の独自開発と大量投入、在来線を再編・強化するアーバンネットワーク、京都駅ビルの大規模改築、旅行業や商業施設への多角化展開、その先に目指す株式上場……。

在来線に愛称を付けたのも井手の指示だ。東海道線の大阪―京都間を「JR京都線」、同線の大阪―神戸間と山陽本線の姫路までを「JR神戸線」、片町線を「JR学研都市線」。福知山線は、大阪―篠山口間が「JR宝塚線」となった。イメージアップを図り、収益性を高めるのが、民間企業の務めという井手の考えがベースにある。

初年度（1987年度）の営業収益は7631億円。政府試算こそ下回ったものの、好景気も追い風となって、業績は右肩上がりに伸びた。井手が副社長から社長に昇格するまでの5年間に9172億円になっていた。

社員たちは毎朝、始業時に6項目の経営理念を唱和した。「安全・正確な輸送の提供」「お客様本位のサービス」に続いて、こんな項目がある。

〈会社の発展は自らの幸せ　私たちは、あらゆる機会をとらえて売上げの増加に努め、常にコスト意識を持って業務の効率化を図り、会社を発展させ、株主の負託に応えるとともに、自らの幸せを築きます〉（注・「株主の負託」の部分は株式上場後に追加された）

〈同業他社を凌ぐ強い体質づくり　私たちは、常に創意工夫に努め、同業他社を凌ぐ強い体質づくりに、持てる力の全てを発揮します〉

「真の民間企業」への強烈な希求。その理念は、名札の裏や給与明細書にまで刷り込まれた。国鉄改革が失敗だったと言われてはならない、なんとしても成功させねばならない、そして、松田の東日本や葛西の東海に負けてたまるかという井手の強い思いの表れだった。「同業他社を凌ぐ」とは、素直に読めば競合する私鉄のことだろうが、心ならず西へ追いやられた井手のJR他社への対抗心にも読める。

こうした利益追求・成長路線により安全への意識が失われていった、井手が安全を語ることはなかった、という指摘が福知山線事故後の報道でよく見られた。だが、発言を子細に拾っていけば、そんなこともない。「鉄道の会社だから第一は安全。その前提に立って高速化を図る」「安全は何事にも代え難い。惜しみなく投資する」と繰り返し語っている。

問題は、その安全の中身を、誰が、どのように担い、どんなシステムで支えるのかという具体的な策と積極的な取り組みに欠けていたことではないか。日勤教育が精神論であったと事故調最終報告書が指摘したように、それは結局、社員の意識の問題なのだと井手は考えていた。ミスをすれば、当人が責めを負い、反省して改めるべきと言うばかりで、組織としてエラーをどうフォローするか、二重三重に防ぐ体制をどう築くかの発想がなかった。関大の安部教授は「安全思想の歪み」と指摘したが、言い換えるならば、口で唱える「安全」が空文化していた。そう私には思える。

民営化から2年余りの89年8月、天王寺駅で起きた事故（阪和線ホームで同駅終着の快速電車が車止めに衝突し、45人が負傷）を語る記事にこうあった。

〈当社は、車両を始めとする安全に関する諸設備については最優先に考えて、経営を進めている。しかし、「絶対安全」ということは、「無限」に近い〉

〈安全を確保しつつ、（中略）経営を進めるからには、その間にプロである社員の力量、知恵というものが最大限に要求されるのである〉

プロ意識を促す言葉としては理解できる。しかし、そこには「たとえ真面目に務めていても人間はミスをする」というヒューマンエラーの考え方は見られない。

事故の原点──信楽高原鐵道事故　1

1991年5月14日午前10時35分、滋賀県甲賀郡信楽町（現・甲賀市）の信楽高原鐵道（SKR）線で、同社の信楽発貴生川（きぶかわ）行き上り列車（4両編成）と、乗り入れてきたJR西の京都発信楽行き臨時快速列車（3両編成）が正面衝突する事故が発生した。死者42人、負傷者628人。死者のうち30人はJR側の乗客だった。信楽町で開かれていた「世界陶芸祭」へ向かうイベント列車は京都駅を出発する時からラッシュアワー並みの混雑で、事故発生時の乗車率は250％。定員の2倍以上の超満員だったことが被害を広げた。

この事故を、福知山線脱線事故の原点と見る遺族・被害者やその支援者は多い。一方のJR側には「あれは、もらい事故。原因も責任の重さも福知山線事故とは違う」との主張が根強い。そのズレはどこから生じるのか。経緯を振り返っておく。

SKRはもともと国鉄信楽線だった。赤字ローカル線として廃止対象になっていたのを、国鉄民営化の87年、滋賀県や信楽町が第三セクターを設立して存続。貴生川―信楽間の6駅わずか14・7km、電化もされていない単線上を1、2両編成の列車が往復する山間の路線だった。元国鉄職員や自治体からの出向者を寄せ集めた社員は21人。国鉄時代の半分の体制で、社長は町長が兼任した。運転士は5人、保有車両は4両のみ。それが91年4～5月に世界陶芸祭が開かれることになり、大幅な輸送力増強が必要になった。会期37日間の動員予測35万人のうち約9万人が鉄道を利用すると見込まれた。これに対応するため、期間中は大阪や京都方面から来るＪＲ西の直通列車が乗り入れることになったのだった。列車本数は、ふだんの1日18往復から26往復へ増便された。

両社は急遽、貴生川―紫香楽宮跡の駅間に小野谷信号場と待避線を設け、信号の自動制御で列車がすれ違えるシステムを作った。だが、事前の訓練や打ち合わせは不十分で、連携は極めて悪かった。そのうえ、ＳＫＲ側は信号場の信号制御タイミングなどを変える工事を、ＪＲ側は遠隔操作する亀山ＣＴＣセンターに「方向優先テコ」を設置し、進行方向を下りに固定できる工事をそれぞれ行った。ともに自社の列車をスムーズに運行し、ダイヤの乱れを防ぐ目的だったが、互いに連絡をせず、近畿運輸局にも届けない無認可改造だった。

これらの工事によって生じた回路の矛盾が事故を誘発する。

事故当日の朝、信楽駅の出発信号が赤のまま変わらなくなったのである。ＪＲ側が下り列車の遅れを取り戻すために方向優先テコを操作したため、信楽駅の誤出発検知装置が働いたのだったが、ＳＫＲ側はそのことを知らない。上り列車を発車させられずに焦った業務課長（元国鉄の機関士だった）は、信号技師に出発信号機を修理させたが、すぐに回復しないと見るや、異常時の対応である「代用閉塞」方式への切り替えを運行主任に指示した。閉塞とは、２機の信号で線路を一定区間に区切り、１つの区間には同時に２つの列車を入れないようにする鉄道の信号保安システムだが、代用閉塞にする場合は、信号場に職員を送り、信号の使用停止や線路上に他の列車がいないことを確認するなどの手続きが必要だった。しかし、ＳＫＲはそれらを正しく行うことなく、赤信号のまま強引に発車させてしまう。

信楽駅の出発信号機の修理に当たった技師が、列車運行中は絶対に禁止されている人為的作業を行い、回路を誤接続したことにより、誤出発検知装置が解除され、信号場の下り信号機は青になっていた。ＪＲ側の下り列車の運転士は、行き違うはずのＳＫＲ上り列車がいないことに気づきながら、これに従って進んでしまう。そして、信号場を出て数分後、貴生川駅から約９㎞の見通しの悪いカーブで二つの列車は正面衝突したのだった。ＪＲの下り列車の先頭車両は、ＳＫＲ上り列車に乗り上げて折れ曲がり、前半分が空に向かって反りかえる形に大破した。

双方の違反とミスがいくつも重なって起きた、単線上の正面衝突という信じ難い事故。だが、JR西は当初から「もらい事故」だとして、自らの責任を一切認めようとしなかった。「SKRが運行管理責任を負うべき軌道上で発生した事故であり、わが社は乗り入れ先に車両と運転士を貸していただけ」というのが、その主張だった。当時の角田社長は、事故1カ月後に行われた合同慰霊祭で遺族に背を向けたまま弔辞を読み、一言の謝罪の意も示さなかったばかりか、続いて開かれた遺族向け説明会を欠席した。記者団に謝罪の意思について聞かれると、「お詫び(わ)というのは、こちらが悪いことをした時の表現。悪いか否(いな)かわからない段階で、お詫びとはいかがなものか」と述べた。

徹底的に他人事(ひとごと)、むしろ被害者のように振る舞うJR西の姿勢は遺族たちの怒りに火を点(つ)け、謝罪と説明、原因究明を求めて遺族会が結成された。サポートした若手中心の弁護団の中に、後に福知山線事故に関わる佐藤健宗がいた。彼がJR西を評して言った「硬直した官僚主義」「自分たちの責任や誤りを決して認めず、絶対に譲歩しない」という組織の性格は、信楽事故発生から10年以上に及んだ裁判やさまざまな交渉を通じての実感である。

遺族の求めで事故後1年の間に説明会が4回開かれたが、角田社長は結局一度も出席せず、一周忌法要の壇上では、こんな言葉を述べた。

「今原因は捜査当局等で究明されておりますが、その責任の所在はともかく、私どもの列車に皆様方のご親族が乗っておられたわけであります。事故当初からできる限りのお世話をさせていただきたいというふうに努力してまいったわけでありますが、私の不徳の致すところでありまして、私どものお詫びの気持ちが皆様方に通じなかったことを、深くこの場を借りてお詫びいたします」

怒りの収まらない遺族席から謝罪の主体を問う声が上がると、再び言った。

「責任の所在はともかくとして、会社としてお詫びすると申し上げたはずです」

初めて「お詫び」という言葉を口にしたものの、「責任の所在はともかく」と連発し、「お詫びの気持ちが伝わらなかった」と詫びる態度が真摯（しんし）な謝罪と受け取られるはずもなく、遺族の怒りと苦痛はいっそう強まるばかりだった。

一周忌の同じ日、事故現場の慰霊堂に向かって遺族代表はこんな追悼の辞を述べている。

「私たちは、あなた方（犠牲者）にお詫び申し上げなければなりません。ＪＲ西の社長は頑（かたく）なに今日まで謝罪を拒み、また両社は惨事に至った原因としてわれわれが質問した構造的な問題について責任回避するばかりで、今日この場でもはっきりした事故原因をご報告できないのです。運輸省と警察の調査結果が近く発表されると聞きますが、私たちはあくまで両社自身に問題点の解明を求め、また、ＪＲ西の最高責任者の謝罪を求めていきたい。

（中略）ＪＲ西日本に対しては、利益追求のみにひた走ることなく、組合側は旧国鉄当時のように事故そのものを安易に人事問題に結びつけることなく、労使双方に安全運行を念頭に置いた企業運営を切望してやみません」

加害企業自身による構造的原因の解明と説明。利益追求のみに走らず安全を追求すること。浅野がＪＲ西に求めたこととまったく同じと言っていい。遺族・被害者は、事故を起こした企業が当事者意識を持ち、直接の原因だけでなく組織の問題を直視し、事故を教訓に安全最優先の企業に生まれ変わってほしいと望んでいるのだ。

信楽高原鐵道事故が福知山線事故の原点だと被害者側が言うのは、安全よりも定時運行を優先した過ち（あやま）がまったく改められず、14年後に同じことが繰り返されたからである。

無反省――信楽高原鐵道事故　2

　信楽高原鐵道事故の捜査や裁判の過程で、ＳＫＲばかりでなく、ＪＲ西側の問題が次々と明らかになっていった。

　先述した方向優先テコの無断設置もその一つだが、職員がテコの操作手順について「使用が困難で保安面にも弱い」と指摘していたこと、その記述を削除した改ざんマニュアルを滋賀県警に提出していたこと、さらには設計自体にミスがあったことが発覚。また、試運転の期間も含めて3週間のうちに信号トラブルが3回も起きていたことがわかった。その際にＳＫＲ側が手続きを無視した杜撰（ずさん）な代用閉塞を行っていたことを知りながら、運転士をはじめＪＲ側の関係者は是正を求めることも、本社に報告することもなかった。特に事故の11日前、5月3日のトラブルは、事故当日と同じ時刻、同じ列車で、信楽駅の出発信号が赤のまま変わらなくなるという異常の内容も同じだった。かろうじて事故は回避されたものの、システムの不具合に気づくべき明確な前触れがあったのである。

　刑事裁判では、ＳＫＲ側の事故当日の駅長だった運行主任（駅長業務は当番制）、施設課長、信号技師が起訴され、それぞれ業務上過失致死などで有罪判決を受けたのに加えて、代用閉塞を指示し、事故列車に乗り込んで死亡した業務課長や運転士ら3人が被疑者死亡のまま書類送検された。だが、JR西側の関係者については、社長、鉄道本部長、亀山CTCセンター長、運転士ら計9人を遺族が告訴したものの、大津地検はいずれも不起訴または起訴猶予とした。遺族たちは刑事責任追及を求めて署名活動を行い、検察審査会も「不起訴不当」の議決をしたが、覆らなかった。このことがJR西を強気にさせ、「もらい事故」の主張、つまりSKRの単独責任論を強く主張させることとなった。

しかし、遺族はあきらめず、JR西とSKRに損害賠償を求めて民事訴訟を起こす。提訴理由で「鉄道両社の法的な責任を明確にすることによって、犠牲者の死が、せめて今後の公共輸送機関の安全に役立つことを願えばこそ」と述べたように、責任逃れを続けるJR西の法的責任を明らかにすることが目的だった。

そして、この訴訟で大阪地裁はJR西に対し、信号システム・教育訓練・報告体制・運転士の判断の4点で「注意義務違反があった」と過失を認めたのである。JR西は控訴したが、大阪高裁は再びJR側の過失を認定。JR西は上告を断念し、2002年12月に判決が確定した。事故から11年以上が経つ間に社長は角田から井手へ、さらに南谷昌二郎へと代わっていた。

判決確定から3カ月半後、遺族たちの前で謝罪に立った南谷はこう述べた。

「信楽高原鐵道において新たな信号の仕組みが使用開始されたばかりでもあり、そういうことも含めて、また、報告連絡についても、体制がしっかりとされておるべきでなかったか、反省すべき点が多々あったと思います」

これまで一貫して否認してきた会社の責任を認める言葉だった。杜撰な仕組みを見過ごし、報告を怠った現場の職員だけでなく、そのような体制を放置したJR西幹部の過失、つまり組織全体の安全管理体制の欠陥を指摘したのは、この訴訟の大きな成果だった。

信楽事故遺族の闘いが勝ち取った大きな成果がもう一つある。日本の鉄道事故の調査体制を大きく進展させたことだ。

事故調査の目的は第3章にも記した通り、警察の捜査や刑事裁判の「個人の責任を追及し、罪を裁く」視点とは異なり、あくまで「原因の究明」にある。日本には、航空事故では航空事故調査委員会、船舶事故では海難審判庁があったが、鉄道事故には常設の調査機関や制度はなく、一般の自動車事故と同じような扱いだった。信楽事故では運輸省が専門家による調査委員会を設置したが、人員体制は不十分で、目的や権限も不明確だった。

事故原因の解明を求めても、警察の秘密主義と運輸省の非協力的な対応に阻まれた遺族と弁護団は、アメリカのＮＴＳＢ（国家運輸安全委員会）を訪ねて、先進的な事故調査を学んだ。航空・鉄道・船舶・ハイウェイ・パイプラインなど運輸分野全般の事故について、運輸省から独立して調査する大統領直属の機関である。

遺族たちは、これに倣った調査機関を作ろうと「鉄道安全推進会議（ＴＡＳＫ）」を結成して、まずは市民運動から始めた。欧米の事故調査先進国から関係者を招いてシンポジウムを開き、国会や運輸省に働きかけ、大規模な鉄道事故が起こると独自調査をして意見書をまとめ、これらの研究と活動報告を書籍にして出版し……10年間にわたる運動が国を動かし、ついに01年10月、航空・鉄道事故調査委員会が発足する。国土交通大臣の下に設置され、完全に独立した機関ではないが、日本における鉄道事故の調査体制が飛躍的に進歩したことは間違いない。

そして、新たな事故調が初めて調査を行った大規模鉄道事故が、福知山線脱線事故だった。その意味でも、信楽高原鐵道事故は「原点」となったのである。

私も取材の過程で何度か事故現場を訪れた。甲賀忍者の修練場だったといわれる飯道山(どうさん)への玄関口となる貴生川駅から、奈良時代の一時期、都が置かれた紫香楽宮跡駅を経て、たぬきの置物で有名な陶芸の里の信楽駅へ、1両か2両の列車がカーブの多い山間を縫うように走る、のどかな行楽路線である。速度は時速50〜60㎞といったところだ。

出発して10分ほど、事故後使われなくなった小野谷信号場と待避線が見えてくる。信号機はそっぽを向くように向きが変えられている。そこから約3分半で正面衝突の現場だ。線路脇(わき)に慰霊碑が見える。合掌する二つの手が天に向かって玉をかざすデザイン。その頂点は、土手状に盛り上がった軌道から見下ろされないように高くしてほしいというのが、遺族の望みだったという。列車を降りて手を合わせに行くと、一対のヤマボウシが葉を茂らせ――事故10年目に植えられたものだ――その奥が慰霊の場になっている。名碑には、SKR職員も含めて犠牲者全員の名前が刻まれ、線香やペットボトルのお茶が時々ひっそりと供えられている。

終点の信楽駅には、事故の遺物と、TASKなど遺族の活動を伝える資料が展示されている。JR側の先頭車両が付けていた「世界陶芸祭しがらき号」のヘッドマーク、SKR車両のスイッチ盤、双方の車両番号表示。どれも無残にひしゃげ、折れ曲がり、事故の衝撃を物語る。

だが、あれほどの犠牲を払った事故も、再発防止を願った遺族たちの努力も、JR西という企業を本質的な部分では変えることができなかった。

TASKの事務局長を務めた佐藤弁護士は言う。

「高裁判決が確定して南谷氏が謝罪した後、裁判が終わった今こそJRと安全について対話したいとご遺族の希望があり、TASKとJRで2、3回、意見交換会をやったんです。その場で私たちは、信楽事故の検証作業を会社としてやるべきだと求め、これまで研究してきた欧米の事故調査手法や再発防止策も提案した。たとえば、NASA（アメリカ航空宇宙局）は、事故の芽となるようなインシデントのレポートを匿名で集め、内容を整理・分析して各航空会社や乗務員にフィードバックしている。それによって航空の安全性が高まっているんですが、JRは相変わらず懲罰的な日勤教育をやっている。そんなことでいいのか、と。

だけど、彼らは真剣に聞こうとしなかったですね。適当に聞いて、その場限りの当たり障りのない返答を繰り返すだけで、議論しようという姿勢がない。信楽事故を受けて安全問題に敏感になったとは、とても見えなかった。南谷氏の謝罪に関しては、知り合いを通じてJR幹部の発言が聞こえてきました。『あれは裁判に負けたから仕方なく、場を収めるために謝ったけど、本当のところ、あの判決は間違っていると思う』というんです。裁判で繰り返していたもらい事故という意識がずっと消えなかったんでしょう」

ＴＡＳＫの副会長である安部誠治・関西大教授にも、意見交換会に強烈な記憶がある。

「05年の1月か2月でした。当時の安全担当の部長に、ＪＲはヒューマンエラーの認識が欠けている、あなたたちの日勤教育はいかに時代錯誤な間違ったやり方かと説明しましたが、彼は頑なに認めない。『厳しく処罰しないとエラーはなくならない』の一点張りです。指示・命令やルールを確実に守る規律正しさが鉄道にとって重要なのはその通りですが、あまりにも軍隊式の病んだ組織になっていた。個人の責任を追及する方が、社員管理が簡単ですからね。

激論になり、私は『そんな考え方をしてると、今に大事故が起きるぞ』と捨て台詞のように言ったんです。その2、3カ月後に福知山線の事故が起きてしまった……」

あの判決受け入れは南谷が決断したことだ——。私の取材に井手は言った。自分は今も認めていない、と暗に言っていた。

震災復旧の「野戦」

神戸市灘区のJR六甲道駅。駅舎の入口に銀色に輝く記念碑が建っている。目を留める者はほとんどいないが、1995年1月17日の阪神・淡路大震災から復旧を遂げて1年目の4月1日に設置されたと壁の銘板にある。短い説明文に「全社一丸」「試練を克服」「感動と教訓」「大動脈としての機能を高める」と、高揚感に満ちた文言がちりばめられている。

記念碑には全線復旧までの歩みが日付入りで刻まれている。

〈1月19日、尼崎―甲子園口間運転再開、宝塚―広野間運転再開／2月8日、芦屋―住吉間運転再開、代替バス 住吉―三ノ宮間に区間変更／3月10日、新長田駅仮駅舎・仮ホームで営業再開／4月1日、住吉―灘間運転再開【JR神戸線全線開通 74日ぶり】／4月8日、新大阪―姫路間（新幹線）運転再開【山陽新幹線全線開通 81日ぶり】〉（抜粋）

その上には、マグニチュード7・3、最大震度7を記録した地震の波形グラフ。甚大な被害を受けて閉鎖した須磨区のJR鷹取工場で記録されたものだ。これほどの自然の猛威にわれわれは立ち向かい、克服したのだと物語っているのだろう。

この六甲道駅は、井手が当時住んでいた灘区の山の手から最も近いJRの駅であり、地震発生の朝、最初に駆け付けた場所である。その駅がJR西の在来線の中で最大の被害を受けた。高架式ホームと駅舎が崩落し、線路は寸断された。記念碑にある「住吉—灘間運転再開・JR神戸線全線開通」とは、両駅の間にある六甲道駅の復旧を指している。神戸・阪神間を並行して走る阪急電鉄の全線復旧は6月12日、阪神電鉄は6月26日。2カ月以上遅れた。

ひっそりとたたずむ記念碑は、未曾有(みぞう)の大震災に打ち克(か)ち、ライバルの私鉄よりも圧倒的に早く復旧を果たしたJR西の〝勝利宣言〟であり、自信と成功体験の象徴なのである。

当時、地元紙の記者だった私は、JRの目覚ましい復旧ぶりと、不通区間を補う代替バスのありがたさをよく覚えている。「運賃が高いのもあって、今まではあまりJRには乗らなかったけど、阪急や阪神より速いし、便利やな」という声もよく聞いた。私自身がそうだった。

その復旧工事と非常時対応は、社員たちの不眠不休の働きと臨機応変の判断、そして、「野戦」を仕切る井手の手腕と決断力に支えられた、と多くの関係者が語っている。

象徴的なのが復旧期間の設定だ。線路や駅舎ばかりでなく、車両、架線、電気ケーブル、トンネル、高架の橋桁（はしげた）や支柱、運行や切符販売を担うコンピューターシステムまで、ありとあらゆる機械設備や土木構造物が損傷した状況を見て、多くの幹部たちは早くて半年、長ければ1年以上かかると考えた。だが、井手は「3カ月でやれ」と指示する。社長に昇格して2年半、名実ともに〝大将〟になっていた井手の命令は絶対だった。その模様を、鉄道本部長だった梅原利之（うめはらとしゆき）（後にJR四国社長・会長）が書いている。

〈本社の復旧対策本部はその下の輸送対策本部と復旧工事対策本部が復旧計画の策定、実施の両輪となって連日、熱い議論がたたかわされた。まず最初にマスコミに発表しなければならない復旧見通しについて議論が分かれた。鉄道の復旧が被災地の復興スケジュールの重要な条件だから、なんとしても見通しを立てなければならない。社長は三カ月ぐらいでどうだ、と言ったがとても無理だと答えた。「半年ぐらい」、「仮復旧でも三カ月では無理」、「やはり四、五カ月はかかる」と二転三転したが、結局、ひとまず「うまくいけば二～三カ月」という表現で強行することになった。しかし、いざマスコミに発表した時は不安のあまり唇が震えた。結果は社長の直感どおり三カ月

弱になったが……〉（『よみがえれ！　線路よ　街よ　阪神・淡路大震災　ＪＲ西日本１００人の証言』より）

当時の新聞を繰ると、井手は震災翌日に早くも、「仮復旧まで３カ月」という見通しを会見で語っている。梅原の記述は、それを受けて被害調査と復旧方法の検討を重ね、「５月の連休明けにも全面復旧したい」と正式発表した２月２日のことであろう。その記事にはこうある。

〈同社は壊れた橋げたや軌道、柱などを調査。これまでに高架橋の橋脚など七百四本が損壊していることが判明した。しかし、強度に不安がなければ落下したものも再使用することなどを検討し、復旧方法の詳細を詰めた結果、五月上旬の復旧が可能との結論に達した。工事が順調に進めばさらに早い復旧もあり得るという〉（『神戸新聞』１９９５年２月３日）

井手が社内に相当強く発破をかけ、急かしていたことがうかがえる。

私の取材に、井手はこう述懐した。

「国鉄の経理局調査役時代に災害の被害額を積算する仕事をやったから、ああいうのは得意中の得意でね。被害額は１０００億円、復旧まで３カ月と直感的にわかった。だいたい当たっていたでしょう（注・最終的な復旧費用は１０２０億円）。役員連中は尻込みしたけど、やれと言ったんです。絶対できると私は確信していたから」

ＪＲグループの支援という強みもあった。東日本や東海から資材や技術者を借り、全国の工事業者から重機や作業車を集め、他の私鉄には真似のできない物量作戦で一気呵成に工事を進めたのが勝因だった。それと同時に、未曾有の災害が現場社員たちに意識変革を促したことが大きいと井手は誇る。

「たとえば、高架や鉄橋の支柱を補強するのに巻く鉄板がいる。でも、そんなに大量に調達できない。すると、ある社員が造船所へ走って、何でもいいから余った鉄板をくれと交渉した。こちらが必要なのは、法律で定められた厚さ６㎜の鉄板だけど、９㎜のものしかないという。それでもいい、値段は高いが、とにかく急いでいるし、強度はむしろ高まるからと、その場で全部買い占めた。その社員が帰ってきて謝るんですよ。『すみません、予算をオーバーしてしまいました。始末書を書きます』と。私は褒めましたよ。予算や前例に縛られず、自分の判断で臨機応変の対応ができたことをね。

あるいは、新幹線の新神戸駅のところに長いトンネルがある。あそこの被害が当初わからなかった。内部で崩落しているかもしれない。そうしたら勇敢な保線屋がいたもので、震災１週間も経たない時に中を歩いたというんですよ。見て回ったけど大丈夫でした、と。これも私は褒めましたね。これぞ鉄道マンの心意気だとね」

このほかにも現場の各所でさまざまな工夫と挑戦が生まれた。駅のないところに突貫工事で仮設ホームを作る。引き込み線を急遽電化して電車を走らせる。本来の下り線を上り線に使う。連結車両を増やして輸送能力を確保し、その分、ホームを延長する。日替わりのダイヤ編成。迂回ルートの設定と案内……。社員たちの手記には「離れ業」「綱渡り」「血眼」「神に祈る」といった言葉がいくつも出てくる。

民営化から9年目。震災経験を通して、ＪＲ西は「真の民間企業」になったと井手は言う。民営化当初の「良質の危機感」が、6年7年と経つうちに薄れていた。手を抜き、楽をしても会社は潰れないという国鉄時代の親方日の丸体質が戻りつつあった。近々予定していた株式上場へ向けて、もう一度、引き締め直さねばと考えていたところへ震災が起きた。危機に直面し、不可能を可能にしたことで本当に生まれ変われたのだ、と。

早期復旧を果たしたＪＲ西は、阪急・阪神から乗客を奪った。震災のあった94年度こそ減収減益となったものの、翌95年度の営業収益は前年度比7%増と震災前の水準に戻し、さらに翌96年度には、営業収益９５６０億円と過去最高を記録する。在来線と新幹線を合わせた運輸収入も過去最高の８３９１億円に達した。震災1年後のインタビューで、井手は「当社は120％の復興を果たした」と誇っている。そして96年10月、JR西は、発足時から「最重要課題」と位置付けていた株式上場を、大阪、東京、名古屋の各証券取引所で果たす。

赤字ローカル線の多さと脆弱な経営基盤から「ミニ国鉄」と揶揄(やゆ)されて出発したJR西は、「民営化の優等生」と言われるまでになった。

震災復旧をきっかけにした急成長は井手の言う通り、真の民間企業への脱皮だった。だが、それは同時に、井手のカリスマ性をより高め、権力集中を決定付ける出来事でもあった。「あの震災後、誰も井手さんに物が言えなくなった」と幹部たちは言い、井手自身もそれを認める。

井手独裁体制は、こうして完成した。

福知山線事故が起こるのは、六甲道駅の震災記念碑に燦然(さんぜん)と刻まれた全線復旧からちょうど10年後のことである。

第5章　混　迷

委員長の進言

月曜日の朝、一報を受けた時、彼は自社が経営する京都府内のゴルフ場にいた。

「尼崎の福知山線で踏切事故です。負傷者が5、6人出ています」

大のゴルフ好き。雨でも、体調が悪くても、仕事で少々トラブルがあっても中止したことはない。だが、この時はなぜか胸騒ぎを覚えた。途中で切り上げ、50㎞離れた現場へ車を走らせた。

尼崎へ近づくにつれ、上空をヘリコプターが何機も飛び回り、不穏な予感をかき立てる。渋滞と検問をくぐり抜け、現場へ到着すると、事態は予想をはるかに超えていた。事故直後の惨状と混乱に息を呑み、その足で梅田の本社へ向かう。6階の役員フロアへ上がると、相談役室へ直行した。部屋の主と向き合い、単刀直入に言った。

「井手さん、あんたが社長に戻れ。それぐらいのつもりで陣頭指揮を取れ。あんたが作った会社や。あんた以外に誰がやる。この事故はえらいことやぞ。南谷や垣内には無理や」

井手は肯定も否定もしなかったが、言いたいことはわかっているようだった。

「そうか……うーん、そうか……」

なんらかの腹づもりはあるように見えた。彼はそれだけ伝えると、「わしも今からすぐ事故対策本部を作るから」と自分の職場へ戻った。本社から徒歩数分のビルにあるJR西労組（西日本旅客鉄道労働組合）中央本部。彼の役職は中央執行委員長。約2万6000人の最大労組を率いていた森正暁による2005年4月25日の述懐である。

JR西日本に4つの労組があることは先述した。事故当時、社員数3万1210人だった同社で、一般社員の88％を占めたのがJR西労組。次いで、国労（国鉄労働組合西日本本部）が約2200人、JR西労（JR西日本労働組合）が約1200人、建交労西日本鉄道本部が約80人。この分立状態は、国鉄時代の路線対立と離合集散が尾を引いている。

国鉄の最大労組だった国労は、分割・民営化に最後まで反対したが、闘争に敗北して分裂し、急速に力を失った。労使協調路線だった鉄労（鉄道労働組合、1968年発足）と、途中から民営化賛成に転じた動労――強硬な反対からの180度の方針転換は「コペルニクス的転回」と呼ばれた――などは民営化後に合流。「一企業一組合」を目指して旧組織の西日本旅客鉄道労働組合（西鉄労）となった。ところが、上部団体のJR総連へのスト権委譲問題や、旧動労と過激派の革マル派との関係などを原因に、激しい内部対立が勃発（ぼっぱつ）。91年5月、旧動労系の組合員約4800人が脱退してJR西労を発足する。信楽高原鐵道事故の9日後のことだった。

西鉄労に残った旧鉄労系は同年7月、JR総連を脱退。12月には新組織のJR西労組を結成して労使協調路線を歩む。翌92年5月には、東海、九州、四国の主要労組とともにJR連合を旗揚げした。一方、脱退組であるJR西労は会社との対立姿勢を強め、日勤教育などをめぐる裁判闘争を展開していく。

こうして、井手ら経営陣にとっては、国鉄時代から引き続き労組対策が重要な課題となり、国労と激しく対立した時代の社員管理の手法が尾を引くことになる。労組間においても熾烈な組合員の獲得争いが起こるわけだが、本書では詳細は省く。第3章に書いた通り、福知山線脱線事故の高見運転士は最大労組の所属だったし（松下車掌はJR西労）、何よりも事故直後に森が語ったように「安全問題にイデオロギーはない」からだ。ただ、事故の重要な背景となる組織風土のうち、日勤教育などの社員管理、また昇進や待遇に関しては、所属する組合によって明確な差別があったことは押さえておく必要がある。

いずれにせよ、最大労組の委員長である森は、幹部人事に強い影響力を持っていた。井手をはじめ歴代役員たちとの交流も深く、一人一人の能力や性格もよく知っていた。事故当日、真っ先に相談役室に駆け込み、社長復帰を進言したのは、それゆえだった。

社長人事の内幕

役員フロアでは、事故翌日の26日からトップ人事をめぐる鳩首協議が始まった。出席者は井手、会長の南谷、社長の垣内と、人事担当専務の坂田正行・総合企画本部長。4人が一堂に会したわけではない。南谷、垣内、坂田が夜な夜な話し合った案を、翌日、南谷と垣内が相談役室の井手へ持って行き、意向を聞く。その反応を南谷、垣内が持ち帰り、また坂田を加えた3人で検討する。そういう形で、いくつかの案が6階の廊下を行き来した。

井手は、阪神・淡路大震災の2年後、JR発足10年を迎えた97年4月1日に会長となり、その6年後の03年には相談役に退いた。相談役になった時点で代表権を手放したが、後を継いだ南谷も垣内も井手の指名である。「天皇」の威光はまだまだ健在だった。

まず大前提として、南谷と垣内の辞任は免れないだろうという合意があった。では、後任を誰にするか。南谷と垣内が最初に井手に持って行った社長候補は石塚正孝(いしづかまさたか)。JR東海の常務で、国鉄時代に大阪鉄道管理局に勤務経験があった。東海の会長になっていた葛西敬之から南谷へ、「社長にどうか」と打診があったという。南谷は国鉄入社が葛西の1期下。国鉄改革では、葛西が職員局次長、南谷がその下の労働課長だったこともあり、関係が近い。井手は即座に却下した。東海とはもう社風が大きく違っており、現場でも競い合っている。そんな他社の人間に任せるわけにはいかない、と。代わりに井手が示したのは、坂田を会長に、常務の丸尾和明・総合企画副本部長を社長にして、若返りを図る案だった。坂田は井手より14期、南谷より9期、垣内より4期下。丸尾はさらに2期下である。事故がなければ、坂田は次の株主総会後、空席になっていた副社長に昇格することが決まっていたが、社長も飛び越して一気に会長にしようというのだった。森が井手に会いに行った時、なんらかの腹案があると見えたのは、このことだったらしい。

坂田が国鉄に入ったのは73年。マル生（生産性向上運動）が失敗し、国鉄総裁が国会で陳謝した翌年である。労組は勢いづき、現場は荒れに荒れ、マスコミや世間の批判も強まっていた。「そういう組織にあえて入り、自分が立て直してやろうと最初から労務志望だった」という。その意気が買われて、国鉄時代はほぼ一貫して組合対策などを担当する労務畑。職員局労働課時代は、団体交渉の窓口になった。要求をはねつけるのではなく、相手の言い分も聞こうという「是々非々」の姿勢だったため、弱腰だ、労組に肩入れしていると見られることもあった。分割・民営化に反対の国体護持派シンパでもあった。「危うく国鉄改革で切られるところだった。まだチンピラだったから、どうにか助かったけど」と苦笑する。

JR西に来てからは、人事部勤労課長を振り出しに、人事部長、経営企画部長、そして総合企画本部長と中枢（ちゅうすう）ポストを歩む。「総企」と呼ばれるこの部署こそ、同社で最も強い権限を持つ、トップへの道筋だった。南谷も垣内も通っている。順調な出世は、井手の目にかなったということだが、労組関係者の評では、「井手さんの顔色をうかがってばかりの幹部が多い中で、彼はイエスマンにならず、言うべきことは言っていた。物事を偏り(かたよ)なく見て、冷静・的確に判断できる人」だという。そういうところを井手も買っていたようだ。一方、坂田から見ても井手の能力と手腕は圧倒的で、時には鞄持ち(かばんも)をしながら、薫陶(くんとう)を受けてきたという。

だが、その井手からの会長指名を南谷らが持ち帰ると、坂田はすぐに断った。理由をこう明かす。

「社長もやらずにいきなり会長をやれという命令に面食らったのもあるけど、そんな自分のポストの問題じゃなく、僕は井手さんに戻ってほしかったんですよ。あの震災の時みたいに、井手さんが事故対応を仕切るしか、この窮地は切り抜けられないと思っていた。別に、社長に復帰するということでなくても、肩書きなんか何でもいい。井手さんのためなら喜んで汗をかくし、泥水を飲む覚悟もこっちにはあるんだから。ところが、その案は、井手、南谷、垣内の各氏が6月1日付で辞任するということだった。株主総会も待たずにですよ。これは逃げるつもりなんじゃないのかと僕は思った。事故処理を下に押し付けて、自分は頭を下げるつもりもない。それはないだろうと」

これまで心酔してきた分、失望は大きかった。「百年の恋も冷めた」と坂田は表現する。

だが、断る以上は別の候補者を挙げねばならない。会長には外部の財界人を招くとしても、社長は内部の人材でないと井手は納得しないだろう。坂田は2人の名前を頭に描き、南谷らに託した。

1人は、金井耿。副社長を務めたのを最後に4年前、関連会社の日本旅行社長となっていた。人望が厚く、社長就任を期待する者は多かったが、1期下の垣内との競争に敗れて外に出された格好になった。これは、井手の意向をJR西労組の森委員長が呑んだ人事だったという。

この金井もそうだが、JR西の不幸は、井手に臆さず物を言い、社長を嘱望された人材が、この時点でことごとくいなくなっていたことだ。たとえば、井手の後任となることが確実視されていた白川俊一。あるいは、南谷の代わりか、その後にふさわしいと言われていた高橋宏彰。いずれも常務や副社長まで務めたが、若くして病気で亡くなっている。激務の影響もあったのだろう。坂田自身も専務になってから大病を患い、一命を取り留めた身だった。

そして、坂田が挙げたもう1人の社長候補が、元常務兼鉄道本部長の山崎正夫だった。安全対策に熱心に取り組んだエキスパート。総合企画本部という事務屋が圧倒的に強い組織の中、それと折り合いが悪い鉄道本部にいながら常務まで務めた、技術屋の出世頭でもあった。坂田は国鉄時代から接点があり、不器用だが実直誠実な人柄は知っている。ただ、山崎も子会社に出され、既に7年になろうとしていた。技術屋がトップになった前例も自社にはない。井手は難色を示すだろう。だが、他にいない。ここを乗り切るには技術屋に託すべきじゃないか——。

南谷を通じてダメ元で井手に上げると、意外な答えが返ってきた。「山崎がいいんじゃないかと井手さんが言っている」。坂田の案を話す前に、井手の方からその名前を出してきたのだという。山崎は技術屋の中でも運転系統が専門の「運転屋」だ、ちょうどいいだろう、と。

こうして、山崎を次の社長とすることが上層部4人の間で固まった。5月の連休明けのこと。ただし、交代時期については井手と南谷で思惑がすれ違い、後々までもつれることになる。

山崎に打診があったのは、事故から3週間余り過ぎた5月18日のことだった。新大阪駅に近い清掃会社「ジェイアール西日本メンテック」の社長室へ、南谷から電話があった。「すぐ本社に上がってきてくれ」。梅田のJR西本社へ急ぎ、6階の会長室に入ると、南谷と垣内が並んで座っていた。南谷が開口一番、言った。「社長をやってくれ。君しかいないんだ」——。

以下、山崎の証言である。

「あれほどの事故を起こした以上、経営陣の責任は免れない。安全対策も見直しを迫られるだろう。自分の経歴からすれば、安全担当の役員をやれと言われることはあるかもしれないと予感はしていた。電話で呼ばれた時もその件だと思った。だけど、まさか社長とはね……。

最初は『無理です』と言った。金井君の方がはるかにふさわしいと具体的な名前も出した。でも、南谷さんは引かない。『会社のためと思って受けてくれ』と押してくる。

即答はしなかった。できないよ、そりゃ。とにかく一度、家族に相談させてほしいと言った。僕は東京の人間で、大阪へは単身赴任だったたから、その日のうちに東京へ行って女房と息子に話した。案の定、猛反対されましたよ。会社がこんな厳しい状況の中、わざわざ苦労を買って出てもいいことなんか何一つないって。実は、僕はもう東京へ戻ることが決まっていたしね。あと数カ月でメンテックの社長を退任して、JRグループの業界団体に行くことが内定してたんだ。民営化と同時に始まった長い関西生活……18年だったかな、それもいよいよおしまいと思っていたもんでね。

それに、僕は7年近くも本社を離れていた。その間に人も組織も経営もどんどん変わった。ブランクが大きすぎる。だいたい僕は技術屋で、財務や人事労務など経営面の経験は何もない。メンテックの社長をやったといっても、ＪＲ本社とは規模も責任の重さも比べ物にならない。務まるわけがないという気持ちもあった」

その夜は、東京の自宅で眠れなかった。乗客１０６人もの命を奪った、とてつもない事故。鉄道の安全を立て直さねばという使命感。かつて安全対策の先頭に立った者の自負と責任。「会社のために」という南谷の言葉。一方に、家族の猛反対。7年ものブランク。巨大組織のトップに立つプレッシャー。目に見えている茨（いばら）の道……。

決断したのは翌朝、大阪へ戻る新幹線の中だった。

「受けた理由？　これはもう自分の性格としか言いようがねえな。男気というかな、意気に感じたんだね。ここで断れば、会社はまた困るだろう。自分の他に誰もいないと言うんなら、もうやるしかないじゃないか、とね」

大阪に着いてすぐ、南谷に受諾を伝えた。条件は一つだけ。「妻が大阪に来ることを納得してくれたら」ということだけだった。

「運転屋」の来歴

事故後のJR西を託された技術屋の山崎とは、どういう人物か。経歴をたどる。

１９４３年、東京の両国や浅草に近い台東区鳥越の生まれ。千貫神輿が練り歩く鳥越祭りで知られる、昔ながらの下町である。指物師だった父親は、たんすや長持などの家具作りを得意としていた。仕事場の金槌や鉋を借りたり、鉋屑で遊んだり、幼い頃から職人の仕事が身近にあった。長い関西暮らしでも消えない「べらんめえ調」の江戸言葉がそれを物語る。

物心ついた時から乗り物好きだった。中学生になると、一人でふらりと鉄道の旅に出た。

「今もよく覚えてるのは碓氷峠だね。あのへんを走ってた旧式の列車に乗って、車両や線路の写真を撮りに行ってた。今で言う〝乗り鉄〟と〝撮り鉄〟だな。あとは房総半島一周とか、東海道線の旅とかね。大学時代は均一周遊券を買って北海道や九州を巡った。大きなリュック背負って、当時は〝カニ族〟なんて言われてたね。

鉄道だけじゃない。高校に入ったらすぐバイクの免許を取って、50ccのホンダのカブで伊豆一周のツーリングをしたり、大学時代は『モーター同好会』で自動車に乗った。もちろん乗るだけじゃなく、エンジンルームを開けて整備や修理もやったしね。乗り物や機械いじりが好きというのもあるけど、乗り物を手に入れたことによって、自由にいろんなところを行き来できるようになる、大げさに言えば、世界が広がるのが楽しかった」

大学は、東大の工学部航空学科。材料力学を専攻し、強度と耐久性に優れた金属用接着剤の研究をした。東大の工学部といえば、科学立国による高度成長を担ったテクノクラート（技術官僚）養成機関だったが、中央官庁に進むつもりはなかった。

「官僚ってのは、基本的に事務屋の世界だからね。上司が誰だ、大学の先輩・後輩だ、同期入省だとか、そういう人間関係で物事が動いていく。技術屋もいるけど、その中で大きな顔してるのは土木屋だ。道路建設が盛んな時代だったから、特にそうだったね」

同じ官僚でも、具体的な現場を持ち、実際に人や物を動かす仕事がしたいというのが、国鉄入社の動機だった。幼い頃からの鉄道好き・旅好きも多分に影響した。1966年。国鉄が赤字に転落して2年後のことだが、まださほど深刻ではない。それよりも東海道新幹線の開通で、高度成長の先頭に立って未来へ疾走するような輝かしいイメージがあった。

大阪鉄道管理局での1年間の研修を振り出しに国鉄マンとして歩み始めた山崎の中で、原点となった忘れられない職場がある。入社6年目の71年、27歳で沼津機関区長になった時だ。2年間の任期中に、悪名高いマル生運動を現場長として経験した。

「沼津機関区は830人の大きな職場でね。もともと国労が強いうえに、運転士や機関士が6割を占めるから動労も強かった。そんなところに初めて現場長になる若造が行くわけだから、これはもう獅子の子が谷底に突き落とされるようなもんでね。とにかく覚悟を決めて、荒っぽい連中の中に飛び込んで行かなきゃならない。そりゃもういろいろありましたよ。

特に反マル生運動は激しかったね。本社から来るテキストを読ませて、講義みたいなことをやるんだけど、反対派の連中に吊るし上げに遭ったり、暴力行為でケガさせられたり。だけど、一対一で腹割って話せばわかってくれる人も出てくる。仕事の悩みや国鉄への思いを涙流して語り合ったりしてね。添乗も毎日やったし、酒も酌み交わした。非常に人間くさい付き合いを積み重ねていく中で、少しずつ協力者を増やしていく。上から命令ばかりするんじゃなしに、現場へ降りていく。奇を衒わず正面からぶつかる。現場主義の大切さを、あの2年間で学びましたね。それは国鉄マンというだけでなく、僕自身の人間形成にもなった」

現場に出たキャリア官僚の仕事は労務管理、つまり組合対策一色だった。山崎は「現場主義」でこれを乗り切り、経験を糧(かて)とした。本社に戻り、その後ＪＲに変わってからも、当時の機関区の助役が中心となって「山崎会」と称する同窓会が長く開かれたという。

国鉄本社では、本職の運転系統の部署で職歴を積んだ。教育・研修を含めた乗務員の管理、機関区の監督指導、車両検査、ダイヤ編成、指令所などの運行管理……列車を動かすシステムやソフト全般に関わるのが「運転屋」の仕事である。途中の４年間、経営計画室で国鉄再建計画に関わったこともある。改革三人組の葛西と松田が上司におり、井手もよく出入りしていた。だが、そこは技術屋ゆえか性格か、山崎自身は社内政治的な動きには無縁だった。国鉄改革当時の考えを聞くと、「民営化にはまるまる賛成。でも分割には反対だった」という。

ただ、自分でも「直情径行のところがある」と言うように、仕事上で上司と衝突することがしばしばあった。新幹線の指令システムをめぐって、ある運転局の実力者と大激論になったことがある。怒鳴り合いは社内にも聞こえ、「ハブマン対決」、ハブとマングースのような天敵同士だと噂(うわさ)された。その上司には「おまえとはもう仕事をしたくない」とまで言われた。

後年のことだが、山崎の性格をよく表す、こんなやり取りを坂田が記憶している。

「山崎さんが、ある事業計画の資料を持って僕の席へふらりとやって来て、『今から井手さんに話をしに行くんだけど、どう言えばうまく進むかな』と聞くんですよ。だから、資料に目を通し、僕なりに見てきた井手さんの考え方や勘所を説明して、交渉術をアドバイスした。山崎さんは頷（うなず）きながら聞いてるんだけど、最後には『そうか。やっぱりいいや。俺は正攻法で行くわ』と出かけて行く。で、帰りにまた寄るから『どうでした?』と聞くと、『ああ、やっぱりダメだったよ』と肩を落としている。僕にしたら『だから言ったでしょう』となりますよね。

真面目（まじめ）で仕事熱心、人柄がいいのもわかるんだけど、根回しや立ち回りはうまくない。頑固で不器用な技術屋さんという印象が昔からある。もちろん、それは良い面でもある。だからあの時、社長に推したんですけどね」

現場主義の「安全のプロ」

分割・民営化が決まると、山崎はJR西日本設立準備室次長を命じられ、１９８６

年12月、大阪へ赴任する。東京に家を建てたばかりでもあり、内心では東日本を希望していたが、大阪と岡山の鉄道管理局に勤務経験があったために西行きとなったのだろう。会社が借り上げた兵庫県西宮市の武庫川団地で単身赴任生活を始め、しばらくして京都府の長岡京市に移り住んだ。「東京の人間だから、ちょっとでも東へ行きたかったんだよ」と笑う。

新幹線運行本部の運輸部長を経て、鉄道本部運行管理部長をしていた91年5月、信楽高原鐵道事故が起きた。たまたま長期入院で休職している間のことだったが、事故原因が解明されるにつれ、何割かの責任はあると感じた。だが、前章に記した通り、会社は徹底的に「もらい事故」を主張し、一切の過失を認めようとしなかった。「あれは運輸省からの天下り社長の角田さんに、副社長の井手さんが全部振り付けをしてたんだろうな」と、山崎は見る。

93年4月に鉄道本部副本部長兼安全対策室長に就任。これは毎年6月の定期異動ではなく、イレギュラーな異動だった。その直前に事故が頻発し、前任の鉄道本部長と副本部長が、井手の逆鱗に触れて更迭されたためだという。事故の概要は以下の通り。

神戸駅で快速列車脱線（93年1月30日）駅に入ってきた快速列車がポイント（分岐器）を通過中、前から3両目が脱線。避難する際に乗客1人が負傷した。当時、別の事故でダイヤが乱れ、めったに使わないポイントへ誘導したところ、整備不良でレールが摩耗していたのが原因だった。摩耗を知りながら放置した保線区長ら2人が書類送検された。

茨木駅で貨物列車脱線（93年2月24日）夜行の貨物列車が駅構内を通過中、安全側線（待避線）に突っ込み、電気機関車と貨車3両が脱線した。信号やポイントを制御する連動機の取り換え工事のため、手動操作していた転轍機（ポイントを操作し、列車の進路を変える装置）の切り替えを駅員が誤ったことが原因。

相生市の踏切で死亡事故（93年3月11日）修理工事中の踏切に軽ワゴン車が誤って進入。貨物列車と衝突し、3人が死亡。遮断機を開けたまま監視員も置かずに作業しており、制止の合図も不十分だったのが原因。信号通信区の現場責任者らが逮捕され、捜査の過程で、監視員を置いていたと口裏合わせをしていたことも発覚。業務上過失致死で2人が有罪となった。

事故の続発を重く見た運輸省は、「安全管理が不十分」と異例の警告書をJR西に出した。過密なダイヤや人員削減が遠因だと労組やマスコミから批判が上がったが、井手はこれを否定。「事故と人員削減は無関係。決められたことが守れないからだ」と言い切った。

山崎は言う。

「鉄道事故の半数以上は踏切で起こる。だから事故対策といえば、まず踏切だった。自動遮断機と警報機を備えた第1種踏切に切り替え、障害物検知装置や非常ボタンも設置する。あるいは地元と話し合って立体交差に変える、つまり踏切自体なくしてしまうという対策を打ってきた。次に多いのは、信号冒進や分岐器上の事故だ。これを防ぐにはATSがある。

だけど、そういうハード面の対策だけでは不十分でね。3件の事故を見てもわかる通り、人間が手動操作をする時に信号の見落としや確認の不徹底、または確認したけど勘違いで判断ミスが起こる。これが、ヒューマンエラーだね。当然、わざとやるわけじゃない。単に不真面目だとか、たるんでるというのとも違う。むしろ生真面目で、何事にも手を抜かない人間ほど、ふとした瞬間にミスをする。人間の集中力ってのは、そう持続しないからね」

もう一つの要因に信楽事故の無反省を挙げる。この3件の発生時点で、あの大規模事故から2年も経(た)っていない。だが、頑(かたく)なに自社の責任を認めず、他人事(ひとごと)だと目をつむったがゆえに、安全管理体制や社員の危機意識が漫然と放置された、再点検して根本から改める機会を逸したというのである。

「鉄道事故では、まずは現場になった線路を管理する会社の責任だとする『属地主義』ってのが確かにあるんだけど、あの事故はそれだけで切り捨ててよいものじゃなかった。こっち側にも反省点や教訓とするべきことが、いくつもあったはずなんだ。信楽の後に事故が頻発したのは、安全を甘く見た結果だろうな。井手さんも、組織全体としても」

山崎は、鉄道本部長に就任した梅原利之とともに、早急に安全対策を立てるよう井手の厳命を受けた。「攻めの事故防止」を掲げ、まず取り組んだのが、管内の支社すべてに支社長直轄（ちょっかつ）の安全対策室を置き、現場から本社まで一貫した安全管理体制を作ること。事故はもちろん、小さなミスやヒヤリハットの報告を支社ごとに集め、分析して対策を立て、それを全社的に共有する。現場ごとの責任者を明確にし、下からの安全対策を積み上げる狙（ねら）いがあった。

もう一つが「安全推進実行計画」、通称「ＳＡ（Safety Action）計画」の策定である。驚いたことに、ＪＲ西にはそれまで安全を守るための指針や行動を体系的に定めた計画やマニュアルは存在しなかった。国鉄から引き継いだ安全綱領と、経営理念の１項目に「安全・正確な輸送の提供」をうたっていた程度で、いずれも精神訓の域を出ていなかった。

山崎は、具体的かつ実効性ある計画を練り上げるため、持ち前の現場主義を発揮する。社員1600人へのアンケート、職場310カ所の実態調査、420人への面談。スーツを脱ぎ、作業着姿でさまざまな職場を訪ねた。日常業務の細部まで視察し、運転士や車掌から話を聞いて回った。94年から始まったSA計画で重きを置いたのは基本動作の徹底、主に「指差喚呼（しさかんこ）」である。乗務員、駅員、保線や電気の作業員、どの職種でも作業箇所を指差し、確認項目を声に出す。決して目新しい策ではないが、徹底することでミスが6分の1に減るともいわれる。原点に立ち戻って安全意識を喚起し、ヒューマンエラーを減らそうと考えた。

ただ、計画というものは現場の職員がその意味を理解し、実行しなければ意味がない。当時を知る元運転士に私が聞いた話では、「たとえば運転中の停車駅確認でも、表の駅名をただ指し示すだけやなく、上から順に指でなぞって横にスライドさせろ、要するにL字を書くようにやれと言われた。面倒なことさせよるなあ、子供やないねんから……と、みんな言うてたわ」との反応もあった。運転士は、経験と腕前に自信を持つプライドの高い人間が多いのだ。

安全対策を指示した井手自身の理解を得るのも難しかった。たとえば95年12月25日——震災復旧で勢いづいていた年の暮れだ——福知山線の藍本（あいもと）駅で、こんな事故が起きた。

大雪の降る夕方だった。4両編成の上り快速列車が一つ手前の草野駅からブレーキの利きが悪くなり、藍本駅に入った時に止まれなくなった。積雪は20cm。そのまま120mオーバーランし、待避線の先の玉砂利に乗り上げてしまった。ケガ人はなかったが、事故報告に行くと、井手は烈火のごとく怒った。「そんな運転士はクビにしろ！」。山崎は「原因はまだ調査中ですから……」と答えるのがやっとだった。発生を伝える記事には「ブレーキ故障には疑問があり、乗務員の操作ミス、車両故障の両面から調査する」というJR西のコメントが載っている（『神戸新聞』95年12月26日）。だが、調査の結果、車輪に付着した雪がブレーキに噛み込んだことが原因とわかった。これをきっかけに耐雪ブレーキが導入された。

「井手さんは、事故が起こるとまず、運転士が悪い、たるんでるからだと言う。二言目には『クビだ！』と怒鳴ってね。怒ると手が付けられない。運転士には旧動労系の人間が多かったから目の敵にしていたのもあるんだろう。その矛先が、運転屋で安全対策室長の僕に向かう。社内でも有名だった。『また山崎が怒鳴られてる』ってね」

同じ福知山線で言えば、その前年の94年8月に三田市内で踏切死亡事故が起きている。警報機だけで遮断機のない第三種踏切に進入したトラックに普通列車が衝突し、

2両が脱線横転。トラックの運転手と乗客の女性が死亡、その夫が軽傷を負った。私はこの事故を取材したので、よく覚えている。現場は同市内に唯一残った旧態依然の踏切で、以前から事故が多発していた。立体交差化の工事が決まっていたが、間に合わなかったのである。当時の三田はニュータウン開発で人口が急増し、福知山線の列車本数は5年間で2倍以上に増発されていた。「安全対策が後手に回っている」「いつか大事故が起こる」と、当時から指摘されていた。

山崎が注力したSA計画だったが、トップから現場まで浸透させるのは容易ではなかった。事故原因の認識を変え、安全意識を高めるには、日々の業務の積み重ねの中で、時間をかけてじっくり取り組んでいくしかない。96年に鉄道本部長に昇格すると、新たに「SAⅡ計画」を作り、定着を目指そうとした。

ところが、その決意は道半ばで断たれてしまう。SAⅡ計画が動き始めた直後の98年6月、ジェイアール西日本メンテックへの出向を命じられたのである。JR西の車両や駅、ホテルなどの清掃業務を請け負う会社だ。社長は運転屋の出向ポストではあったが、わざわざ副社長を新設するから行け、という（1年後に社長昇格）。しかも、通例では3～4年が任期の鉄道本部長を2年で解かれた。技術屋の中では稀な常務にまでなり、安全対策を一任された山崎だが、はしごを外された形だった。「井手さんに嫌われたな」。そうささやかれた。

「そりゃあショックだった。最低あと1年は鉄本長をやるつもりだったからね。SA計画もこれからという時だったから、ずいぶん荒れたのも事実だ。だけど、腐ってもしょうがない。行く先のメンテックにも3000人の社員がいる。それだけの責任を負うんだと先輩に言われ、前向きにやろうと気持ちを切り替えた」

ここでも山崎は現場主義を貫く。自ら社屋のトイレ掃除をし、京都にある清掃研修施設のプログラムで一般家庭を訪ねてトイレ掃除もした。「僕の信条は現場主義と、もう一つは『率先垂範』なんだ。社長が現場の仕事を知らなくてどうする、と思ってね」。清掃員に誇りを持ってもらうため、制服を明るくおしゃれなデザインに変え、JRグループ以外の仕事も取りに行った。大阪国際会議場やUSJの清掃を受注し、業績を伸ばした。

そうして7年近くが経った。05年6月の異動で退任し、故郷の東京へ戻ることが決まった。運転屋に戻ることはもうない。そう思っていたところへ福知山線事故が発生し、南谷の電話が入ったのだった。

三本柱と三つの溝(みぞ)

福知山線脱線事故後の刷新体制をJR西が発表したのは、約1カ月後の2005年5月26日だった。その日の取締役会で了承された人事は以下の通りである。

井手相談役が辞任し、顧問に就任▽南谷会長、垣内社長は留任。「遺族対応や安全対策に一定の目途が付くまで」とする。時期は未定▽坂田、徳岡の両専務が辞任▽安全性向上担当の副社長を新設し、山崎が就任

山崎の名前を見て、社長含みの復帰と考える記者はいなかった。JR西、いや東日本や東海でも技術系のトップは例がない。7年もの空白がある出戻り。経歴やキャラクターも、井手が築いた組織の長に見合わない。しかも本命には、総合企画本部を実質的に切り盛りする事務系のエース、丸尾和明がいる。ダークホース、というより、まったく無名の存在だったのだ。

事故直後から、さまざまな人事の観測記事が各紙に躍ったが、焦点はまず、井手がどう責任を取るのか、次に南谷と垣内は辞任するのか、だとすれば次期社長は誰かに絞られていた。

　当初は辞任の意向だった南谷と垣内が翻意した時期と理由は、明確にはわからない。だが、3人揃って の辞任を主張する井手と、南谷・垣内との溝を各紙とも指摘している。

〈井手氏の念頭にあったのは原発事故の経営責任をあいまいにした関西電力（注・04年8月の美浜発電所3号機破損事故）への世論の反発だ。だが、国交省は「遺族対応のさなかに人事の話は不謹慎だ」（幹部）。社外取締役の野村明雄・大阪ガス会長も取締役会で「辞めることは逃げること」とくぎを刺した。（中略）

社長・会長退任後の新体制を巡って井手氏は大幅な若返りを望んだが、南谷会長は外部からの登用にこだわった。国交省は一貫して南谷案に理解を示し、井手氏は徐々に修正を余儀なくされ、次第に人事についても口を閉ざすようになった〉（『日経新聞』05年5月27日）

　記事にあるように、事故後は沈黙する井手だが、まだ日も浅い5月17日に神戸新聞、24日に朝日新聞の単独インタビューを受け、概ねこんなことを語っている。

「JR発足から18年経ち、現場に甘えと気の緩みが出ていた。国鉄末期の悪しき官僚体質、無責任体質の地下茎を取り払えなかったことについては、私にも責任はある」

「ミスをした運転士への再教育は当たり前だし、それが何回も続く人を乗務から降ろすのも当たり前。ダイヤが過密ということはない。東京に比べたらはるかに余裕がある」

「経営効率を上げるのは当然。スピードアップはお客様のためだった。だからといって、安全投資を怠ったことはない。福知山線のATS－P設置はたまたま遅れただけだ」

神戸新聞のインタビューでは、「これだけの事故を起こし、けじめをつけるのは当然。中途半端にはできない。（南谷、垣内も含め）三人ともそう思っているし、逃げる気はない」と明言した。この〝新聞辞令〟を受けた南谷の反発を同紙が後日報じている。

〈五月十七日夜。神戸・御影の自宅前で南谷氏は声を荒らげた。「人事を決めるのは国交省でもなく、井手さんでもなく、会長である私だ」。井手氏が会長、社長とともに辞任すると明言―と報じる本紙報道に不快感をあらわにした〉

ちょうど山崎に次期社長就任を依頼する前夜のことだ。この時点で既に南谷と垣内は当面留任を決意し、代わりに坂田・徳岡の両専務を辞任させる絵を描いていたのに、余計な口出しをするなという井手への苛立ちと読める。

坂田が辞任するよう、南谷から告げられたのは5月12日だ。「しばらく離れてくれるか。時期が来れば、またきちんと処遇するから」。その処遇というのが、同年8月の子会社顧問就任、そして翌年、「天下り」と遺族らの激しい反発を受けた西日本ジェイアールバス社長への就任だった。会社は「子会社と本人の意向を了承しただけ」と言い張ったが、遺族も指摘したように、子会社の人事が本社の頭越しに決まるはずもない。人事担当だった坂田本人がいちばんよく知っている。「でも、会社の指示があり、ご遺族の前ではああ言うしかなかった。そんな見え透いた言い訳をするから信用されないんだとわかってはいたんですが……」と後悔を口にする。

いったん発表された井手の顧問就任は結局取りやめになり、子会社顧問に変更された。「肩書きが変わるだけで組織体質の変革にならない」と批判が相次いだからだ。6月23日の株主総会には出席したが、発言の機会は一度もなかった。終了後、記者に取り囲まれると、「感想は言いません。好きなようにさせてほしい」とだけ言って車で走り去った。これ以降、取材には応じなくなった。

こうして、南谷と垣内が残り、山崎は安全担当副社長として、翌年2月1日の社長就任まで8カ月間を過ごすことになった。いつ昇格するかは発表の直前まで伝えられなかったという。「一定の目途が付くまで」と留任理由を語った南谷と垣内だが、第2章に書いたように、彼らが退任までに何らかの「目途」を付けたわけではない。むしろ、遺族・被害者の反発と不信を強めただけだった。「今思えば、あの8カ月間は無駄だったな」と山崎は振り返る。

06年2月1日、社長に昇格した山崎は、社員へ向けてこんな所信表明を行った。

〈今回の事故を契機に、私は、次の2点について深く考え直してみる必要があると思っています。

第一点は「国鉄末期の強い反省に立って、多くのことを求め過ぎたのではないか」ということ。第二点は「阪神・淡路大震災からの早期復旧や株式上場、完全民営化の達成といった成功体験を重ねることにより、知らず知らずのうちに、私たち一人一人の気持ちの持ち方になにがしかの変化がもたらされたのではないか」ということです〉

「天皇」が強力に牽引(けんいん)し、事務系のエリート官僚たちがその顔色をうかがいながら付き従ってきた「井手商会」からの脱却を訴えていた。「多くのことを求め過ぎた」とは、事故の前からJR西に対する世評にあった。東日本や東海に乗客数で大きく水をあけられ、路線の5割がローカル線で収益基盤が弱いにもかかわらず、新型車両を次々と投入してスピード追求を緩めず、鉄道以外の分野へ多角化を図る。「背伸びし過ぎている」。国交省や鉄道関係者ばかりでなく、社員ですら危惧を漏らすほどだった。

第二点の「気持ちの持ち方」については、こう説明した。

〈地味で根気のいる仕事や、継続的な努力が必要な分野に関心が行かなくなってはいなかったか。本社、支社、現場、グループ企業という序列、それぞれの内部での順列、上下意識を無意識に形成してこなかったか。成功体験の中から内部論理を優先し、外部に無関心であったり、独り善がりであったりしなかったか。さらに、保守的な傾向が強くなり、現状を変えるとか、チャレンジ精神を発揮するといったことに十分な配慮がなされてこなかったのではないか〉

ここで山崎が明確に意識したのは、総合企画本部と鉄道本部の間の壁、つまり両者間に確執があることだった。事務系エリートが牛耳る組織で技術屋は冷遇されてきた。現場が軽視され、職員の声は上から押さえつけられてきた。「上下の壁や組織の確執があり、挨拶もできない沈滞した雰囲気」「内向き思考で空理空論（が幅を利かせている）」と、この日の記者会見でも自社の組織風土を痛烈に批判している。

この沈滞を打ち破り、組織を変えていくには、まず「安全意識の徹底」、次に「現場重視」、そして「技術重視」が重要だ。この三つを柱に、われわれは新たな経営理念と安全憲章の下、再出発する――。そう述べた所信表明の最後を、山崎は尊敬する技術者の言葉で締め括った。「進歩は、反省の厳しさに正比例する」。ホンダの創業者、本田宗一郎の言葉だった。

だが、こう呼びかけた山崎自身、ＪＲ西の組織風土から自由になったわけでは決してない。「この危機をどうにか乗り越えないといけない。3万数千人の社員を守らないといけない、と気負うほどに、組織防衛の意識が先に立った。特に就任から1年の間は、少しでも批判をかわそうと考えてしまったところは正直ある」と、率直に認める。

淺野たち遺族を何度も失望させ、憤らせた遺族・被害者への対応。「天下り」人事と、批判への言い訳。そして、就任ちょうど1年後にあった事故調査委員会の意見聴取会。「責任逃れと正当化ばかり」と猛批判を浴びた丸尾副社長の公述は、当然ながら個人の見解ではない。社内で綿密に打ち合わせ、社長の山崎も了承した公式見解である。

「あれはこたえた。事故調、ご遺族や被害者、マスコミはもちろん、ＪＲの他社、それに、ご遺族担当を中心に現場社員からも抗議と批判が上がってね。自分たちの主張がいかに内向きの論理でしかないか、嫌でも気づかされた。このままじゃいかん、ここで変わらないと会社がダメになると僕が本当に思うようになったのは、あの時だった」

わが社には三つの「溝（みぞ）」がある――。意見聴取会の後、翌年度の経営方針を説明する訓示で、山崎は反省を口にした。遺族・被害者との溝。社会との溝。経営陣と現場社員の間の溝。これらを埋めねばならない。そのために、事故調の最終報告書がどのような結論になろうとも、厳粛に、真摯（しんし）に受け止める。そう方針を打ち出した。

山崎に「気づき」を与えた声の一つが、淺野との対話だった。

2人の技術屋

山崎が初めて淺野と言葉を交わしたのは、社長就任からほどなく、遺族・被害者宅を弔問と就任挨拶に回った2006年2月のことだった。4・25ネットワークの世話人として、JR西追及の先頭に立っていた淺野と向き合うのは、どんな心境だったのか。

「ネットワークの活動で、すごい論客なのは知っていた。でも、それ以前にご遺族だからね。最愛の奥さんと妹さんを亡くされ、お嬢さんが重傷を負われた。ご遺族のお気持ちというのは数で量れる問題じゃないけど、それでも人数の上では最大の被害者だ。何を言われても、どんな激しい怒りをぶつけられても当然で、加害企業の代表としては受け止めるしかない。殴られるかも……とまでは思わないが、それぐらいの覚悟で、緊張してお訪ねしたのを覚えている」

だが、その覚悟に反して、淺野の語り口は穏やかだった。身を固くして首（こうべ）を垂れる自分にかけられた言葉を、山崎はよく覚えている。

「僕が謝罪を申し上げると、『まあ、それはそれだ。そんなに謝られても戻ってくるわけじゃない。それよりも自分は、事故の原因をちゃんと知りたいんだ』とおっしゃってね。ご遺族なら誰もが持つ感情にふたをして、事故を冷静に、理論的に見ようとされている印象を受けた。ただただ恐縮するばかりのところを温かく諭されたような感じだった」

淺野自身は、山崎との初対面をこう振り返る。

「彼は落下傘（らっかさん）社長やからね。長いこと外に出ていたのを急に呼び戻され、重責を負わされた。同情ではないけど、苦労や重圧は想像できる。だからまず、『あなたも落下傘で大変やなあ』と声をかけたんです。

それに彼は技術屋でしょう。彼は工学、僕は建築で、分野は異なるけど、年は2つしか違わない同世代だ。そこにシンパシーというか、期待するところはあった。彼となら対話ができるかもしれない。そう思って、僕としてはエールを送るつもりやった」

浅野はあえて、福知山線事故の話にほとんど踏み込まなかった。それよりも同時代を生きてきた技術屋として接した。山崎が東大の航空学科出身で、モーター同好会で車をいじっていたこと。新幹線の整備計画や運転技術のこと。国鉄末期に兵庫県内であった余部（あまるべ）鉄橋事故の話。阪神・淡路大震災の復旧にお互い関わった思い出。そんな話を1時間ばかり、取り留めもなく交わした。技術論になると加害者も被害者もなかった。自分の経験や意見を山崎は率直に語り、浅野はそれに頷いたり、時々異論を差し挟んだりした。

それまでＪＲの幹部が入れ替わり立ち替わり何人も自宅に来たが、みんな通り一遍の謝罪を口にして、あとは押し黙るか、浅野の言うことに心にもない相槌を打つか、そんな人間ばかりだった。しかし山崎は違った。自分の言葉で語り、素直に感情を表す男だと思った。

山崎にとっても、浅野との出会いはありがたかった。差し向かいで話をしたことで、浅野が何にこだわっているのか理解でき、「普通のご遺族とは視点がちょっと違う」

と感じた。いや、遺族対応は覚悟の上だから、それはいい。問題は社内だった。あれほどの事故の後も変わろうとしない巨大組織の中で、孤独を痛感していた。相変わらず事務系エリートが占める経営陣。7年も外にいたため、鉄道本部にも知っている人間がいない。「どうせ1期2年の腰かけ社長」「敗戦処理のショートリリーフ」という冷ややかな視線。特に、井手の継承者で、毒舌家でもあった丸尾は、聞こえよがしに山崎を嘲笑（ちょうしょう）した。何人もの人間が聞いている。

唯一応援してくれたのは、山崎を推挙した坂田だったが、彼も外へ出てしまった。「誰を信用して相談したらいいのかわからない」。たまに坂田に会うと、そんな言葉を漏らした。

「僕の失敗は、社長を受ける時にもう一つ条件を付けなかったことだな。信頼できるナンバー2を付けてくれと言えばよかった。振り返れば、沼津の機関区長をやった時もそうだった。支えてくれる助役がしっかりしていたから、若造でも思いきってできたんだ。組織というのは人事で決まるってことを、まったく遅ればせながらに痛感した」

文字通りの孤立無援。一人で組織を守らねばと焦（あせ）った山崎は大きな過（あやま）ちを犯すことになる。それについては次章で触れる。

浅野が次に山崎に強い印象を持ったのは、事故調最終報告書が公表されて約1カ月後、07年8月4日にJR西が開いた遺族向け説明会で、質疑をやり取りした時のことだ。

事故調報告をJR西はどう受け止めたのか。とりわけ数々指摘された組織的要因、いわゆる企業体質をどのように反省し、今後改善していくのか。自社の独自調査も踏まえた見解が表明されるのを遺族らは期待していた。しかし、この席での説明は、事故調報告をそのままなぞり、抜粋したような内容に過ぎず、批判が相次いだ。「事故調の指摘をただ繰り返すだけではなく、加害当事者としてもっと真剣に受け止め、踏み込んだ改善策を示すべきじゃないのか」という浅野の質問に、山崎は二つの失言をしてしまう。

「事故調は航空関係には詳しいが、鉄道事故調査の歴史は浅く、失礼だが〝ひよっこ〟だ。しかし、国の機関の調査結果なので、指摘は真摯に受け止めたい」

「原因については、背景要因も含めて、事故調報告を重視したい。当社が独自調査を行い、異なる結果が出ると、ダブルスタンダードになってしまう」

事故調が鉄道事故を調査対象に加えたのは、第4章に記した通り、信楽事故から10年後のことで、福知山線事故が初の本格的な調査だった。その意味で〝ひよっこ〟というのも的外れではないのだが、加害当事者が口にする言葉ではない。「ダブルスタンダード」という言葉も、「自分たちが調べれば異なる結論になる」と言わんばかりで、とても真摯に指摘を受け止めているようには聞こえない。遺族らは反発を強め、翌日の新聞には〈「事故調はヒヨッコ」ＪＲ西社長が発言〉との記事が複数出た。淺野も説明会の内容に厳しいコメントをしている。

だが、自らが引き出した二つの失言に対しては、実は少し違う受け止め方をしていた。

「ひよっこにしても、ダブルスタンダードにしても、これまでの垣内氏のように、事務方が用意した作文や想定問答を読むだけの人なら絶対に出てこない言葉でしょう。場にふさわしくない不用意な発言ではあるけれど、ただの官僚答弁ではないな、この人は自分の言葉で本音をしゃべる人だなと、あらためて思った。山崎氏が相手なら、こちらの思いをぶつけていけば、対話の回路が開かれるかもしれない。そんなふうに僕は見ましたね」

いくら意見や立場が対立しても、対話のチャンネルを閉ざしてはならない。粘り強く交渉の席に着き、相手を見極める。そして味方を作り、合意点を探る。それは、災害や公害の現場で行政や企業を相手にしてきた淺野の信条である。「闘うコンサルタント」であったがゆえに目を留めた、対話の小さな糸口だった。

ある夜の約束

だが、山崎が社長に就任して3年目の2008年から、淺野が求め続けていたのとは異なる文脈で事故原因の追及が本格化する。兵庫県警と神戸地検の捜査、そして刑事裁判である。これらはその性格上、組織的原因の究明ではなく、個人の責任を追及し、処罰することが目的となった。捜査の主な動きを以下にまとめておく。

07年10月　兵庫県警が垣内を参考人聴取／同11月　山崎を参考人聴取／08年1月　南谷、井手を参考人聴取。一部の遺族が山崎らを業務上過失致死傷容疑で県警に告訴／同7月　告訴を受け、山崎の被疑者聴取を開始／同9月　県警が、山崎をはじめ歴代の鉄道本部長や安全推進部長、死亡した高見運転士ら計10人を業務上過失致死傷容疑で、神戸地検へ書類送検。山崎には起訴の可能性もある「相当処分」という処分意見が付いた。井手、南谷、垣内については、具体的指示を出す立場になかったとして、送検見送り／09年1月　井手、南谷、垣内の歴代3社長を遺族が神戸地検に告訴

こうして計13人が書類送検や告訴されたが、神戸地検は09年7月8日、このうち山

崎のみを在宅起訴という判断に踏み切った。その理由は以下の記事の通りである。

〈山崎社長を在宅起訴／尼崎ＪＲ脱線事故で神戸地検／業過致死傷罪で／鉄道本部長時代「危険性予測は可能」／社長「認識なかった」

２００５年４月、乗客ら１０７人が死亡した尼崎ＪＲ脱線事故で、神戸地検は８日、業務上過失致死傷罪で、ＪＲ西日本の山崎正夫社長(66)を在宅起訴した。地検によると、鉄道事故で会社幹部が起訴されるのは初めてという。山崎社長は同日の会見で辞意を表明。これまでの聴取で「危険性の認識はなかった」と否定しており、今後の裁判で争う姿勢を示した。

地検は10カ月の捜査で、現場カーブを付け替えた当時、安全対策を統括する鉄道本部長だった山崎社長が、事故を予見できる立場にありながら自動列車停止装置（ＡＴＳ）の設置を指示する注意義務を怠ったと判断。約１１５キロの速度超過で電車を進入させた高見隆二郎運転士＝死亡当時(23)＝との過失が重なり、事故を招いた疑いが強いと結論付けた。

地検によると、現場カーブは１９９６年12月、半径６００メートルから約３００メートルに変更する工事が完了した。半径がほぼ半減するほどの変更は他になく、異例の工事だったと指摘。さらにダイヤ改正により時速１２０キロで走行する電車が従来の３倍近くに増え、脱線の確率が高まった。工事が完成する直前には、函館線の同様のカーブで速度超過による事故が起こり、社内で報告されていた点などを挙げ、危険性を予測できた、としている。

ＡＴＳ設置については法の設置義務はなかったが、業界では常識だった上、社内では半径４５０メートル未満のカーブで順次整備するなど、事故防止に有効と認識していたという。

地検は、書類送検や告訴された13人の中で、こうした事情をすべて知っていたのは、当時鉄道本部長だった山崎社長だけだった上、取締役会で安全対策にかかわる一切の業務執行権限を委任されていたにもかかわらずＡＴＳ設置の指示を怠ったと主張している〉（『神戸新聞』09年7月9日）

事故現場のカーブは96年12月まで、快速列車が激突したマンション（当時は小さな鉄工所などが建ち並んでいた）北側で上下線が東西に分かれていた。上り線はほぼ真っすぐ南下して尼崎駅へと延びていたが、ＪＲ東西線の開通に合わせ、同じホームで東海道線から乗り換えられるよう、マンションを挟んだ西側に付け替えられていた。福知山線を大阪市内と直結し、利便性向上を図るアーバンネットワークの一環だった。

山崎はこのカーブ付け替え時の鉄道本部長だったために、ＡＴＳを設置しなかった「不作為」を問われたというわけだ。

県警や地検の判断は「これほどの犠牲を出した事故で、誰も罪を問われないのはおかしい」という被害者感情に応(こた)えたものといえる。しかし一方で、個人の責任を追及することが本当に事故原因解明につながるのかという疑問も根強くあった。刑事責任を免れるために被告や関係者が急に否認に転じたり、会社が事実究明に消極的になったりする可能性があるからだ。ここは議論の分かれるところで、判断が難しい。また、「運転士が生きていれば彼の罪が問われたが、死亡したために誰かを起訴せねばならなくなった。山崎が起訴されたのは現職の社長だから。子会社社長のままなら、起訴はなかった」という見方も強かった。

淺野は、裁判を否定はしないものの、自分の求めるものはそこにないと考えていた。裁判は事実や責任の一端を明らかにするが、全体像や組織の問題をかえって見えにくくする。そして、結局は問題の根幹がうやむやになる。それは、災害や公害に関わる中で見てきた例もあるし、信楽高原鐵道事故訴訟を経ても何も変わらなかったＪＲ西を見てもわかる。要するに、裁判というものに大きな期待を持てなくなっていた。

何より、山崎はこれからの対話の相手と見定めた人物だった。社内変革に孤軍奮闘する姿を内心で応援し、実際に言葉を交わして話せる相手だと思っていた。彼が起訴を理由に辞任することで、話がまた後戻りしてしまわないかと危惧したのだった。

突然の社長指名から4年2カ月、社長就任から3年5カ月。鉄道本部長時代に続き、またも改革の道半ばで退くことになった山崎は会見で、「続投も考えたが、起訴という厳粛な事実を踏まえ、会社の円滑な運営には辞任した方がいいと判断した」と苦渋の表情を見せた。2日後には、後継に選んだ佐々木隆之と並んで会見し、その席上、子会社顧問となっていた井手との契約打ち切りを発表。井手の今後を尋ねる記者の質問に答える形で、「基本的にJR西グループと縁を切ることになる」と、「天皇」との決別を宣言した。

同時に、南谷、垣内との顧問契約も嘱託に切り替えた。丸尾は既に1年前にJR西を出て、日本旅行の社長になっていた。一時は社長就任が有力視された丸尾を外へ出すことに社内では抵抗も強かったが、山崎は押し切った。福知山線事故当時、経営の中枢で実権を握っていた者たちが、これですべて現場からいなくなった。

起訴から約2週間経った7月21日の夜、山崎が再び淺野の家を訪ねてきた。辞任を8月末に控え、遺族宅を挨拶に回っていたのだった。

山崎は憔悴しきっていた。どうしても起訴・有罪に持ち込みたい地検の苛烈な取り調べ。社長室ばかりか、自宅にまで及んだ家宅捜索。自分一人が起訴され、事故の責任を問われる屈辱。安全と現場と技術の重視を掲げた改革から退場させられる悔しさ。そして遺族への申し訳なさ。背を丸め、伏し目がちに「こんなことになり、申し訳ありません」と頭を下げた。

淺野は、就任挨拶に来た時と同じように、一人の技術屋として言葉をかけた。

「山崎さん、あなたも科学立国だ高度成長だと言われたあの時代を支えてきた技術屋だろう。その人生の最後を、社会から非難され、傷つけられたまま終わるのか。自分が間違ったことをしていないと思うなら、堂々と法廷で主張すればいい。確かな事実をそのまま言えばいいんだ。それが、われわれ技術屋というもんだろう」

そして、事故調最終報告が出てから考え続けてきた構想を話した。遺族の代表者とJR西の関係者、それに中立的な学識経験者を加えた三者による事故の共同検証委員会の設置である。「組織的・構造的問題を具体的に解明し、安全を再構築するために」と、検証委員会の設置を求める要望書を、4・25ネットワークからJR西へ、4月に提出していた。

「被害者と加害者の立場を超えて同じテーブルで安全について考えよう。責任追及はこの際、横に置く。一緒にやらないか」

山崎も、その要望書は把握していた。受けるべきかどうか社内で激しい議論になっていた。捜査や裁判への影響が理由の一つだ。だが、自分一人が起訴という結果になった以上、影響の及ぶ範囲は狭まった。内容や条件の詰めは必要だが、共同検証をやること自体に異論はない。

山崎は決断した。顔を上げ、淺野の目を見て言った。

「わかりました。やる方向で考えましょう。後任の佐々木に必ず伝えます」

1時間ほどの面会を終えて淺野の家を出る時、山崎の表情はずいぶん晴れやかになっていた。丸まった背筋も伸びていた。その背中を、淺野は祈るような気持ちで見送った。

第6章　激動

情報漏洩(ろうえい)と隠蔽(いんぺい)体質

２００８年10月１日、国土交通省は、航空・鉄道事故調査委員会と海難審判庁の調査部門を統合した「運輸安全委員会」を発足させた。陸・海・空で発生した重大事故の原因究明体制を強化するため、各分野の専門家である委員を補佐する調査官を大幅に増員。函館から那覇(なは)まで全国８カ所の出先機関に地方事故調査官を置いて初動を迅速にできるようにした。これまでの事故調は国交省の諮問(しもん)機関だったが、気象庁や海上保安庁と同格の外局にして独立性を高め、死傷者数の少ない事故も対象とするよう調査範囲も広げた。信楽高原鐵道事故遺族の粘り強い運動や、福知山線脱線事故で国の責任の追及が不十分だとする批判が背景にあった。

新組織発足から1年になろうとしていた09年9月25日、その存在意義と信頼性を根底から揺るがす重大な不祥事を前原誠司国土交通大臣が発表する。鉄道マニアでも知られる前原は、民主党への政権交代により担当大臣となって、わずか9日目。緊張気味の会見だった。

福知山線脱線事故の調査に当たった事故調委員の山口浩一が、調査対象であるＪＲ西の社長、山崎正夫に報告書の内容を公表前に漏らしていた――。

衝撃的な発表だった。同日の運輸安全委の会見も合わせると、概要はこうだ。

山崎は、報告書が作成中だった06年5月――社長就任から約3カ月後だ――から複数回（後の調査で6回と判明）、山口とホテルの喫茶室などで面会。調査状況や内容を聞き、原案文書の一部を受け取っていた。その中にあった「現場カーブにＡＴＳがあれば事故は防げた。優先的に設置するべきだった」という記述に強い不満を示し、「これでは後出しじゃんけんだ」と削除や表現の修正を求めた。カーブに優先的にＡＴＳを付けるという考え方は当時の鉄道業界にはなく、報告書案の指摘は結果論に過ぎないと主張したのだった。これを受けて山口は07年6月の委員懇談会で「後出しじゃんけん的で、科学的分析ではない。カットした方がいいのではないか」と発言した。だが、他の委員からの同意はなく、修正されなかった。運輸安全委は「発言による報告書への影響はなかった」と判断した。

山口は国鉄OBで、山崎の5年先輩。同じ運転屋の親しい間柄だった。鉄道模型を収集する山口への手土産に、山崎は、非売品の500系新幹線の模型(約2万円相当)を渡し、報告書公表後には居酒屋で飲食を共にしていた。国鉄一家、とりわけ同じ運転屋のよしみで、山崎は先輩を頼り、山口は「事故後の改革に取り組む後輩を助けたい」と応じたのだった。だが当然、事故調委員には守秘義務がある。罰則はなく、働きかけが結果に影響を与えなかったとはいえ、重大な職務違反であり、遺族・被害者への背信行為であることに変わりはない。山崎は即日、記者会見を開き、「極めて軽率、不適切な行為で、深く反省している」と頭を下げた。

だが、問題はそれだけでは済まなかった。情報漏洩の発覚をきっかけに、事故調査や捜査に対するJR西の工作が次々と報道などで明らかになったのである。主なものを挙げる。

議事録未提出 事故調に提出を求められた96年の社内会議議事録9枚のうち、2枚を提出していなかった。そこには、同年にJR函館線のカーブで発生した脱線事故について「ATSが設置されていれば防げた」との記載があった。JR西は「単なるコピー漏れ」と釈明したが、現場カーブ付け替え工事の当時からATS設置の必要性を認識していた疑いが生じた。

鉄道部会長への接触　事故調の鉄道部会長だった佐藤泰生（さとうやすお）にもJR西の幹部社員が約10回接触し、調査状況を聞き出そうとしていた。これは、事故対策審議室長だった土屋隆一郎（後に副社長）の指示で、山崎とは別ルート。佐藤も国鉄OBで、この幹部社員の元上司。ほぼ毎回、飲酒を伴う会食だった。だが、運輸安全委は「情報漏洩はなかった」と結論付けた。

意見聴取会の公述人依頼　事故調の意見聴取会で公述人になるよう、山崎らが国鉄OBの研究者ら4人に依頼していた。うち1人は既に事故調の人選で内定していたが、もう1人は自ら申し込み、実際に公述を行った。人選から外れた2人（1人は結局申し込まず）に対しては、「応募資料作成などで手間をかけた」として、各10万円の謝礼を渡していた。

供述内容の口裏合わせ　兵庫県警や神戸地検の事情聴取を受けた社員にメモを出させ、聴取を控えた社員に見せて供述内容を指導していた。口裏合わせの想定問答だっ声が上がっていた。捜査員からは「調べには素直に応じるが、供述内容がよく似ている」と不審がる声が上がっていた。

この他にも、報告書の前段階の「事実調査に関する報告書の案」を事前入手▽元社長の垣内が旧知の仲だった別の委員に接触▽山崎以外の幹部社員も山口にメールで修正依頼▽安全部門の社員が警察の聴取に備えた「ポリちゃん想定Q&A」を作成……など、組織的な工作を裏付ける事実は枚挙に暇がなかった。資料隠しや口裏合わせは信楽事故の時にもあり、滋賀県警が「徹底して証拠隠滅を繰り返し、企業としての姿勢に疑問を持った」と批判したほどだった。表向きには「捜査と事故調査に全面的に協力する」と言いながら、14年前と何ら変わらぬ隠蔽体質が露呈してしまったのである。

最初の情報漏洩発覚から3週間後、JR西は「おわびの会」を開いた。山崎は遺族らに謝罪したうえで、当時の心境をこう説明した。

「事故当時の混乱の中で社長に就任し、孤独な手探り状態から始めざるを得なかった。報告書の内容によっては、今後の社の方向性が変わるかもしれないという危機感があり、国鉄一家の絆に頼って、思慮に欠けた愚かな行動をしてしまった」

そして、それからまもなく、社長退任後も続けていた取締役を引責辞任した。副社長の土屋とともに、事実上の解任だった。

一連の不祥事は、さまざまな面で信頼を揺るがせた。

まずは、2年3カ月前に公表された福知山線事故の最終報告書の事実性・公正性への疑いである。運輸安全委や元委員たちは「影響はなかった」と言うが、本当にそうか。JR西に手心を加えたり、必要な事実を書き漏らしたりしていないか、疑念を生じさせた。

事故調査制度そのものの中立性も疑問視された。調査対象と交流があり、利害関係も疑われる国鉄OBが多く委員に選ばれ、調査中に接触しても罰せられない。それで客観的な調査ができるのか。前原国交相は「職務違反への罰則を検討する」と表明したが、逆に厳罰化の弊害も指摘された。委員が独自調査をしなくなり資料のみに頼る、企業が事故調査に非協力的になる、守秘義務を理由に遺族・被害者に情報が公開されなくなる……などである。

さらに、JR西への不信。「組織風土を反省し、安全最優先の企業に改革する」と繰り返してきたことが、すべて嘘(うそ)だったと思われても仕方がない事実の数々である。

事実解明よりも責任逃れと組織防衛を優先していたことは明らかだった。実際、「なんとしても起訴回避が目標」と書かれた文書が地検の捜査で見つかっている。

そして何よりも、山崎自身への信頼が崩れた。

事故後、JR西改革の顔として孤軍奮闘する山崎には、淺野だけでなく、多くの遺族・被害者が期待を寄せていた。時に失言もするが、従来の事務系キャリア官僚出身者とは、経歴も、語る言葉も、キャラクターも異なる。安全と技術と現場を重視し、人事や組織編成から現場の取り組みに至るまで、実際に新たな動きもあった。起訴により退任を余儀なくされたものの、山崎が掲げた方針の下でJR西は真剣に事故を反省し、徐々に変わりつつあるのではないか。そう見ていただけに裏切られたと感じる遺族は多かった。おわびの会では、涙ながらの抗議や「これまでは応援してきたが、もう二度と会いたくない」という声も上がった。

軽率な行動によって失われたものは、あまりにも大きかった。

最大の失敗

私の取材の中で、山崎は、情報漏洩の件については自ら話し始めた。社長就任直後の孤独な心境や社内の冷ややかな空気に質問が及んだ時、こんなふうに切り出した。

「それが一番よく表れたのが、情報漏洩問題でね。信頼できるナンバー2を置かなかったのが失敗と前に言ったけど、それを痛感したのが、就任まもないあの頃だった。6階の役員フロアのレイアウトを変えようとして抵抗されたり――広すぎた代表取締役の部屋を半分にして、社外取締役の部屋を作ったという――、非協力的な人間が僕の方針をあざ笑う言動が聞こえてきたりしてね。7年ぶりの本社だし、国鉄では運転屋という狭い世界にいたから、事務屋の中に気心知れた人間もいない。自分の性格的にも、子分を作るようなタイプじゃない。

　そういう状況だったから、自分一人でなんとかしなきゃいけないと、とにかく必死だった。社長を引き受けた以上、会社を守るのが第一だと気負い、組織防衛に走ってしまった。会社の安全対策に活かすにも、ご遺族の質問に答えるためにも、早く事故調の情報がほしい。それで国鉄時代の先輩を頼ってしまった。『社長自らがあんなことをするのか』と言われたけど、僕にすれば、自分一人の判断で、個人的な人脈を頼ってすることだから、他人にやらせるわけにはいかなかった。よくないとわかっているけど、それほど重大な違反とも考えなかった。たぶん大丈夫だろう、と。認識が甘かったと恥じるしかない」

口調は淡々として、それほど変化はないが、時折ゆがむ口元に後悔がにじむ。そうまでして知りたかった情報とは何だったのか、それは手に入ったのかと私は聞いた。

「まずは事故調査のスケジュールだ。最終報告の時期もそうだけど、特に意見聴取会だな。いつ頃、どんな形で開かれるのか。公述人はこちらから推薦できるのか。調査の過程で委員の聴取を受け、会社の意見を述べる機会はあるけど、加害者の意見がどれほど聞き入れられるかわからない。第三者も立ち会う公の場で説明できる意見聴取会は、かなり重要だと考えていた。しかし、事故調も組織が変わって初めてのことだから、仕組みや流れが何もわからない。まず開催時期を把握して、早めに準備をしたかった。

スケジュールについてはまあ、マスコミが持ってる情報と同じレベルぐらいは把握できた。公述人の候補は、丸尾君（副社長・当時）がリストアップし、僕も一緒に決めた。

そういう中で、事故調の議論が『ATSを優先的に付けるべきだった』という方向になっていることがわかり、後出しじゃんけんじゃないかと思った。優先的にと言ったって、当時はカーブへのATS設置は法律にも通達にもなく、業界の常識でもなかった。あの程度の曲線なら他に何百、何千カ所とある。事故調からは最終報告書の案が公表前に正式交付され、修正箇所がないかどうか聞かれるんだけど、その際にも文書で同じ内容を提出した。その後の07年6月かな、念のため、個人的にも口頭で伝えたという認識だった」

山崎は兵庫県警で8回、神戸地検で32回にわたって事情聴取を受けたが、情報漏洩の件は地検の31回目に初めて出てきたという。

「30回でだいたい一段落して、これで調べは終わりかなと思っていた。しばらく間が空いて、31回目に呼ばれた時に『こんな話があるが、どうなんだ』と聞かれた。その間に新たな情報をつかんだということなんでしょう」

この問題の発覚には、関係者のさまざまな思惑が絡んでいると当初からささやかれていた。なぜ国交省は、山崎の在宅起訴から2カ月余り経ったこの時期に突然公表したのか。地検の捜査で発覚したと言われるが、その端緒はなんだったのか。事故調最終報告書では、日勤教育がクローズアップされたのに、ATSに焦点が移ったのはなぜか――。

まず、検察の思惑がある。事故の規模や社会的影響の大きさから起訴には持ち込んだものの、公判で山崎個人の過失を立証するのは難しいと見られていた。複雑なシステムが介在する鉄道事故においては、経営幹部個人の刑事責任が認められることは極めて少ない。メンツにかけても有罪に持ち込みたい検察は、山崎に対する社会的な批判が高まれば、裁判所も世論を無視できなくなると考えた。そこで、時機を見計らって公になるよう仕向けた、というわけだ。

民主党への政権交代直後だったことも憶測を呼んだ。国交省がこの件を知ったのは、発表の1カ月以上前の8月中旬。自公体制からの刷新を図る民主党が、各省庁の内部にとどめられていた不祥事を積極的に公開し、「政治主導の改革」を印象付ける狙いがあったのではないか、と。同じ時期、前原は民主党のマニフェストにあった八ッ場ダムの建設中止を表明している。

もう一つは、JR西内部の〝暗闘〟である。山崎体制に反発する社員や、改革方針に合わず経営陣から排除された元幹部の中には、検察や警察に太いパイプを持つ者もいた。情報漏洩をはじめ、社内の動きが次々と漏れたのは、山崎への意趣返し、あるいは、井手派の巻き返しを狙った内部告発だと見る向きもあった。他方には、「政府や監督官庁の情報を人間関係を使って取りに行くのは、官僚の国会対策でも民間企業の戦略でも常識。それで情報が漏れたとすれば、責任は漏らした側にある」という論理で山崎を擁護する声もあった。

だが、背景にどのような思惑があったにせよ、山崎の行為は決して許されるもので当然だった。

はない。〈「背信」怒る遺族　事故調に募る不信〉（朝日新聞）、〈ＪＲ西の工作は言語道断だ〉〈国鉄一家に頼った愚行のつけ〉（読売新聞）と、連日厳しい批判を受けるのは当然だった。

国交省に検証と再発防止策を命じられたＪＲ西は、外部有識者の「コンプライアンス特別委員会」を設置。企業倫理に詳しい高巖（たかいわお）・麗澤（れいたく）大教授を委員長とする第三者機関の調査に委（ゆだ）ねた。11月18日に国交省へ提出されたその報告書は、事故後に繰り返し指摘されてきたＪＲ西の組織風土・企業体質を、あらためて抉（えぐ）り出すものだった。こんな内容だ。

事故調委員への接触は、意見聴取会対策として始まった。当初は山崎が個人的に動いたが、06年9月には社内にプロジェクトが立ち上がり、組織的な動きになった。「自分たちこそ鉄道のプロ」との自負から、事故調査の意義や委員の守秘義務を軽視し、被害者や社会の目よりも組織防衛を優先する企業風土があった。疑問を感じた社員もいたが、誰一人として異を唱えなかった。問題を指摘せず、問題とも感じない鈍感さが会社中に蔓延（まんえん）していた――。

そのような組織になった最大の要因は、ＪＲ西に培（つちか）われてきた経営体質にあったと報告書は断じ、真っ向から批判した。

ここで言う経営体質とは、井手独裁体制を指していた。

〈……成功体験が井手氏の経営を独善的なものに変えていった。「井手商会」と言われるぐらいに、人事権も全部持って動かすようになった。影響力は会長や相談役になっても衰えず、「院政」が敷かれてしまった。脱線事故まで約20年間、影響力を行使し続けた。「物言えば唇寒し」の雰囲気ができあがり、皆が顔色をうかがうようになっていった。

この20年間が閉鎖的な組織風土、特に上に物申さぬ文化を形成した。経営上最大の失敗と言わざるを得ず、脱線事故までJR西は強力なトップダウン方式の経営を改めなかった。

ヒアリングの対象者はなかなか口を開いてくれなかった——この事実にこそ、組織体質上の深刻な問題がある。新経営陣はこの問題を直視する勇気と決意を持ってもらいたい。その先に抜本的な組織風土改革がある〉

情報漏洩の発端となった山崎も当然厳しく批判されたが、「山崎前社長が実行しようとした改革は踏襲されなければならない」と、掲げた路線は評価された。

4カ月余り前の会見で、井手に対し、「縁を切る」という強い言葉で決別を宣言した山崎。だが、その時点ではまだ意思表明に過ぎなかった。社内に動揺や反発もあった。それが皮肉にも、自ら犯した最大の失敗の責を問われるのと引き換えに、一気に現実となっていったのである。

組織の罪か、個人の罪か

情報漏洩発覚から始まった一連の不祥事を淺野はどう見ていたか。

たとえば先に見出しを挙げた朝日新聞の記事では、中立を逸脱した事故調に憤り、今後の事故調査への懸念を語っているが、山崎に対する言葉はない。私が当時の淺野との会話を思い起こしてみても、山崎個人への怒りはあまりなかったように思う。「失望した」と怒っていたのは、むしろ私の方だった。そんな記事を雑誌に書いた記憶もある。

今あらためて、山崎に対してどう思っていたか聞くと、こんな答えが返ってきた。

「彼の軽率な行為が、事故調や報告書の信頼性を傷つけたことへの批判はそりゃ免れない。そんな大ごとになると思わずにやったんでしょうが、考えがあまりにも稚拙やと思いました。

ただ社長就任まもない頃の話でもあるし、落下傘ゆえの心境も理解できなくはない。焦りから独り相撲を取ってしまったということでしょう。僕としては、あれで彼への信頼が全部崩れたということはなかった。共同検証を申し入れ、その行方を彼に託していたから、大事な時期に何をやってるんだという歯がゆさはあったけれども」

山崎への腹立たしさもあるにはあるが、彼にそんな行動を取らせたのがＪＲ西という組織の論理であり、それこそが問題の本質なのだと淺野は考えていた。個人の責任を追及するよりも、組織そのものを変えることに関心が向かっていた。

同じ時期、私が弁護士の佐藤健宗や関西大教授の安部誠治に取材すると、二人とも似た言葉で問題の根を語った。こんな趣旨だ。

「かつて国鉄官僚は、運輸省を下に見ていた。ＪＲ西の幹部にはその意識が強く残っており、国交省や事故調は何もわかっていないと考えていたのだろう。自分たちは正しい主張をし、組織を守るために動いている。それは当然のことなんだと。事故調査のルールに反しても、本質的に悪いことをしたと思っていないから、反省することがなかった」

不正が連鎖し、組織的な動きとなった背景に、国鉄一家の身内意識と強烈なエリート意識を指摘する声は多かった。そこへ長年にわたる井手独裁体制が拍車をかけたのだと。「自分たちの理論や判断に間違いはない」とする傲慢な無謬主義。「自分たちが誤るはずはないのだから事故にも責任はない」という責任回避体質。二つは、一つながりの両極か、背中合わせの一体で、組織の中に存在していたのだろう。

情報漏洩問題をきっかけにして09年12月、二つの検証作業が動き出した。先述のJR西が設置した第三者委員会とはまったく異なる動きである。

一つは、運輸安全委員会が設置した「福知山線列車脱線事故調査報告書に関わる検証メンバー・チーム」。JR西の一連の不祥事、それが事故調報告書に及ぼした影響の有無、さらには、現行の事故調査制度そのものを俎上に載せ、問題点と改善策をまとめるのが目的だった。

委嘱されたメンバーは12人。大規模事故を長年取材してきたノンフィクション作家の柳田邦男、「失敗学・危険学」を提唱してきた工学院大学教授の畑村洋太郎ら有識者5人、遺族3人、負傷者とその家族4人という構成だった。浅野、木下、佐藤弁護士、関大の安部教授ら4・25ネットワークに関わるメンバーも入っていた。国の機関が委嘱するこうした場に、調査対象となる遺族・被害者が加わるのは、日本では前例のないことだった。

大きな目的の一つである日本の事故調査が抱える問題点については、「払しょくされぬ人脈主義」と題された、以下の柳田の談話記事がよく説明している。

〈……事故の調査は（中略）利害関係を意識せずに堂々と全容を解明するのがあるべき姿。調査機関自らがそれを壊し、議論を10年も20年も後退させてしまった。職場や大学のつながりを優先させる「なあなあ」の人脈主義がいまだに払しょくされていない。（中略）

今の事故は高度な技術や複雑なシステムの中で起きる。一生懸命やっていても間違える。だが、捜査は「誰がやったか」「誰が悪いのか」と処罰しようとする。これでは問題の所在をかえってあいまいにしてしまう。

被害者の処罰感情は理解できる。しかし、事故の調査を捜査から切り離し、警察と同等の権限を認めないと真相は究明できない。あらゆる要素を洗い出し、導き出した結論が納得のいくものであれば、被害者の処罰感情はきっと薄らぐだろう〉（『神戸新聞』09年11月3日）

つまり問題は、事故調査と捜査の混在にあるというわけだ。欧米など事故調査の先進国では、事件性の高いケースを除き、捜査より調査が優先される。だが、日本では1972年に警察庁と運輸省が交わした覚書により、事故調の報告書を警察の鑑定資料に使えるようになっている。調査結果が捜査の証拠になるために、当事者はなりふりかまわず責任回避に走る。さらには、事故調査報告書の内容も捜査を意識した記述になってしまう。福知山線事故の調査が数多くの組織的要因を掘り起こしながら、結論となる「原因」の部分ではわずか12行、運転士のブレーキ遅れと、背景の一つである日勤教育を指摘するだけになったのは、捜査の証拠にならないよう、あえて踏み込んだ記述をしなかったためではないか、という指摘もあった。

組織的・構造的問題まで踏み込む「原因究明」よりも、個人の責任を追及して罰する「犯人捜し」が優先されてきた歴史が日本にはあると、柳田は私の取材に語っている。

「たとえば江戸の町では50回近くも大火がありましたが、その対策といえば、出火責任者を捕まえて河原で火あぶりにする、つまり厳罰に処して見せしめにするようなことがほとんどで、防火都市建設という発想には向かわなかった。対照的なのが1666年に大火があったロンドンです。火災後は木造家屋が禁止され、石造やレンガ造の建築で統一された。耐火構造の都市設計を目指して道路幅の規定もできた。以来、ロンドンで大火は起きていません。

処罰主義というものが日本人の思想に合うのでしょう、事故においても刑事訴訟法に基づく刑罰主義に傾いてしまう。行政処分にしても、やはり罰を与える発想に近い。それが世論にも、マスコミにも、行政内部でも納得を得やすいからです」

実際には、江戸では、放火は火あぶりの刑に処されたが、失火は死罪にはならなかった。延焼を防ぐために広小路（ひろこうじ）を設けたり、瓦葺（かわらぶき）や土蔵造りなどの不燃化が進んだという説もあるようだが、大衆の根強い処罰感情を表すたとえ話としては興味深い。企業で不祥事があると、経営陣は不正やミスをした個人を責め、現場はトップが悪いからだと言う。マスコミは何かにつけ、「巨悪」を名指しして吊（つ）るし上げ、改革を唱える政治家は「既得権益」を指弾して負の感情を煽（あお）る。それと同じように、複雑な問題を単純化し、責任を一カ所に押し付ける思考が、事故調査にも伏流しているということであろう。

09年12月7日に始動したこの検証チームは、柳田と関大の安部が中心となって、旧事故調・運輸安全委の委員ら10人、情報漏洩に関わったJR西の元幹部ら11人にヒアリングを重ね、事故現場での運転経験がある運転士515人へのアンケートも実施した。それらを踏まえて、11年4月にまとめた報告書で、国土交通大臣に10項目の提言を行っている。

事故調査の透明性の確保▽被害者への情報提供・被害者対応の充実▽直接原因だけ

でなく、組織問題に踏み込む必要性▽捜査との明確な目的区分と現行の鑑定嘱託の見直し▽委員人事の偏りの是正と慎重な選任▽委員の守秘義務違反に罰則を設けることへの反対——などである。

資料編を含めて200ページを超す報告書から、二つだけポイントを挙げておく。

一つは、「組織事故」のとらえ方だ。検証チームは、事故調報告書が多岐にわたって問題を洗い出した点は評価しつつ、それらが互いにどう連関・影響し合ったかを考察せず、結局は運転士個人のエラーと日勤教育のみに原因を絞ったことを問題視した。事故調査の先進国では、単一原因の事故はないというのが常識だと述べ、その構造を図式化した「スイスチーズ・モデル」——多数の穴が空いたチーズを薄切りにして重ねた時、穴の位置が異なっていると、貫通する可能性が低くなる。このように視点の異なる防護策を何重にも組み合わせることで、リスクが低減できるという理論——を紹介している。福知山線事故は明らかに組織事故であり、ダイヤ編成と管理、ブレーキや速度計などの車両設備、ATS設置計画の遅れ、安全管理体制の不備や連携不足なども含めて、全体の構造を明らかにするべきだったと指摘した。

もう一つは、被害者の視点の重要性だ。これまで被害者は、損害賠償請求などの場面でしか目を向けられない「弱い」存在だったが、過酷な体験をしたからこそ、安全への切実な願いと、加害企業や行政に潜む問題を見つける鋭い視点を持っている。事故原因を工学的・組織論的に分析するだけでなく、今後は被害者の立場から見直すことも必要だろうと述べている。

対話の相手

情報漏洩問題をきっかけに動き出したもう一つの検証作業――これこそ淺野が実現を目指し、全力を傾注したＪＲ西との共同検証である。内容は第７章に詳述するが、被害者と加害企業が同じテーブルに着き、事故原因について話し合うという、これまでに例のない画期的な試みがどんな経緯で実現したか、ここで触れておきたい。

共同検証は、事故調最終報告書が出て以降、淺野が構想を温めていたものだ。あの報告書をＪＲ西はどう受け止めたのか。自社の組織的・構造的な問題を具体的に解明し、実効性ある改善策を立てることができるのか。安全の再構築へ、どう道筋を付けていくのか。ＪＲ西の幹部・担当者と遺族の代表が直接向き合い、中立的な第三者も交えて、対等に議論しよう。それが目指すところだった。

何度か打診したうえで、事故から４年を目前にした09年４月、「『尼崎脱線事故検証委員会』の設置を要望する」と題する要請文を4・25ネットワークが正式に提出した。

JR西社内では、受け取ることすら慎重論があったという文書には、こうある。

〈南谷元会長や垣内元社長は、それぞれの部署（司）の職員が法令や基準を守り、定められた業務を遂行することを当然のこととし、それが守られていれば安全で、こんな事故は起こらなかったとの認識です。元幹部は「事故の危険性について全く認識していなかった」「危険性について指摘する意見すら挙がってこなかった」との姿勢に終始しています〉

事故調報告書を受けた後も、元幹部らは、各部署——官僚用語で「司」と言う——の規律や、社員個人の心構えの問題だと認識している。そこに根源的な誤りがあると淺野は考えていた。現場や社員だけの問題ではない。また、すべて独裁者の井手が悪かったと切り捨てて終わる話でもない。組織全体の欠陥なのだ、と。組織に関わる全員が、まずそのことを認識し、どこに問題があったかを具体的に把握し、科学的・技術的な視点を持って改善に取り組まない限り、安全は取り戻せない。そう訴え、最後に遺族の思いを添えた。

〈被害者である私たち遺族も今回の事故の真相解明を通して、JR西日本の組織的・構造的な問題の抽出と事故の教訓を共有することが、犠牲となった家族を無駄にしな

いための私たちの責務であり、二度と今回のような惨事を惹き起こさないための入口であるとの思いを一層強くしています〉

事故直後に淺野が口にした「遺族の責務」という言葉がここに出てくる。それを自らに課し、手探りを続けてきた4年間だった。そして、その歳月の中でたどり着いた最も重要なことは、共同検証の場においては「責任追及をいったん横に置く」ということだ。加害企業への怒りや恨みが消えたわけではない。家族を失った痛みや悲しみが癒えたわけでもない。だが、ここでは感情を封印する。罪を責めはしない。そう淺野は決意していた。

〈加害者と被害者という立場の違いを前提にしながらも、相互が、謙虚な姿勢で、できる限り客観的に今回の事故に向き合う〉

という文言に、その思いを込めた。

この要請の受け入れを決断したのが山崎だったことは前章に記した。辞任が決まり、淺野宅を訪ねた夜、「やる方向で考えましょう」と応じた。1カ月後の09年8月22日、社長として最後に臨んだ遺族向け説明会でさっそく共同検証委員会の設置を表明している。ただ、これはフライングに近いものだった。社内ではまだ慎重な意見が多く、議論が続いていた。山崎はあえてそれを断ち切り、遺族への置き土産を残したかったのかもしれない。

最終的な組織決定は、社長を継いだ佐々木隆之の下で行われたわけだが、受け入れの方向へ強く後押しした人物がいた。事故直後に辞任した元専務の坂田正行である。

坂田は、「天下り」批判を受けた西日本ジェイアールバスの社長を1年で辞し、山崎の要請で07年7月から遺族対応をする嘱託社員として、JR西に戻っていた。その立場で08年9月に初めて淺野の家を訪ね、一対一で話をしている。お互い深く記憶に残る初対面だった。

坂田が振り返る。

「最初はほとんど淺野さんがお一人で話をされた。事故の原因や背景、ご遺族としての思い、4・25ネットワークで何を求めてきたか。それに対するわが社の対応、歴代の社長や応対した幹部への印象。だけど、こちらには返す言葉がない。淺野さんのお気持ちに応えられるような答えを持って行ったわけじゃなく、とにかく一度、直接お詫びをして、お話をうかがおうとお訪ねしただけなので。

1時間ほど黙って頷きながら耳を傾けていると、ひとしきり話し終えた淺野さんが、『あなたもせっかく来たんだから、何か話して行ったらどうだ』とおっしゃった。何でもいい、今考えていることを聞きたいと。困りましてね。少し考えてこう言ったんです。

今日お話をうかがって淺野さんの印象が変わりました。社内にいて、4・25ネットワークからの申し入れ文書や担当者の対応記録を読み、報道を断片的に見ていると、とにかく厳しい人、わが社の責任を徹底的に追及してくる怖い人という印象ができていた。でも、実際は違った。言葉は穏やかで、おっしゃることもよく理解できる。わが社の問題点も的確に見ておられる。直接お話を聞けてよかった。そんな感想を述べたんです」

淺野は淺野で、坂田の答えに好印象を持った。

「彼は、組織の論理や体面を離れて、自分の言葉で話をしていた。もちろん組織人の立場はあるけれども、その前に一人の人間として、僕に向き合おうとしてくれた。山崎氏と同じように。そこが他の幹部と違うところでね。この人とは話ができると思った。

事故から数年間、4・25ネットワークや説明会の場でJR西といろいろ交渉してきたけど、最初はものすごく高い、一枚岩の壁に見えていた。組織を守ることだけを考えている相手に、まったく取りつく島がなかった。でも、壁を押したり突いたりするうちに、決して一枚岩ではないことがわかってきた。人によって答えが違ったり、見解が共有されていないこともあった。それで僕は、話せる相手がどこにいるか、見極めようと思ったんです。遺族対企業ではなく、お互い名前のある個人として向き合える相手をね」

対ＪＲ西の交渉において、明確な戦略が最初からあったわけではない、と浅野は言う。ただ対話の相手を探していただけだと。そこには、災害や公害の現場での経験が生きている。

「たとえば被災地の復興をめぐって行政と対立しても、粘り強く交渉を重ねていけば、必ず話せる相手が見つかる。あるテーマではケンカするけど、それを離れたら『あんたも宮仕えで大変やなあ』と共感を持って話せる関係ができる。組織といっても、一人一人の人間の集まりなんですよ。これは被災者に対する時も同じでね。個々の被災状況や生活事情、復旧・復興に望むものは異なるのに、『被災者』と一括りにすると、個人が見えなくなる。できるだけ多くの声を聞き、要望を汲み取る努力をしないと、みんなが納得する案なんて描けませんよ」

組織は個人の集まりである。考えてみれば当たり前のことだが、組織が大きくなるにつれ、その当たり前が忘れられる。個人の考えよりも組織の論理が常に優先されるようになる。ＪＲ西という巨大組織、しかも経営の中枢にいて、坂田や山崎は組織の論理に染まりきらなかった。「個」の視点と言葉を失わず、自分の信念と責任で動いた。だからこそ淺野の言葉に感応した。そういうことなのかもしれない。

「共同検証については、いつ頃だったか、淺野さんから言われた言葉に心が動きましてね。『あんたたちの会社を責めようというんじゃない。むしろ、あんたたちの会社をよくするためにやるんだ』とね。確かにその通りかもしれない、これはやってみるべきだなと」

坂田の述懐である。だが、社内の慎重論は根強かった。

最大の理由は、山崎の裁判と、井手・南谷・垣内の歴代3社長裁判が控えていたことである。検証作業の中で不利な材料が出てきたら審理に影響する。裁判の向こうを張って、被告側の企業が自己検証なんかするのは心証が悪い。そんな懸念の声が上がった。公平性の問題もあった。4・25ネットワークだけに応じるのは不公平だ。他の遺族から同じような要求があったら対応するのか。さらに、何を言われるかわからないという恐れも大きかった。被害者ではあっても、鉄道や経営の素人(しろうと)と何を議論するというのか。相手が感情的になって無茶な要求をしてきたら対処できるのか――。拒否する理由はいくらでもあった。

坂田はこう言って説得した。

「相手が川の対岸に立って、こっちへ来いと呼んでいる。川を挟んで向き合っても、声は届かず、いつまでも距離は縮まらない。とりあえず川に入って、対岸を目指せばいいじゃないか。途中で川底が深すぎたり、流れが速すぎたりすれば引き返せばいいんだ」

そんな議論を重ね、徐々に社内の空気が変わりつつあったところへ、決定打となったのが、情報漏洩問題の発覚だった。連鎖的に明らかになった不祥事の数々。「組織風土改革は嘘だったのか」と集中する批判。背信行為に憤る遺族・被害者。JR西は、自ら組織の問題を検証し、今度こそ変わろうとする改革への意志を示さねばならなくなった。思いきった、実行を伴う形で。

「情報漏洩発覚後の遺族説明会（おわびの会）で、泣き崩れるご遺族もおられました。その姿を目の当たりにして、この思いに私たちは応えなければならないと思った」

JR西の代表として共同検証に関わった当時の副社長、西川直輝は私に語った。

こうして、淺野が望み続けたJR西との対話――「福知山線列車脱線事故の課題検討会」と名付けられた――が動き出した。第1回会合は、09年12月25日と決まった。

司法の限界――山崎元社長裁判

遺族とJR西の共同検証「課題検討会」（以後、こう記す）が動き出して1年、事故発生から数えて5年7カ月を経た10年12月21日、福知山線脱線事故が初めて法廷に持ち込まれた。業務上過失致死傷罪に問われた前社長、山崎正夫――直接的には事故7～9年前の鉄道本部長時代の過失が問われたのだが――の神戸地裁での初公判である。

山崎は事故を予見できたのか。予見していたにもかかわらず、ATS-P設置などの対策を怠ったのか。鉄道事故で会社幹部の刑事責任が問われる異例の展開は大きな注目を集めたが、これまで何度か書いた通り、淺野が裁判に期待するものはほとんどなかった。

「司法の場で関係者が証言し、社会に事故を思い起こさせるという点では意義があると思う。だけど、真相究明や再発防止には役に立たないでしょう。場合によっては、邪魔になる可能性すらある」

まったく無関心というわけでもないが、傍聴には一度も行かなかった。この事故において、個人を罰することに違和感が拭（ぬぐ）えなかったからだ。

とはいえ、28回に及んだ公判で、山崎は興味深い発言をいくつもしている。主な論点ごとに主張をまとめて記しておく。

【カーブ付け替え工事とＡＴＳについての認識】

97年に開業した東西線はＪＲ西で初の地下鉄だったので、火災や水害対応、駅の構造などに注意を払った。これに接続させるため福知山線の上り線カーブを付け替える工事を行ったが、曲線の危険への問題意識は当時なく、ＡＴＳ設置の必要も考えなかった。カーブ付け替えを含めた尼崎駅改良工事は91年から97年まで細く長く続いたが、現場に立ち会ったことはない。工事を知ったのは、94年末から95年頃。図面を見て、尼崎駅直前の立体交差付近はかなりの急カーブだと思ったが、その手前の現場カーブは一瞥（いちべつ）した程度で、特に意識していない。当時、最も重視したのは東西線本体の工事で、尼崎駅の改良は担当者に委ねていた。省令や内規を踏まえて計画決定され、安全チェックもされている。自分は全体を統括する立場で、専門的な知識には限界がある。

カーブでの速度超過による脱線転覆は想定していなかった。鉄道業界全体がそうだった。理論上はあり得ても、運転士を信頼していた。特に旅客列車の運転士は厳しい訓練を受けている。貨物列車は構造上、走行安定性が低く、場合によっては可能性もあるかと考えていたが、制限速度は脱線する限界まで十分余裕がある。貨物列車がカーブで脱線した函館線事故は運転士の居眠りが主因で、都市路線でもない。別種の事故と認識していた。

新型装置のＡＴＳ-Ｐについては、安全対策室長時代に大まかに理解したが、設置費用など詳細は知らなかった。遺族説明会で尋ねられてから調べた。旧型のＡＴＳ-ＳＷは、国鉄時代に整備されたＡＴＳの改良型で、制限速度を超えると非常ブレーキがかかる。主に分岐器に設置された。ＡＴＳ-Ｐは地上子（地上に設置する設備）を連続して配置し、列車の速度を検知して緩やかに減速させる。車上子（列車側の設備）と一体になって機能する。列車本数が多い学研都市線、東海道線を中心に整備を進めていた。事故が少ない信号には地上子を付けない「拠点方式」を採用した。工事費縮減のためだった。

ＡＴＳ-Ｐは、事故対策というより、快適な乗り心地を保つためだった。乗客がよろけたり、荷物が転がったりしないようにだ。最初に学研都市線への整備を社内で通すのは一苦労だった。当時は５００系新幹線車両や京都駅ビルなどの大型プロジェクトがあり、経営トップに厳しい方がいて、なかなか認めてもらえなかった。

全体的にこれまで語ってきた内容と変わらない。つまり、予見できなかったとの主張である。最後の「厳しい経営トップ」とは、言うまでもなく、井手のことだ。

【井手との関係と組織風土】

井手さんは安全計画について、私の考えを否定し、自分の主張を言う場面がままあった。特に信号機対策では、私が蚊帳(かや)の外で進められたこともある。安全投資について、鉄道本部より総合企画本部の意向に沿った判断をしていた。運転系統の人間にはことのほか厳しく、叱責(しっせき)されることが多かった。事故が起こると説明する前から激怒し、「乗務員は即刻クビだ」と言った。どちらかというと、私は乗務員に寛容だったが、井手さんは正反対だった。

ただJR西の生みの親であり、功績は大きい。畏怖(いふ)の念があるので、取り調べで問題をあげつらうのもはばかられた。「法廷では真実を語る」と言ってきたので、この場では支障があっても語るべきと思った。

事故後、本社に復帰してみると、国鉄時代の親方日の丸体質が戻り、行きすぎた上意下達、指示待ち体質、内向き志向が目立った。自由闊達(かったつ)に物が言える体質に直そうと考えた。社長の地位に恋々とはしないが、せっかく3年間やってきた施策が花開く寸前まで来ていたので、辞任は残念だった。その後に発覚した情報漏洩の件は、言い訳なしで申し訳ない。被害者の心を逆なでし、大失敗をした。

山崎は井手に対して含むところはもちろんあるものの、私の取材に対しても「功罪で言えば、功績の方が大きい」と語っている。だが一方で、事故後、遺族の前に決して出なかったことは最大の罪だという。

【検察の調べについて】

検事は威圧的で横柄だった。思い描いた答えと違うと怒鳴られ、机を叩かれた。速度の認識をめぐって検事と大論争になった。カーブの制限速度と脱線速度には相当な幅がある、と図を描いて主張した。「そんなバカなことがあるか」と怒鳴られ、「お前は社長を辞めろ」「JR西日本は潰れろ」など耐えられないようなことも言われた。「最悪の場合、脱線転覆も……」という調書に一度署名したのは、「現実に事故が起きたことをどう考えるんだ」「被害者に申し訳ないと思わないのか」と言われたから。自分の主張が圧殺されていると思ったが、社長という立場で事を構えるのは得策ではないと考えた。後で調書の訂正や削除を何度かお願いしたが、一蹴(いっしゅう)された。今思えばもっと本質的に修正要求すべきだったと反省している。

最大の屈辱は「3万人の大所帯を切り盛りする社長の資格はない」と言われたことだ。鉄道マンの誇りや人間の尊厳を傷つけられることもずいぶん言われ、供述を取られたが、事故を起こした企業の社長として、署名拒否の乱発はできなかった。

求刑は禁固3年。だが、山崎によれば、検事から「運転士が生きていれば、お前は起訴されなかった」「企業を裁く『組織罰』があれば展開は違った」とも言われたという。事実であれば、検察自身が無理筋と認識しながら、山崎の責任を問うていたことになる。

約1年に及んだ裁判は12年1月11日に判決が言い渡された。無罪。「予見可能性の程度は相当低く、注意義務違反は認められない」と、山崎の主張がほぼすべて認められる内容だった。一方で裁判長は、JR西の安全対策について「リスク解析やATS整備のあり方に問題があり、大規模鉄道事業者として期待される水準になかった」と批判した。

神戸地検は控訴を断念、同26日に判決が確定した。

独裁者の弁明——歴代3社長裁判

「歴史的な議決だ」

浅野の、いつになく高揚したコメントが各紙に載っている。2010年3月26日、神戸第一検察審査会が、井手・南谷・垣内の歴代3社長について「起訴議決」を行ったことを受けての感想である。尼崎市内の浅野の事務所に報道陣が詰めかけ、急遽(きゅうきょ)、記者会見となったのだった。身振りを交えて語る浅野の写真。左手に亡(な)き妻との結婚指輪が光っている。

「3人の供述などが、公の場で審議されることに大きな意義がある」

コメントはそう続く。「真相究明には役立たない」と、裁判には距離を置いてきた浅野だが、ただ一点、井手が法廷に出ることになったのは大きいと感じていた。井手に事故を語らせたいと裁判に望みを託し、粘り強く訴えた遺族たちがいた。

歴代3社長を神戸地検に告訴したのは09年1月。地検が不起訴を決めると、これを不服として神戸第一検察審査会に審査を申し立てた。同審査会が09年10月に「起訴相当」を議決したものの、地検が再び不起訴としたため、再審査を経て、第2段階の

「起訴議決」を引き出したのである。これにより、業務上過失致死傷罪の公訴時効（5年）を迎える10年4月30日までに3人は強制起訴されることとなった。

なぜ、遺族らはこれほど、井手を法廷に立たせることにこだわったか。

事故発生時に至るまでJR西の事実上の最高実力者だったにもかかわらず、井手が事故後、公の場に決して出ようとしなかったからである。前章で述べた通り、井手は事故直後に新聞の取材をいくつか受けたほか、月刊誌『論座』05年12月号に手記を発表したが、それ以外は、事故への見解や自身の経営責任について、公式に語っていなかった。株主総会でも口を開かず、遺族・被害者向けの説明会にも出席せず、報道各社の記者会見要請にも応じなかった。

4・25ネットワークをはじめ遺族たちは面会や会合への出席を何度も求めたが、JR西は「ご遺族対応は現役の役員がさせていただく」と断ってきた。山崎や坂田ほか複数の元幹部によれば、実際は「一度でいいから遺族説明会に出てほしい、そして頭を下げてほしいと何度か頼みに上がったが、了承してもらえなかった。話が折り合わなかった」のだという。

その一方で、記者たちの非公式な取材（自宅への、いわゆる夜討ち）には節目節目で応じ、饒舌（じょうぜつ）に語っていたようだ。運転士の単独ミスであるという見解、自分を切った山崎ら経営陣への批判、かつての部下たちの人物評、さらには、国鉄以来の組合問題、ＪＲ東海への対抗心。検察審査会の議決が出た時には「僕一人が悪者になったんだから、もうそれでいい。悪者で通しますよ」と言い、だが、「公判になれば徹底的に戦う」と話したという。

また、08年1月には、大阪府知事選に出馬した橋下徹を応援する「勝手連」の中心メンバーとして、元経済企画庁長官の堺屋太一と並んで記者会見し、「大変革には若いエネルギーがいる。財界はきちんとスタンスを持つべきだ」と支持を呼びかけている。

井手は事故の2年前まで、関西経済連合会の副会長を務めるなど財界活動に熱心だった。一時は次期会長に有力視され、自身が幹事でもあった関西経済同友会との統合論を唱えていた。分割した国鉄とは逆の、統合による改革案だが——後に橋下が唱える大阪府・大阪市の統合再編構想を彷彿とさせる——大胆な再編で組織のリストラと活性化を図るのは、国鉄改革を「宮廷革命」と位置付け、これに倣って国も構造改革せよ、小さな政府と自己責任社会を目指せと盛んに訴えた井手らしい「上からの改革」志向なのだろう。

事故に絡んでは、いくら求められても一切表に出なかった井手が、財界人として政治の場に唐突に姿を見せたことはJR西の幹部たちを慌てさせ、当時社長だった山崎が「当社とは関係のないこと」とコメントせざるを得なかった。

井手がこだわり、JR幹部と折り合わなかったのは、組織風土・企業体質の問題だった。「組織風土が悪かったと認めることだけは絶対にできない」と記者たちに語り、『論座』の手記にも書いている。『私が今、残念に思うことは「親方日の丸」企業を脱し切れなかったことです。』という長いタイトルで、以下のような主張を展開していた。

〈今回の事故の原因はそもそも「国鉄を無理やり民営化して、もうけ主義のあまり安全を軽視した点にある」といったような論調がありましたが、これは筋違いだと申し上げたいと思います。

国鉄改革というのは、一企業の経営うんぬんという話ではなく、国の財政をどう直すかという国家レベルの大きな話です。国や国民にあれだけ大きな迷惑をかけて断行した国鉄改革を経て、二度と赤字体質にしてはいけない。さらに、労使の紛争のみに終始し、安全性や採算性をおろそかにして利用者や国民に迷惑をかけてはいけない。むしろ、それこそが出発点でした。

もちろん、鉄道事業の根幹は安全な列車の運行であり、安全が担保されなければ、顧客の信頼も得ることはできません。したがって、当社が安全性を無視して効率化に走るなどということは許されないし、ありえないことです〉

そう主張したうえで、ＡＴＳの設置遅れ、過密ダイヤ、日勤教育といった論点に逐一反論。組織風土については、「親方日の丸体質を完全に払拭(ふっしょく)できなかった。国鉄の百数十年のカルチャーはそう簡単に変わらなかった」「私のワンマン手法で、社内に依存心が生まれた。社員の気の緩みは、大企業にとって永遠の課題」と、改革を完遂できなかったことを悔いてみせた。

歴代3社長の裁判は、事故から7年以上経った12年7月6日に始まった。17回の公判を重ねたが、井手の語る言葉は、事故の年の手記と、ほとんど変わるところはなかった。

初公判では、「経営に携わった者として、衷心よりお詫び申し上げる」と初めて謝罪したが、予見可能性を問われた起訴内容については「あのような事故が起こるとは想定できなかった」と明確に否定し、全面無罪を主張した。その後の被告人質問などでも、「現場はたくさんあるカーブの一つとしか聞いていなかった。技術的な安全性は現場担当者が検討していた」「（現場カーブの危険性に）気付く方がおかしいんじゃないだろうかと思っております」といった言葉が記録されている。

社長時代の仕事のスタンスは、「私が強烈な方針を立てる。そいつをやらせてるのを見てるだけでありまして」と、大所高所に立っていたことを強調。最も重視したことを問われると、「国鉄を分割民営化したＪＲ西を発展させるのが私の責務。鉄道の安全は大前提で、設備投資も配慮してきた」「改革の実は一定段階まで達することができたと感じていた」と述べた。国鉄改革を成し遂げた自負を語り、ＪＲ西を「私の会社」と何度も呼んだという。

山崎も証人に立ち、「安全には厳しいが、事故が起これば厳しく責任追及するという手法で、考え方が違うと思った」「震災のあった95年頃から活発な議論がなくなった。私自身、叱責を受けることが多く、意見を言いにくかった」と証言した。被告の南谷や垣内も「物を言いにくいという声は一部にあった」と、井手独裁の弊害を認めた。

これに対し、井手は「そんな雰囲気は絶対ない。私が物を言えなくしたのではなく、周囲が言わなくなっただけだ」と反発。「経営理念や企業体質を変えなければならないという気持ちは今もなく、企業体質が事故の遠因になったとは思わない」と強く主張した。

裁判そのものの争点は、山崎裁判でほぼ出尽くしており、「遺族の感情はわかるが、法的には無理がある」と多くの専門家が指摘していた。井手もそのことを重々わかっていたのだろう、自身の主張を臆(おく)することなく述べた。傍聴した遺族たちにとっては、「傲慢な独裁者」像を見せつけられ、憤りと落胆が増すばかりの結果となった。

歴代3社長は一審、二審とも無罪。検察官役の指定弁護士は最高裁に上告したが、17年6月、棄却された。「現場と同じ半径300m以下のカーブはJR西管内に2000カ所以上あり、特に危険性が高いと認識できたとは言えない」と、裁判官4人全員が一致。「『事故もあり得る』という程度の認識で刑罰をもって対策を強制することは、過大な義務を課すもので相当でない」と補足意見が付いた。

「傍聴した遺族の気持ちはわかる。自分にも憤りはある。だけど、個人を罰して物事を動かそうという考え方に、僕はどうしてもなじめない。賛成できない」

裁判に距離を置く理由を何度か尋ねる中で、浅野はそう言った。井手に対しては、早いうちから山崎や坂田にこんな見方を語っていたという。

「井手さんという人は、組織を強力に束ねて動かす経営者としては優れていたんでしょう。ある種のマネジメント能力は高かったんだと思う。しかし、公共輸送を担(にな)う鉄道事業者としては失格と言わざるを得ない。特に、安全に対する認識は古すぎる」

この言葉が最も的確な井手評だと、私には思えた。

「天皇」の胸中──井手正敬会見録1

「今は、これぐらいしか肩書きがないんでね」

そう言って手渡された名刺には、「一般社団法人　関西師友協会　会長」とあった。明治生まれの陽明学者・東洋思想家、安岡正篤に学び、顕彰する会である。血盟団事件や二・二六事件に思想的影響を与え、戦後も長く保守政治家たちの「指南役」あるいは「黒幕」とも呼ばれた安岡の信奉者は、経済界にも多いという。彼が長年、この会の長を務めていることは聞いていた。「日本精神による国家改造」を説いた、その思想に強く共鳴しているのだろう。数年前に関西を引き払った彼にとって唯一、今も大阪とのつながりを残す公職だった。

2017年9月。まだ暑さの残る東京都内で、私は井手正敬と会った。JR西の歴代3社長裁判が終結して2カ月余りが経っていた。

82歳。白っぽい薄手のジャケット姿は、小柄だが、がっしりとして、なるほど本人が過去にさまざまな記事で「ラグビーで鍛えた」と語っていたのがわかる。自然と胸を張るような立ち姿は堂々として、年齢による衰えをまったく感じさせない。真っ白な頭髪以外は。

「遺族の淺野氏から見た福知山線脱線事故とＪＲ西日本を書くので、取材をお願いしたい」という旨の手紙を私は書き、井手と交流が深い『昭和解体』の著者、牧久に仲介を依頼した。趣旨が趣旨だけに、受けてくれることはないだろうと半ば以上あきらめていたが、牧の口添えもあったのだろう、日を置かず承諾の返事があった。「並の官僚とは違う」という世評の通りだと思った。取材には仲介者の牧のほか、先方の希望もあり、私の新聞社時代からの先輩で、ＪＲの労組と革マル派問題に詳しい西岡研介も同席した。

私が聞きたいことは大きく三つあった。一つは、事故直後の社長人事だ。なぜ山崎を社長に選んだのか。通常ならあり得なかった技術屋社長が誕生したことで、ＪＲ西は結果的に井手との決別に舵を切っていった。そのことをどう見ているのか。次に、事故後一貫して指摘されてきた組織風土の問題。独裁、利益優先、安全軽視、物言えぬ空気など、民営化後の経営手法が批判されたが、井手はこれを認めず、逆に、国鉄の悪しき体質の残滓だと悔いていた。そこを詳しく聞きたい。もう一つは、遺族に対する思いや安全への考え方だ。事故後12年以上経ち、裁判も終わった。今だから語れることや心境の変化はないか。遺族の前に一度も出なかったのはなぜか。淺野たちと

JR西との共同検証や安全への取り組みをどう見ているか。

これまでの取材や折々の報道から井手の主張や論理は想像がつくところもあったが、それでもあらためて、面と向かって、彼自身の言葉を聞いておきたかった。

「何でも聞いてください」。扇子で小刻みに顔をあおぎながら、井手は鷹揚(おうよう)に言った。

私は、前章に記した社長人事の経緯から尋ねた。JR西労組の森委員長が直訴した社長復帰の話をどう聞いたか。それを断り、山崎を指名した理由は何だったのか――。

「復帰したらどうだという話は、森君だけじゃなく、（JR東日本の）松田君からもありましたよ。だけど既に相談役に退いた人間が今さらと思ったし、もともと70歳になれば相談役も辞めるつもりだった（注・事故当時、井手はちょうど70歳）。そういう約束になっていた。だから、気持ちはありがたいけど、それはそれで聞き流した。あの時に会長だったら（陣頭指揮を）やってましたよ。でも、既に会長を6年やり、相談役になって3年目。代表権もなく、経営会議にも出ていなかった。事故の一報だって、部屋にいたら、秘書がテレビを見てくれと言うので知ったんです。指令からも、社長からも、何も連絡はなかった。

そういうことだから、僕はいつでも辞める気だった。ただ、代表権もない僕が一人辞めても、会社として責任を取ったことにはならない。南谷と垣内も辞めるのが、あれだけの事故を起こした会社として当然だし、２人も最初はそう思っていたんです」

　そこから後継者の名前がいくつか出た末に、山崎が浮上した。坂田が候補に挙げ、井手も自分からその名前を出したのは先述の通りだ。その意図はどこにあったのか。

「僕はもともと、技術屋に（社長への）道を開くべきだと考えていたんですよ。というのも、国鉄時代の反省があってね。事務屋が国鉄総裁になり、偉そうにまつり上げられていたけど、実際に田中角栄と組んで線路を引いて、組織を動かしていたのは土木屋だったじゃないかと。国鉄・ＪＲというのは技術屋の集団なんだから、これからは技術屋が社長になるのもいいと、早いうちから思っていた。ＪＲ九州や四国には前例があったしね。

　そこへ事故が起きた。運転士が原因で起こった事故なんだから、運転屋が先頭に立って事故処理をし、安全をチェックしてもらうのがいいんじゃないかと思ったわけです。そうすると、あの時点では山崎しかいない、となった」

　技術屋に道を開こうと本当に思っていたなら、それをにらんだ幹部人事をしているはずだが、井手が社長になって以降の歴代役員を一覧しても、とてもそうは思えない。聞きようによっては――というより、実際そう見る向きが少なくないのだが――「運転士の事故は運転屋が尻を拭け」と〝敗戦処理〟のような意味合いで、山崎に責任を押し付けたとも取れる。鉄道本部の技術屋で急場をしのぎ、ある程度落ち着けば、また総合企画本部の事務屋の体制に戻せばいいと考えたのではないか。だいいち、山崎は井手に嫌われて子会社へ出されたということに社内ではなっていたし、本人もそう受け止めていた。

私の指摘を井手は強く否定した。

「それはひがんだ見方でね。不本意な異動をした人間は左遷や更迭と思うかもしれないが、僕は個人的な好き嫌いで人事をやったことなんかないですよ。国鉄改革でたくさん人を切り、各社にキャリアを分散させたのもあって、とにかく人材が足りなかった。おまけに、僕の次を任せたいと思っていた白川君や、南谷の下にいた高橋君は病気で亡くなった。そうやって手足を縛られた中で、なんとか組織を回していかなきゃならなかったんです。

山崎は、性格的にどうかと思うところもあるけど、震災の時なんかはよくやったと評価してますよ。僕によく怒鳴られたと言うけど、そんな人間は他にもいる。先のある人間だから怒るんであってね。だから、新年に僕の家に挨拶に来るメンバーの中に入っていたし、事故の少し前にあった僕の古希を祝う会にも来てたんじゃないかな。20人ぐらいの中に」

山崎は震災当時、鉄道本部の副本部長。自宅は京都で、被害が軽微だったため、役員の中で最初に本社にたどり着き、井手らが到着するまで災害指揮を取った。その後も、「不通区間の短縮にすべてを賭けた」と、早期復旧に貢献した。その働きを評価したという。

驚いたのは、年賀の挨拶や個人的な祝いの席に出席できるメンバーを井手自身が選別していたらしいことだ。いや、いまだに多くの企業で、そういうことはあるのかもしれないが、それを特に悪びれるでもなく、当たり前に口にする感覚が、まさに「天皇」ぶりを物語っている。福知山線事故の日には、井手の横綱審議委員会の委員就任祝いが開かれることになっていた。当然中止になったが、そこへも、井手の眼鏡にかなう幹部のみが出席を許されていたのだろうか。会長時代に政府の経済戦略会議委員に就任した時や、その他さまざまな名誉職に就いた時にも、同様の会が開かれたのだろうか……。

社長人事についても、もう一つ聞いておきたいことがあった。南谷と垣内はなぜ翻意して会長と社長に残ったのか、である。辞任や後継人事をめぐって、井手と南谷の間に対立が生じたことは前章に記した。だが、実はそれも表向きのことで、本当は井手が2人を残留させたのだろうという見方が一部にあった。なぜか。南谷と垣内がかつて、国鉄分割・民営化の〝連判状〟に署名した改革派だったからだ。2人を残すことで、「事故の根本原因は民営化」「国鉄改革の失敗だ」とする世論や一部労組の攻撃に抗し、国鉄改革の正当性を主張しようとした、という見立てである。

だが、その推論も井手は明確に否定した。そして、南谷の変心をこう語った。

「5月の半ば過ぎだったと思いますが、南谷が急に残ると言い出した。『後始末をして適当な時期に辞める』と。だから僕は聞いたんです。適当な時期って何だ？と。けれども彼は譲らず、『井手さん、悪いけど先に辞めてくれ』と言い、結局そうなった。さっきも言ったように、僕が辞めるのはいい。しかし、代表権を持った会長と社長が揃（そろ）って居座るなんて、世間の常識からすればおかしな話です。普通なら批判される。そうじゃないですか？

ところがあの時、マスコミも世間も、そういう反応にはならなかった。井手が辞めるということで、いちおう片が付いた。代表権もないのにですよ。それは、僕の辞任が、彼ら2人分の重さに匹敵すると、みなさんが受け止めたからじゃないですか？」

確かに当時、事故の原因をすべて「井手独裁」に帰すような論調がマスコミ全般にあった。それゆえ、井手が辞めれば決着がつくかのような空気ができ上がったところはある。違和感を持った記者もいたが、そういうトーンの記事ばかり求められ、時にはデスクに書き換えられたという話を、私は複数の記者から聞いている。原因を単純化し、誰か一人に責任を押し付けて、切り捨てたところで組織は変わらない。淺野が裁判に感じるのと同じ問題が、ここにもある。「トップが代われば組織は変わる」とよく言われる。一面の真理ではあるのだろう。しかし井手の辞任後も、JR西の幹部たちは変わらず、冷淡で傲慢な官僚的対応に終始し、組織防衛に走って、遺族・被害者を傷つけ憤らせた。井手の辞任と〝引き換え〟に残った南谷と垣内が、その筆頭だったのは、これまで述べた通りだ。

南谷の変心にはどんな理由があったのか。何かきっかけがあったのだろうか。そう問うと、井手は「これはまったくの推論に過ぎないが……」と断ったうえで、かつての国鉄改革三人組の同志の名を口にした。

「葛西でしょう。国鉄時代の部下だった南谷を残し、井手もいなくなれば影響力を持てる。東海の人間を送り込むこともできる。それで残るよう言ったんじゃないですか」

4時間余りに及んだ取材中、葛西の名前が何度か出た。後輩でありながら、今や政府や財界に強い影響力を持つようになった元同志への苦々しい思いと対抗心がにじんでいた。

統治者目線——井手正敬会見録 2

南谷・垣内と井手との溝は、社長人事に加えて、組織風土への認識でも生じた。井手の最初の引っ掛かりは事故後の連休明け、2005年5月13日の衆院国土交通委員会で垣内が「企業風土改革に取り組む」と述べたことだったという。

「国会で垣内が何を言うかなんて聞かされていなかった。おかしなことを言うなと思いましたよ。だってあれは、自分たち現役のトップに責任はないんだ、それまでの先輩が築いてきた風土に問題があったんだと逃げを打ったわけでしょう。民営化の当初、村井さん（初代会長）が現場を回り、国鉄の常識は世間の非常識だと説いて歩いた。僕や角田さん（初代社長）も親方日の丸体質をなんとか変えようとした。そういう努力を全否定する発言ですよ。

企業風土というのは、社員全員が持っているビヘイビア（振る舞い）や考え方、いわば精神基盤のようなものでしょう。それはたとえば、震災の時に表れたじゃないですか。自分たちも被災者でありながら、あれだけのことができた。民間企業になろう、上場企業を目指そうと、みんなが努力してきた結果ですよ。いい会社を作ってきたと僕は思っている」

一方で、震災以降、物が言えなくなったという幹部たちの指摘も認める。

「復旧の期間と費用を僕が最初にズバッと当ててしまったから、あいつには逆らえないんだという雰囲気ができてしまった。『井手は大魔神だ』なんて声が聞こえてきましたよ。嫌なことを言ってくるやつがいなくなった。みんなが僕を忖度(そんたく)し、指示を待つ。自分で物事を決めきれない、判断しない。井手商会なんて言われてね。それではだめだ、裸の王様になってしまうと思って、僕は早く次に譲りたかったんですよ。いつまでも頼られても困りますからね」

確かに井手は、震災1年を経た頃から、しきりにそう言っていた。

「諸君は指示され、与えられた仕事は見事に実現した。ただ惜しむらくはその能力を自分から発動しようとしない。自ら飛ぼうとしない」(96年7月、社内報)、「鉄道は安全第一なので規程重視、命令絶対の風土があり、どうしても指示待ちの姿勢になる。最近は、私の存在そのものが社員の規制になっていると感じる」(96年8月、日経産業新聞)。

ＪＲ西の組織風土をめぐる井手の主張をまとめれば、こうなる。

民営化当初や震災時は「野戦」だから、自分がすべて決めた。怒鳴りつけてでもやらせた。それで一定の成果を上げた。しかし、社員に依存心が生まれて、何も決められなくなった。責任を負わず、過剰に自分を忖度し、おもねる人間ばかりになった。創業期はそれでよくても、守勢に入る10年目以降は変わらねばならない。だから、株式上場を機に自分は会長へ退いた。現場への関わりも弱めた。だが、会社は変われず、むしろ国鉄時代に戻ってしまった。信楽高原鐵道事故の判決受け入れなど、南谷が判断したことも二つ三つあるが、自分は納得していない。そして、福知山線事故が起こると、企業体質、つまり自分を筆頭とする旧経営陣のせいにされた。会社全体が責任逃れに走った。そういう戦略で組織を守り、南谷と垣内は地位を守ったのだ——。

井手の立場から見れば、これはこれで筋が通っているのだろう。だが、別の視点で見れば、主張にはいくつも矛盾が見える。官僚主義の原因といわれる予算・法令・前例などの縛りが、民営化後は「井手の意向」という、より強力な縛りに一元化され、取って代わっただけではないのか。自分が社員の手足を縛り、ミスを責め立てながら、「顔色をうかがうな」「自由に発想しろ」と言っていたのではないか。「次に譲りたい」「いつまでも頼るな」と言いつつ、部下が独自に決めたことには「判断が間違っていた」と不満を漏らしているではないか……。

そして、話は国鉄改革に行き着く。取材の後半は、多くがその話だった。

「国鉄改革がいかに偉大なことだったか。そこを理解してもらわないと、この話はわからない。生木を裂くような改革をやったんですよ。革命だったんですよ。20年や30年で収まるようなものじゃない。組合の問題だって、（革マル派とのつながりが指摘される旧動労系が主流の）東日本や北海道を見てもわかるように、解決していない。いつ、また悪しき国鉄時代が戻ってくるかわからない。西日本1社の話じゃない、JR全体の問題なんです。これを改めようと思えば、どうしたって独裁者になる。ならざるを得ないんですよ」

井手は、大久保利通（おおくぼとしみち）の名前を挙げた。明治維新の立役者である元勲に、自分はしばしばなぞらえられるのだ、と。確かに井手の周辺取材をしていると、たびたび出てくる名前だ。同席した牧が言葉を継ぐ。大久保は、偉大な革命を成し遂げたがゆえに暗殺された。井手も同じだ。だから、「刺された」のだ——。国鉄改革を知り尽くすベテランジャーナリストの評を、井手は大きく頷きながら聞いていた。

遺族の前に出なかった理由も、ここにあると井手は言う。

「事故から3年ほど、僕はしゃべらせてもらえなかった。会社のことを知りすぎているし、組織風土が悪かったという見解を認めなかったからです。株主総会でも口を開くなと言われ、慰霊式典にも呼んでもらえなかった。口を封じられたんですよ。

それが3年過ぎると、今度は遺族の前に出てくれと言ってきた。２００９年8月に説明会があったでしょう。山崎の（情報漏洩）問題での糾弾集会（09年10月のおわびの会）もあった。あの時期に山崎たちがやって来た時、僕は言いました。出るのはいい。だけど、組織風土に問題はなかったと言うよ。会社がこれまでしてきた説明とは違うが、自分の主張を堂々と言わせてもらうよ。それでもいいね？　と。それはまずいということで、彼らは帰って行った。

南谷が一人で来たこともある。やはり折り合わなかった。すると後日手紙が来て、『こういう会社を作った責任者の一人として申し訳なく思う』と一言でいいから言ってくれというんだ。何を言ってるんだと思いましたよ。それでは国鉄改革を否定することになる。口が裂けても、そんなこと言えない。言えないから遺族の前には出ないんだと言ってるのに」

こうしたやり取りが、「（井手とは）基本的に縁を切る」という山崎の発言の背景にはあった。当然、井手は納得していない。こう語気を強めた。

「縁が切れたじゃなくて、縁を切るですからね。僕を癌だと名指しし、永遠に追放すると言ったわけです。そういうことが言えた義理なのか」

話すほどに感情が高まっていくのがわかった。事故原因に関しては、「完全に運転士のチョンボ。それ以外あり得ない」と言い切り、彼の性格や能力の問題をあげつらった。では、遺族に対して今どう思うのかを問うと、居住まいを正し、「こういう事故を起こした会社の一員として、道義的責任は痛感している。大変申し訳ないことをしたという気持ちが、裁判が終わって以降、より強くなった」と述べた。

私は、淺野の考え方を伝えた。井手をはじめ、誰か個人を罰したいとは思っていないこと。安全は、個人の責任に帰すのではなく、組織的・構造的な問題ととらえ、取り組んでいかねばならないと考えていること。そのためにJR西に長年働きかけてきたこと。

だが、井手はこれに真っ向から異を唱えた。

「事故において会社の責任、組織の責任なんていうものはない。そんなのはまやかしです。組織的に事故を防ぐと言ったって無理です。個人の責任を追及するしかないんですよ。

鉄道に『絶対安全』なんてあり得ない。一つ事故があったから、ここを直そう。また事故があって、あそこを直そう……その積み重ね、経験工学なんですよ。むしろ、絶対事故を起こさないという慢心こそが事故を起こすんです。事故の芽は無数にある。どれが大事故につながるか、予測できる人なんていません。だから、本社・支社の幹部は日々現場を歩き、小さな芽を見つけたら一つ一つ潰していかなきゃならない。その努力が不足していた。放っておけば、現場はすぐに緩む。楽をしようと元に（国鉄時代に）戻るんです。管理をするべき幹部が現場を歩いていなかったから、事故を防げなかったんです」

浅野の考えを井手が正確に理解しているとは思えなかったが、正直に言って、これはこれで筋が通っていると思った。井手の言うような形での「現場主義」に共感する人は、恐らく今も少なくない。鉄道の歴史は事故の歴史であり、だから安全が向上してきたのだという言説も、よく言われることで、一般論としてはその通りなのだろう。

しかし――。

ここには、安全技術の進展の陰で犠牲になった者への視点がない。家族を失った者の嘆きに、少しでも立ち止まって耳を傾ける姿勢がない。無数に起こる事故に、たまたま出くわしてしまった不幸な、名もなき個人の群れ。井手の目には、そう映っているのではないか。組織や全体の発展のためには、あるいは、大きな歴史や大義の前にあっては、「個」の存在など踏み潰され、排除されても仕方がない。そんな信憑（しんぴょう）を強く抱いているのではないか。

徹頭徹尾、統治者の目線なのだ。「何十万人もの組織を動かしたい」と国鉄に入った時から、彼はそれを持ち続けてきたのだろう。やがて組織の規律と秩序の乱れを正すべく、少数精鋭のエリートを集めて決起し、「宮廷革命」を起こした。「私の会社」と呼ぶJR西でも、先頭に立って改革の旗を振り、国鉄の旧弊と闘い続けた。そして、今なお彼は、国鉄改革の中にいる。「総司令官」の誇りを胸に、国鉄の幻影と闘っている——。

取材の終わりに、私はあらためて井手に向き直り、告げた。

「お話は大変に興味深く、わからなかったこともずいぶん明らかになりました。そのことには感謝します。しかし、手紙でも申し上げた通り、私は、淺野さんというご遺族の思いを背負ってここに来ています。その立場から見れば、井手さんの事故の認識とは大きな隔たりがあり、どうしても埋めがたい溝を感じたのも事実です。そこはきちんと書かせていただきたい」

井手は言った。

「自分の発言には責任を持つ。あなたがどう受け取っても、いくら悪く書かれても、それは構いません。しかし、きちんと事実だけを書いてほしい。憶測を交えたり、無用な修飾語を付けたりするのは勘弁してほしい」

並の官僚とは違う——。周辺取材で幾度となく聞いた言葉を、私はまた想起した。ここに、「ＪＲ西の天皇」と呼ばれた井手正敬の言葉を、できる限り正確に記したつもりである。

第Ⅲ部　安全をめぐる闘い

つまり、ものわかりがわるく、外在的な批判を「科学」にくわえることなのだ。…………問題は、その歴史社会における科学総体の原理なのだ。外在的批判というのは、近代科学の個々の知識なりは場合によっては受入れるという態度を留保しながら、原理において対立する、というスタイルの批判なのだ。

――村尾行一『死に至る文明――公害論入門』

第7章 対話

一つのテーブル――課題検討会 1

少しだけ扉が開いた会議室。淺野の険しい横顔をカメラがとらえる。

「違うやろうが。こっちは命懸けてやっとんねや」

怒気を帯びた一言とともに、テーブルを叩く。緊張した空気がいっそう張りつめる。手前に居並ぶJR西日本の幹部たちはうつむいて押し黙り、身動きもしない。淺野がなお厳しい口調で何かを訴えているところで、扉は閉ざされた――。

2015年4月20日に放映されたNHKの『クローズアップ現代』。「いのちをめぐる対話～遺族とJR西日本の10年」と題された回の冒頭シーンである。撮影場所は、JR西本社の隣にあった大阪弥生会館（15年9月閉館）。ここが、福知山線脱線事故の遺族と同社の幹部が向き合い、共同で事故を検証する「課題検討会」の会場になった。09年12月25日に始まり、1年4カ月で計16回。「当初はすれ違いもあったが、全体的には冷静で理論的な対話だった」と総括するJR西の出席者に対し、遺族側には「最後まで認識の溝は埋まらなかった」という見方が強い。

異例の共同検証の模様を、証言と報告書から振り返ってみたい。

課題検討会の出席者は、淺野、木下廣史ら4・25ネットワークの遺族たちが7人。JR西は、副社長兼鉄道本部長の西川直輝、被害者対応本部長の中村仁をはじめ、安全推進部長、運輸部長、人事部長ら8人。オブザーバーとして、ノンフィクション作家の柳田邦男が加わり、月に1回、2時間半ほどの会合を重ねた。

西川と中村は、元社長の山崎が受け入れ方針を示した共同検証を実務レベルで調整し、実際の対応を一任されたキーマンである。

技術系キャリアの西川は、土木が専門。線路の敷設や改良、駅の設置、駅ビル建設といった大型工事を一手に担う建設工事部などで「工事屋」として職歴を積み、事故当時は岡山支社長だった。「踏切事故の一報を受け、テレビで現場を見て身震いがした。あそこまでひどい状況は踏切事故ではないなと直感的に思った」という。約半年後の05年11月に鉄道本部副本部長兼安全推進部長として本社に戻り、安全計画の徹底や事故調報告書で指摘された問題点の改善に取り組んできた。丸尾元副社長の公述が批判を浴びた意見聴取会（第3章）では、本人と綿密に打ち合わせ、原稿作成に携わった。「その意味では自分にも大きな責任がある」と話す。

一方、事務系キャリアの中村は事故当時、総務部長。発生と同時に被害者対応の担当となり、本社、支社、グループ会社から社員をかき集めて対応部署を組織。以後7年2カ月にわたり、被害者対応の窓口を務めた。4・25ネットワークの抗議や申し入れ、遺族説明会、さらには慰霊式典や賠償交渉をめぐり、おそらく淺野と最も頻繁に接し、また、対立もした幹部であろう。淺野が共同検証の正式な要請文書を出す数カ月前に打診した相手も中村だった。淺野が示した「事故の真相究明と責任の所在、組織的・構造的問題を解明する」という当初案から「責任」の文言を外すよう交渉し、会社が受け入れられるギリギリの形を整えた。

事故以降の数年間、JR西の対応が遺族の反発や批判を招いたことを2人はどう見ているか、いくつか例を挙げて尋ねると、当時の社内事情や背景を釈明しながらも、

「それがご遺族にどう映るか、思いが至らなかった」「被害者の目線に立つ大切さを知った」と異口同音に振り返った。そして、4・25ネットワークに限らず、被害者から「JR西の説明を直接聞きたい」と要望があれば、グループでも、個人でも、何度でも応えていこうと決めたのだという。

検証は4つのテーマで行われた。日勤教育、ダイヤ、ATS、安全管理体制。事故直後から淺野が着目し、事故調報告書でも柱になった4項目だが、もう一度、洗い直すことになった。遺族の疑問点や指摘に対し、JR西が社内資料やデータを示して答える。納得がいかなければ再質問、さらに再々質問を重ね、合意すれば改善の方向性を探る。そんな形で一つのテーマにつき2、3回の会合が費やされた。遺族の7人それぞれにこだわるポイントがあった。

たとえば、木下の関心の的はダイヤ編成、とりわけ駅間の所要時間の設定についてだった。自分も通勤に福知山線を使っていた。長男が亡くなった事故列車よりも早い時間帯だが、事故の1年前から異常を感じていたという。

「僕は2000年から関東へ単身赴任していたんですが、04年4月に戻って、また福知山線を使うようになると、明らかに以前よりスピードが上がっていた。急ブレーキで身体が浮き上がったり、ゴムか金属が焼けるようなブレーキ臭がすることもあった。

駅に着いたと思えば、すぐドアを閉めて出発するし、『定時運行にご協力を』と呼びかけるアナウンスも頻繁に流れる。遅れにかなり敏感になっているのを感じていました。

事故調報告書を読んだ時、そのことをあらためて思い出したんです。そもそも時間設定に無理があったんだろう。それなのに定時運行のプレッシャーが強くかかるから、運転士は焦り、制限速度いっぱいで走る。遅れると日勤教育です。あれもダイヤを守らせるためにやっていたわけでしょう。すべての問題の根源に、無理なダイヤ編成があると思い至った」

事故調報告が出た07年から2年間、木下は毎日、運転席の真後ろに乗り、携帯電話の時計で各駅への到着と出発時間を計った。事故前は停車時間が15秒設定の駅もあったが、事故後はどの駅も20秒以上に延ばしたとＪＲ西は言う。だが、ドアの開閉時間も含めると、しばしば5～10秒遅れた。遅れが集積すれば、スピードを上げて取り戻す「回復運転」しかなく、それができるのは現場カーブ手前の直線しかない。そういう実態を幹部たちは知っているのか。これではまたミスを誘発するじゃないか。そう問うた。

ＪＲ西の説明はこうだ。ダイヤは「主要駅間において定時運行できる」ことが基本であり、宝塚―尼崎間の8駅（快速の停車駅は中山寺、川西池田、伊丹の3駅）を一グループとして、「所要時分」を設定していた。所要時分は、列車が駅間を運行する「基準運転時分」と、客の乗り降りに要する「停車時分」、それに「余裕時分」からなるが、余裕時分は区間のどこで費消してもよく、駅ごとの遅れまでは見ていない。あくまで尼崎駅への到着時刻のみで判断する。事故列車の宝塚―尼崎間の所要時分は16分25秒と設定し、基準運転時分15分35秒の中に28秒の余裕を含ませていた。事故前約3カ月間のデータでは、中央値で2秒しか遅れていない。ほぼ設定通りの運行が行われており、ダイヤ編成に問題はなかった――。

木下は反発した。「そんなことを聞いているんじゃない。それでは事故前のダイヤの考え方を説明し、適正だったと主張しているに過ぎない」。そして、質問を重ねた。「速達化」を至上命題にして、実態を十分調査せずにダイヤを作成していたのではないか。日常的に回復運転が行われるのは、「主要駅間で定時運行できる」という前提とかけ離れており、余裕時分を含むという説明もまやかしではないか。事故後の改正ダイヤの検証を行っているというが、事故前の検証との違いは何か？　その結果がダイヤに反映されない理由は？

しかし、いずれも納得できる答えは返ってこなかった。「こんな説明、いくら聞いても仕方がない」。木下はいら立ち、ついに席を蹴った。先のＮＨＫ番組に途中退席した直後の姿がある。「制限速度ギリギリのダイヤで走っていると、運転士のミスが誘発される。それを課題と思わない考え方が僕は怖い」と語っている。

今、苦笑交じりにこう振り返る。

「あ、このまま聞いてたら自分はぶち切れるな、そうなったら他の遺族のみなさんに迷惑がかかると思って席を立ったんですよ。苦労して持てた、せっかくの場を台無しにしてしまう。そういうところだけは冷静でした。まあ、次の回からは、また普通に出席したんですけどね。みんなはもう来ないと思ったらしいですけど、やっぱり真実を知りたいから」

浅野が声を荒らげた冒頭のシーンも、このダイヤをめぐる議論の中でのことだった。

ＪＲ西が運転士30人に行った聞き取り調査のデータを提示した。列車の遅れにストレスを感じるかという問いに対し、「ほとんど感じない」「少し感じる」が計27人、「かなり感じる」「非常に強く感じる」が計３人だった。ＪＲ西は「ストレスを感じているのは１割にとどまる。だから問題ない」と説明した。

「違う。データの読み方が逆やろう」

浅野はそう指摘したのだった。

「こっちにすれば、1割もいたのかと。全体の中で少数だから問題ないと彼らは言うけれど、10分の1でも、100分の1でも、巻き込まれた側は、わずかな確率で起こった事故で人生を断ち切られ、家族を奪われるんです。なんでそのことがわからないのか」

木下の批判はもっと痛烈だ。

「僕は通信関連のメーカー勤務ですが、製造工程に1割も不安があれば製品なんてできませんよ。しかし、もっと言えば、ストレスを感じていない9割の方が危ないと思うんです。大丈夫だと油断している彼らの方がエラーを起こす可能性が高いと見ることもできる。

結局、経営幹部の彼らは現場の実感を知らないんですよ。データだけ見て、中央値がどうだ、数秒遅れだから問題なしとか言っている。でも、実際の現場には『マルにする』という隠語があるように、小さなミスを見逃して、報告を上げないことだって日常的にある。数字に表れてこないミスや事故の兆候、ストレスを感じても言えない心理。〝減点式の成果主義〟みたいな風潮がそれを強めたと現場社員からは聞いている。そこまで踏み込んで改善しないといけないのに、表面上のデータや理論ばかり見ている。それで安全が担保できると思っている」

「たった1割ではなく、1割も」という淺野の指摘に対しては、出席していた運転士課長が先の番組で「指摘を受けて恥ずかしいと思った。安全は99％ではだめだ、100％でないといけないと頭ではわかっていたつもりだが、そこをものの見事に指摘された」と語り、木下が強くこだわったダイヤの問題については、報告書にJR西の見解がこう記された。

〈余裕時分を短縮したダイヤが運転士に与える心理的影響に関する研究には未着手であり、課題検討会において余裕が少ないダイヤはミスをした運転士にあせりをもたらせる可能性があるとの検討を行ったことを重視する必要がある〉

遺族たちは、なぜ？　何が？　の思いをゆるがせにしなかった。専門的な話だからと諦めてしまわず、「なんとなくわかった」で済まさなかった。疑問や気づいた点を率直に、何度でもぶつけた。責任を追及するためではない。事実を解明し、原因を追求するためだ。

木下は言う。

「親である僕が納得すれば、息子もたぶん納得してくれるだろう。その思いだけでした」

2・5人称の視点——課題検討会 2

課題検討会での遺族とのやり取りを、ＪＲ西の責任者だった西川はこう振り返る。

「鉄道は極めて複雑で巨大なシステムですから、専門的な用語や計算式も出てくる。それをどうご理解いただくか、当初は手探りでした。こちらも包み隠さず、真摯にご説明しているつもりですが、的を外して『そんなことが聞きたいんじゃない』とお叱りを受けることもあった。その都度、資料やデータの作り方、ご説明の仕方を検討して、試行錯誤した。何度も繰り返しボールを投げるうちに、少しずつ的に当たるようになったかなという感じです」

資料の工夫とは、たとえば、「なぜなぜ分析」だ。トヨタの生産方式として知られるが、ＪＲの鉄道総合技術研究所がヒューマンエラーの分析手法として推奨し、ＪＲ西も取り入れていた。エラーの原因をすべて書き出し、さらにその原因の背景にさかのぼる。「なぜ？」「なぜ？」と問いを重ねていった結果をフロー図に表す方法である。

この時は、同席した柳田邦男の提案で、「当該運転士のブレーキ使用が遅れたこと」についての分析がなされた。

・注意が運転からそれた

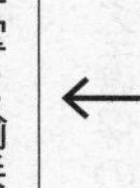

・車掌と輸送指令員との交信に特段の注意を払っていた
・車掌と輸送指令員との交信内容をメモしようとしていた
・車掌が言った「８メートル」の距離があまりにも短すぎて狼狽(ろうばい)した
・車掌の報告内容を聞いて安堵(あんど)し、他事に意識がそれた
・車掌が言った「８メートル行き過ぎて」と整合する言い訳を考えていた
・運転士を辞めさせられると思い呆然(ぼうぜん)としていた
・回復運転によりどのように遅れを取り戻すかを考えていた

・車掌に車内電話で虚偽報告を求め、その結果を心配していた
・列車の運転状況を虚偽報告の内容にあわせようと考えた

・５４１８Ｍ、伊丹駅で停止位置不良を発生させたが、行き過ぎた距離を少なく報告してほしいと思い、車掌に虚偽報告を依頼した

・回４４６９Ｍ、宝塚駅で速度超過など一連の事象を発生させたが、事象発生を隠蔽しようとして、所定の取扱いと車掌・指令への報告を行わなかった

←

フロー図はこのようにさかのぼっていき、最後は本社・支社の安全管理体制に行き着く。

・安全確保のためには、国鉄時代の反省から、職場規律の確立が重要と考えていた
・原因やその背景を多角的に分析し、適切な事故防止を講じる観点では十分な取り組みになっていなかった
・安全確保のためには、信賞必罰が大きな抑止力になると考えていた

（ほか3項目）

ここにも一部含まれている通り、報告書の結論部分でJR西は、自社の安全対策や社員管理、いわゆる組織風土を率直に反省している。

事故対策が、過去に発生した事故・事象への対症療法、つまり経験工学的な発想にとどまり、ヒューマンファクターへの理解が欠けていた。そのためミスを報告しやすくする取り組みが不十分で、事故の予兆に気づけなかった。リスクを定量的に解明できず、ATS‐Pの整備を急ぐ動機が生まれなかった。国鉄時代の規律の乱れへの反省と会社発足以来のトップダウン方式から、社員管理や再教育が懲罰的になり、個人の責任を追及する風土になっていた――。

前章で井手が私に語った内容のほぼ全否定と言っていい。だが、これは、井手個人の排除や功績の否定ではない。責任追及でもない。井手が率いて確立した「井手商会」という過去との決別――国鉄改革を引きずった組織風土と発想から脱却し、新しい時代の安全思想と、それに即した組織を志向する、その第一歩と見る方がふさわしい。

福知山線事故の最大の要因は何だったか。そこから得た教訓は何か。私が総括を求めると、西川は少し考えてから、こう言った。

「安全を軽視したわけでは決してありません。しかし、安全を守る具体的な策に欠けていた。潜在的なリスクを浮かび上がらせ、対処するだけの技術力が私たちにはなかったということ。これを確立するため、２００８年の安全基本計画から取り組んでいるのが、リスクアセスメント（リスクを事前に発見し、分析・評価して対策を取ること。後述）です。小さなエラーや不安を全部テーブルの上に出して検討する。事象を拾い上げたら決して放置しない。心構えや意識の問題ではなく、そのための具体的な仕組みづくりを進めないといけません」

ここまで言わしめたのは、浅野や木下をはじめとする遺族との対話の成果であろう。

報告書の締め括りに、議論を見守った柳田邦男が印象的な一文を寄せている。

これまでの事故・災害・公害などでは、被害者の存在があまりにも軽々しく扱われてきた。原因企業は、損害賠償や補償の請求者という利害関係でしかとらえず、事故調査においても、専門的知識を持たない被害者は顧みられない。むしろ客観性を維持するために距離を置くべきと考えられていた。再発防止や安全向上を指導する行政の視野にも入っていなかった。いわば、「乾いた3人称の視点」でしか見られなかった。

そう説明したうえで、柳田は書く。

〈私はこの社会に人間性の豊かさを取り戻すには、被害者（1人称の立場）や社会的弱者（同）とその家族（2人称の立場）に寄り添う視点が必要だと感じる。「これが自分の親、連れ合い、子どもであったら」と考える姿勢である。もちろん、専門家や組織の立場（3人称の立場）に求められる客観性、社会性の視点は失ってはならない。そういう客観的な視点を維持しつつも、被害者・家族に寄り添う対応を探るのを、私は「2・5人称の視点」と名づけている。課題検討会におけるJR西日本の遺族たちに対する応答の仕方に、私は「2・5人称の視点」に近づこうとしている姿勢を感じた〉

議論の中での淺野の印象を尋ねると、柳田はこう言った。

「淺野さんが議事進行するような形でしたから、JR側の説明に怒りや物足りなさを感じながらも、決して議論を中断させないようにしていた。木下さんが退出した時も、フォローしていましたしね。建築や都市計画をやってきた方だからでしょう、非常に理論的に物事を考える。全体を見て統括するスーパーバイザーやオーガナイザー的な視点を持っておられるんですね。それが、課題検討会が一定の成果を得られた大きな要因でしょうね」

私は深く頷（うなず）いた。第2章に詳述した淺野の職歴、そこから得た能力は、対立する立場の二者を一つのテーブルに着かせ、交渉をさせる役割だった。しかも、淺野は自分の信条として、「住民主体」の視点や「やられる側の論理」を強調していた。彼がその歩みの中で自然と、しかし強固に身に着けてきたものこそ、柳田の言う「2・5人称の視点」ではなかったか。

遺族という当事者になっても淺野はそれを手放さなかった。そういうことではないか。

淺野自身は課題検討会をこう振り返る。実現を後押しした元専務の坂田が口にした「川」の例えに呼応するような表現で。

「最初は、淀川（よどがわ）の河口ぐらい広い川幅を挟んで対岸に立っていたようなもので、互いに言葉が届かなかった。それがやり取りを重ねるうちにだんだん上流にさかのぼり、川幅が狭まってきた。言葉が交わせるようになり、話の内容も理解できてくる。その積み重ねでしたね」

ただし、やっと話ができるようになったというだけで、内容面で合意できたわけではない。

「お互いの認識と主張を言い合っただけで、ダイヤの問題をはじめ、一致できない点は多々残った。だから報告書の結論部分も両論併記するのが精いっぱいだった」

まだまだ十分ではない。安全の構築へ対話を深めねばならない。その思いは次のステップへ引き継がれてゆく。

組織を可視化する──安全フォローアップ会議 1

課題検討会の報告書がまとまったのは、事故6年後の２０１１年4月。そこから再び淺野が呼びかけ、約1年の準備期間を経て、「ＪＲ西日本 安全フォローアップ会議」が立ち上がる。12年5月。ちょうど真鍋精志が事故後3人目の社長となり、新体制が発足した時だ。

課題検討会では、事故の要因となった事象や組織判断を掘り下げ、ＪＲ西の組織風土や安全認識の問題点をそれぞれ列挙するにとどまったが、今度は、それらが互いにどう連関・影響し合ったか、あるいは、連携が不足・断絶していたかを検証し、組織事故の構造を明らかにすることが一つ。そのうえで、今後へ向けた安全対策を提案することが、もう一つの目的だった。

遺族側は、淺野と木下が引き続き参加。ＪＲ西からは、新たに副社長兼鉄道本部長に就いた山本章義(やまもとあきよし)を筆頭に、安全推進部長、安全研究所長が出席した。ここに、鉄道の安全に関わる心理学や人間工学に詳しい芳賀繁・立教大教授、集団力学や組織行動を研究する山口裕幸（やまぐちひろゆき）・九州大教授、事故当時の尼崎市長で航空会社勤務経験もある白井文（しらいあや）、それに、機械工学の西川榮一（にしかわえいいち）・神戸商船大名誉教授が加わった。第三者の有識者を充実させた顔ぶれから、より客観的な議論と分析をしようという狙（ねら）いがわかる。

この中で座長を務めた西川は、淺野と40年来の交流がある、本来は蒸気動力や電熱工学の研究者である。淺野が国土問題研究会で活発に調査研究をしていた１９７０年代に知り合い、阪神・淡路大震災でも、ともに活動した。

「工場の温排水で海苔（のり）の養殖業が被害を受けているので調査をしてほしいと依頼されたのが、最初の出会いでね。公害や環境問題への関心が高まった時代ですが、まだ『環境アセスメント』という言葉もほとんど知られていない頃。科学技術の社会との関わりや社会的責任みたいなことを、当時から淺野さんは考えていた。それも、被害や影響を受ける側の目線でね。

震災の調査研究や復興提言を一緒にやった時は『人間復興』ということを強く言っていた。科学技術は社会のためにあり、われわれ技術者は一人一人の人間の暮らしや生命を守るために仕事をするんだという彼の信念でしょうね。僕はそこに敬意を持っていたから、淺野さんからこの事故に関して何か依頼があれば、必ず引き受けるつもりだった」

事故分析や組織論が専門ではないが、もともと交通工学や鉄道システムに関心があり、福知山線事故後は関連の学会や研究会に積極的に出た。事故調報告を読み込み、自ら論文も書いていた。友人の淺野が被害に遭ったことも、他人事(ひとごと)とは思えない大きな理由だったという。

議論の眼目はまず、JR西日本という会社組織を「システム」としてとらえ直すことだった。「鉄道技術を用いて旅客輸送を行う人・技術システム」と見立て、事業計画を行う「経営層」、設計やシステム構築を担当する「技術層」、現場で運行や保守業務に携わる「実行層」に分ける（次頁、図1）。そうすることによって、それぞれが果たすべきだった役割、できなかったこと、欠如していたことを整理できるとメンバーたちは考えた。

これに基づき、事故調報告書や課題検討会などが明らかにした事実や組織の意思決定を、目的別に分類し、時系列で並べ直していった。そして、でき上がったのが336〜337頁の図2だ。

図1 鉄道輸送事業システムの枠組みモデル
——システムとしてのJR西日本という会社組織

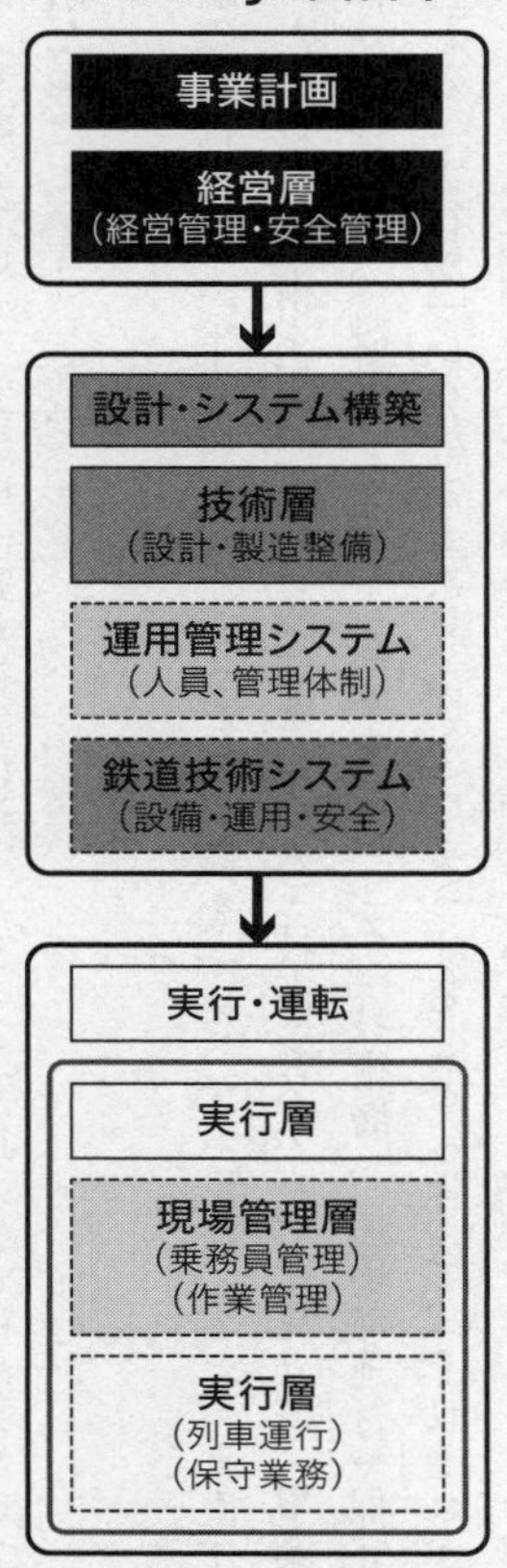

(出所)JR西日本安全フォローアップ会議報告書

横の流れが大きく3本ある。2本が「安全対策」で、その手法は、運転士の訓練や再教育などの〈人的方策〉と、ＡＴＳの整備という〈技術的方策〉に分かれている。もう1本が「経営効率化・収入基盤の確立」。これが、〈JR宝塚線（福知山線）の速達化・利便化〉の動きを表している。これを見ると、ＡＴＳの整備計画と、最高速度の引き上げ・新型車両投入・ダイヤ改正などの速達化がまったく連動していない、つまり、安全対策を取らないまま、スピードアップだけをどんどん進めていったことが一目瞭然となった。

フォローアップ会議報告書の記述と西川の解説によれば、こうだ。

ＪＲ西は１９９０年から、１時間当たり15本以上の高密度路線へのＡＴＳ－Ｐ整備を順次進めていた。福知山線への整備計画は、03年2月に社長（当時は南谷）が承認。その時点では04年度中に工事完了の予定だった。それが担当者の異動で、経営会議に投資を諮るのが遅れ、その後も他事業との兼ね合い、工事担当部署の移管などで延期を繰り返していく。最終的に、使用開始は05年6月となった。一方で、他社に対抗しようとアーバンネットワークの速達化・利便化が進んでいく。福知山線のＡＴＳ－Ｐ計画が具体化する前後の動きを見ても、02年3月のダイヤ改正で基準運転時間を20秒短縮、翌03年3月のダイヤ改正でさらに20秒短縮、同年12月のダイヤ改正で快速増発・中山寺駅停車・伊丹駅の停車時間短縮（20秒から15秒に）が決まり、さらには04年10月のダイヤ改正で10秒短縮されて、事故列車の５４１８Ｍは「最速ダイヤ」となっていた。

「こうして見ると、技術層と経営層の問題であったことが明白になるでしょう。ＡＴＳ整備を担当する部門とダイヤ編成の部門が互いに連絡を取り合わず、ばらばらに作業を進めていた。両者を統括して調整するべき総合企画本部や幹部で作る安全推進委員会も、問題に気づかなかった。その理由として、彼らは『運転士がカーブで大幅に速度超過することはないと思った』『曲線部の危険性を認識する技術がなかった』と言うわけですが、これは、人はミスをするものというヒューマンエラーの認識が欠けていたこと、潜在的危険を予測し、事前に対策を打つリスクアセスメントの発想がなかったということになる。それでは、ここを改めるにはどうすればいいかという次の話につながっていく」

西川の話は明快だった。フォローアップ会議が分析に使った材料は、既存の調査や検証結果だけであり、新たな事実を見つけたり、証言を引き出したりしたわけではない。だが、既知の事実を丹念に整理し直し、理路に沿って並べ替え、その意味を検討することで、事故への組織的関わりが浮かび上がってきたのである。

「こんな一枚の図にしたら、『なんだ、こんなことか』と簡単に見えるでしょう。でも実は、これを作るのにかなり時間がかかってるんです。淺野さんの事務所にJRの担当者に来てもらって、ここは違う、こっちへ動かせと何度も何度もやり直して、それをまた会議に諮って……。

これは、僕らの研究にもよくある話でね。いろんな問題点や議論が百出し、長年悩み続けたことが、ある一つのアイデアや筋道を思いつくとスルスルとつながり、終わってみれば、意外と簡単な構図だったとわかる。だけど、そこにたどり着くには議論と考察の積み重ねが不可欠なんです。つまり時間が必要だということ。一定以上のね」

このチャート（336〜337頁の図2）と概括図（338頁の図3）が完成したのは、フォローアップ会議も終わりに近づいた14年初め頃のことだったという。事故から9年近く、事故調査を出発点に、被害者をも含めたさまざまな検証と議論があったからこそ、到達できた結論だった。

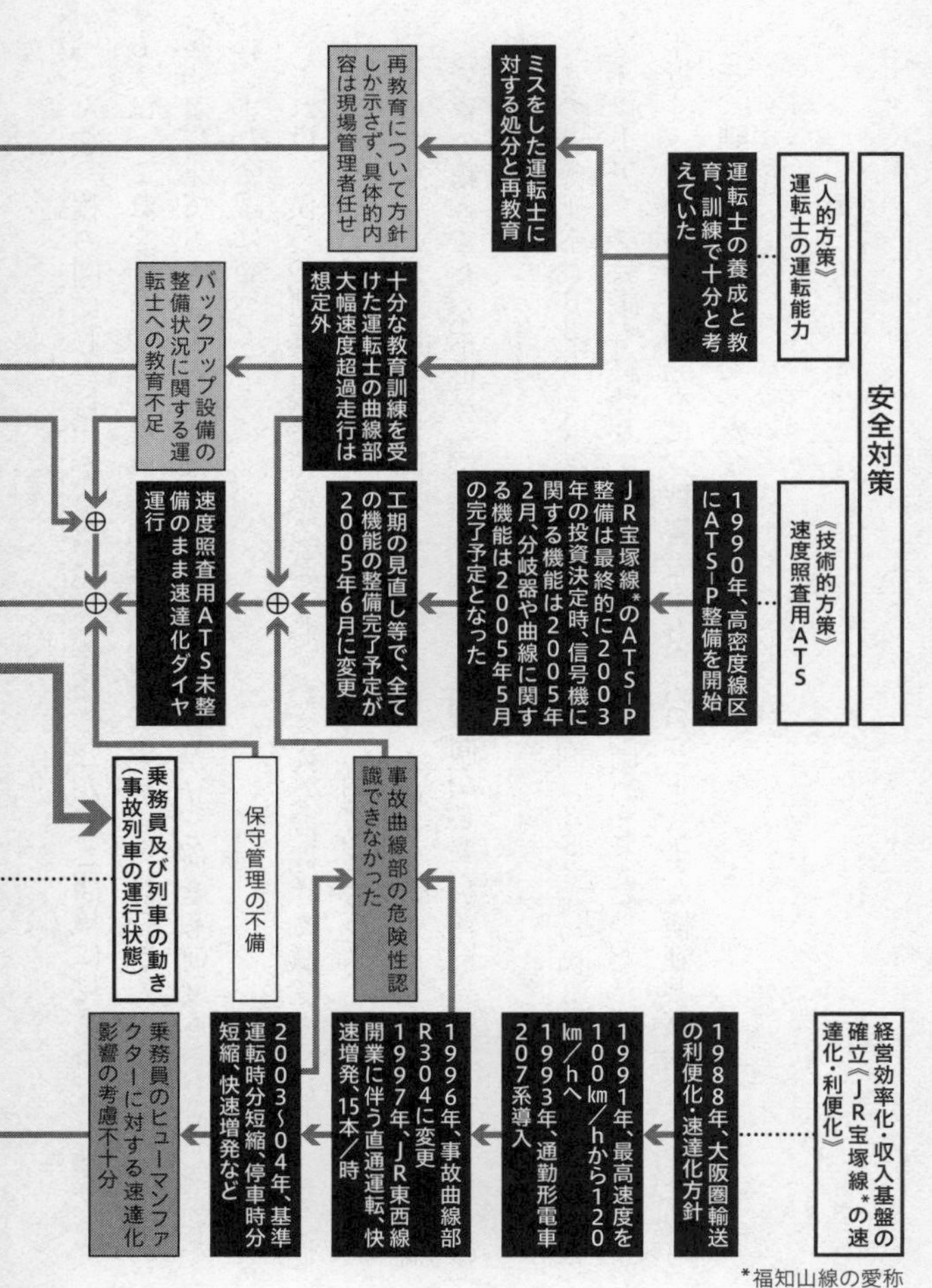

安全対策
《人的方策》運転士の運転能力
運転士の養成と教育、訓練で十分と考えていた
ミスをした運転士に対する処分と再教育
再教育について方針しか示さず、具体的内容は現場管理者任せ
十分な教育訓練を受けた運転士の曲線部大幅速度超過走行は想定外
バックアップ設備の整備状況に関する運転士への教育不足
《技術的方策》速度照査用ATS
1990年、高密度線区にATS-P整備を開始
JR宝塚線*のATS-P整備は最終的に2003年の投資決定時、信号機に関する機能は2005年2月、分岐器や曲線に関する機能は2005年5月の完了予定となった
工期の見直し等で、全ての機能の整備完了予定が2005年6月に変更
速度照査用ATS未整備のまま速達化ダイヤ運行
事故曲線部の危険性認識できなかった
保守管理の不備
乗務員及び列車の動き（事故列車の運行状態）
経営効率化・収入基盤の確立《JR宝塚線*の速達化・利便化》
1988年、大阪圏輸送の利便化・速達化方針
1991年、最高速度を100㎞/hから120㎞/hへ 1993年、通勤形電車207系導入
1996年、事故曲線部R304に変更 1997年、JR東西線開業に伴う直通運転、快速増発、15本/時
2003～04年、基準運転時分短縮、停車時分短縮、快速増発など
乗務員のヒューマンファクターに対する速達化影響の考慮不十分

*福知山線の愛称

図2 事故に至る主な諸要因の因果関係の連鎖チャート

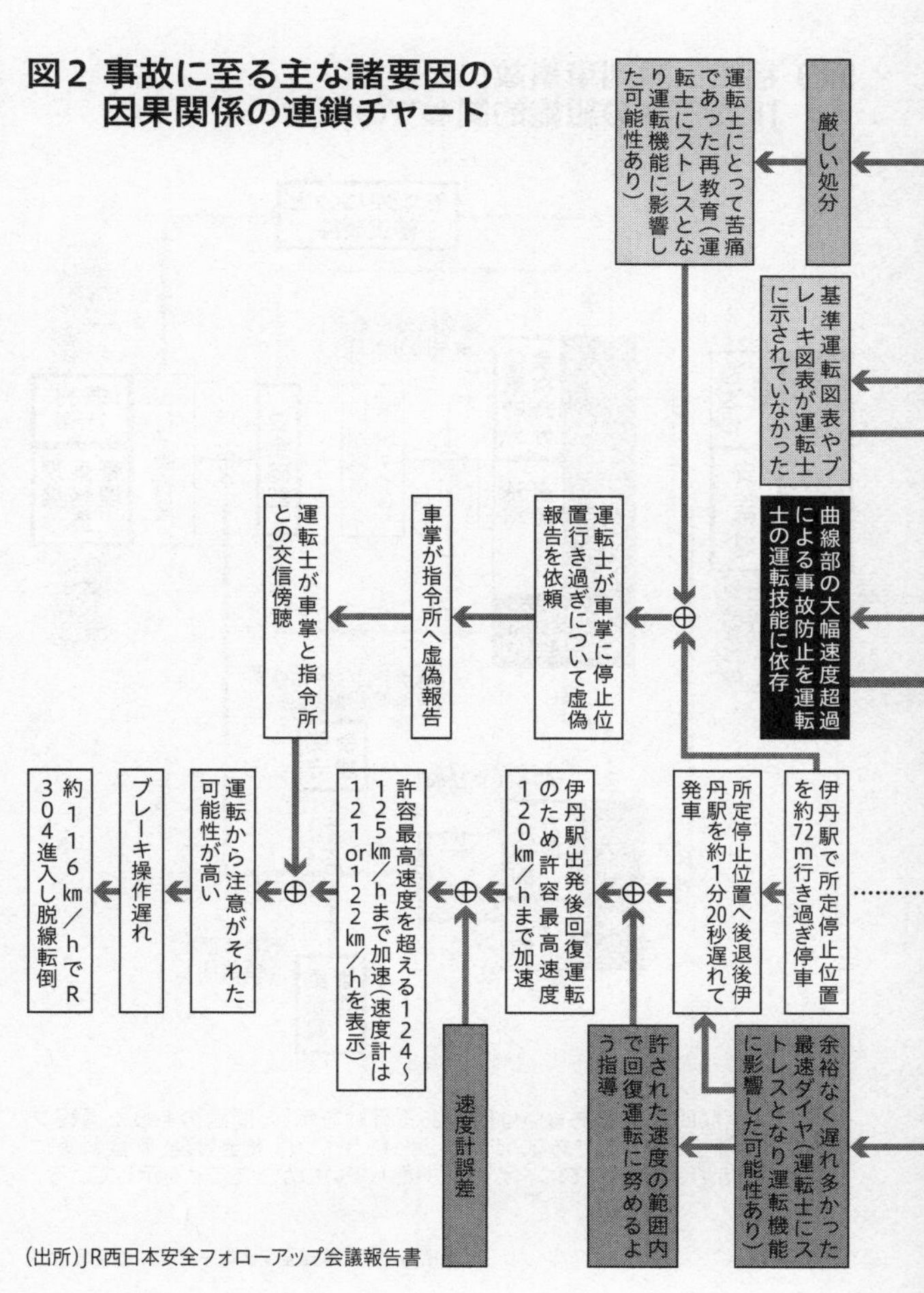

(出所)JR西日本安全フォローアップ会議報告書

図3　福知山線列車事故にかかるJR西日本の組織的関わりの概括

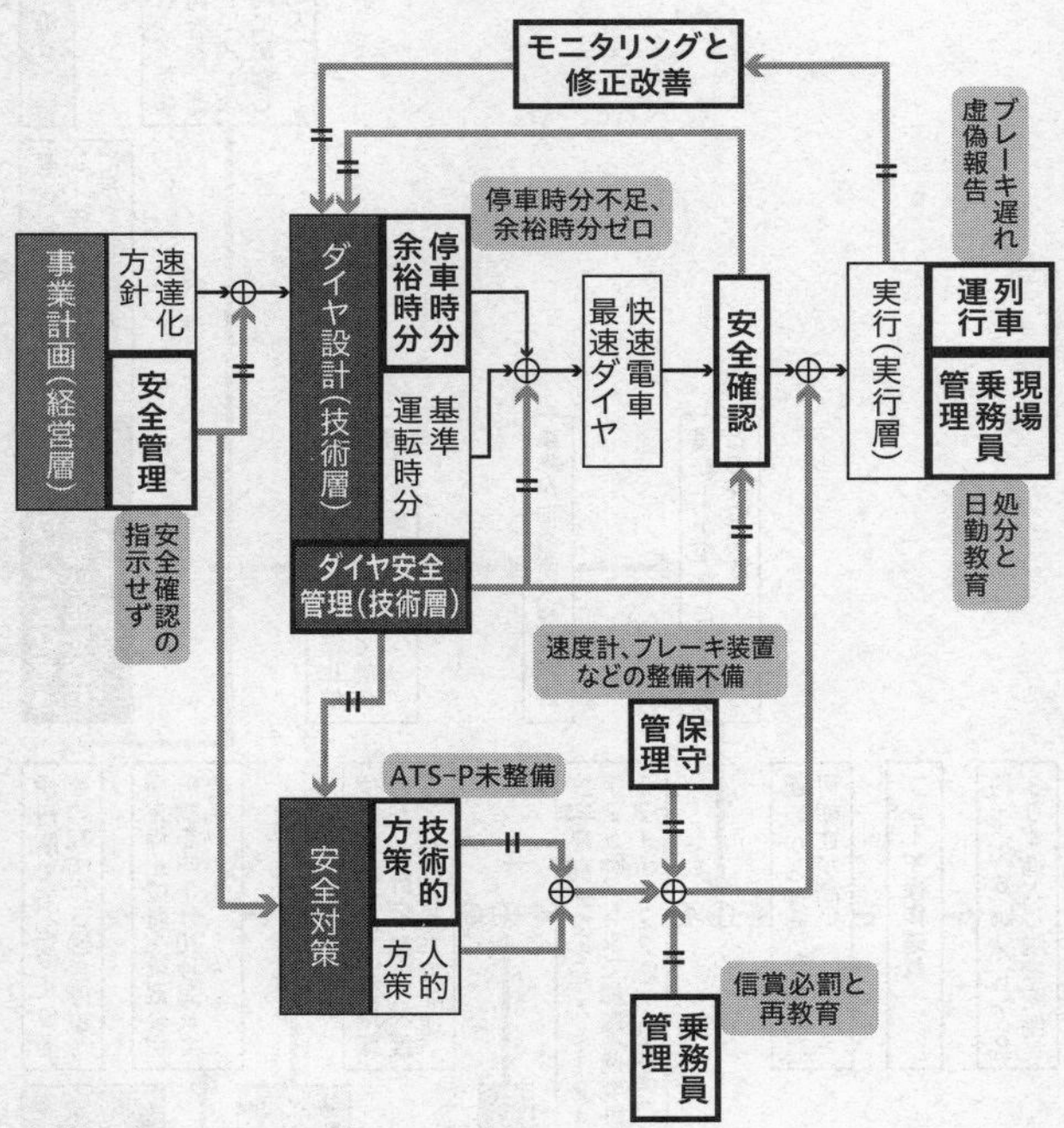

　　　　は主な問題事象あるいは問題ある行動を示し、問題のあった過程ブロックは太字、太枠にしてある。淡いグレーのラインは安全管理、安全対策に関わるつながり、＝はそこのつながりが機能していなかったことを示している。

（出所）JR西日本安全フォローアップ会議報告書

人はミスをする——安全フォローアップ会議 2

フォローアップ会議に託されたもう一つの課題、それは「では、どうすればあのような事故を防げるか」という対策の立案である。それには、これまで何度か言及したヒューマンエラーの認識とリスクアセスメントの充実がカギになる。

同会議のメンバーである芳賀繁の著書『事故がなくならない理由(わけ)』によれば、ヒューマンエラーの概念は1970年代から注目されてきたという。機械があまり壊れなくなったために、事故原因に占める人間の作業ミスの割合が増えたこと、システムが複雑化・巨大化したために、一つのミスが大きな被害をもたらすようになったことが理由だった。芳賀はこう書く。

〈「事故の多くがヒューマンエラーによって起きているので、設備ではなく人間の意識や注意力を高めることで事故を防ぐ必要がある」などと言う人がいるが、それはヒューマンエラーという概念を誤解している。ヒューマンエラーはシステムの中で働く人間が、システムの要求に応えられないときに起こるものなのだから、対策は設備を含めたシステム全体で考えるべきである〉

〈一般には、ヒューマンエラーは善意の作業者が誠実に任務を遂行しているときに意図せずおかしてしまう失敗を指すので、意図的におかされる違反や、危険を認識しながら敢行されるリスク・テイキング行動とは分けて考えるほうがよいだろう〉

前章で井手が語った言葉に代表されるリスク観——運転士や現場作業員の気の緩み、または会社に敵対的な組合員の悪意から事故が起こるという考え方——は、もはや時代遅れであり、現実は、それとは別次元の対策を必要としているということである。

人はミスをする。ヒューマンエラーは、単に事故の「原因」ではなく、それ自体がさまざまな要因で引き起こされた「結果」である。それを前提に、ミスをした場合に被害を食い止めるハード整備と併せて、ミスを誘発する要因を事前に見つけ、最小限に抑える予防の仕組みが必要になる。これがリスクアセスメントの考え方であり、具体的には、報告文化を根付かせること、言い換えれば、ミスの隠蔽や虚偽報告が行われる企業風土を変えることが対策となる。

課題検討会のJR側代表だった元副社長の西川直輝が語っていた通り、JR西は08年4月に定めた安全基本計画で、リスクアセスメントを導入し、それに合わせて事故の定義を見直していた。

従来の社内規定では、社員の操作ミスで列車脱線など重大な事故になるか、営業列車に30分以上の遅れを生じさせたものを「責任事故」、それより軽いが、10分以上の遅れを生じさせたものを「反省事故Ⅰ」、上記の二つには該当しないが輸送障害を生じさせたもの（概ね1分以上の遅れ）を「反省事故Ⅱ」などと決め、処分の対象としていた。この区分を廃止し、人身や物的被害の出たものだけを「事故」と定義し直した。それ以外の事象のうち、結果的に事故には至らなかったが、事故につながる現実的かつ具体的危険性のあったものを「注意事象」、その他を「安全報告」とした。オーバーランなど軽微なミスはマイナス評価の対象から外し、報告しやすい仕組みを作るのが狙いだった（具体的な仕組みは、第8章に詳述する）。

しかし当然ながら、仕組みを作ったからといって、巨大組織の中ですぐに浸透し、機能するわけではない。まったく予兆のなかったところでトラブルが発生したり、なぜ誰も事象に気づけなかったのかというケースがまだまだ多かった。「報告することがマイナスになる」という心理的な縛りは、そう簡単に解けるものではなかったのである。

フォローアップ会議の報告書には、この点に関するメンバーたちの発言が列挙されている。

〈報告する文化と言われるが、何のために報告するのかが伝わっていないのではないか。報告することが安全に貢献するというポジティブな面が明確に伝わっていないのではないか〉

〈正しく報告してもらうためには、誰が聴取するかという問題がある。直接の上下関係でなく、第三者がすべきではないか〉

〈安全研究所の心理学の専門家が同席してヒアリングを行うというような取り組みも行っている。ただ、すべての事象に対応するのは不可能なので、各支社にそのようなヒアリングができる人を養成していかねばならないと考えている〉

〈「嘘(うそ)を言う体質」は、会社全体の問題である。企業の体質や風土について、もっと真剣に考えなければならない。これは裏返せば、企業のコンプライアンスの認識レベルを上げることにつながるはずである〉

〈(現場カーブの)安全のチェックがされなかったのは事実である。気づいていた人はいたかもしれないが、会社としてチェックするまでの動きになっていなかった〉

〈現場から声が上がらなかったと言っているが、実際には声が上がっていた〉

こうした認識不足、情報の軽視、判断ミスは、経営幹部たちが犯した広い意味のヒユーマンエラーであると報告書は断じている。事故原因を現場個々人の注意力と力量不足にあると考え、結果責任のみを組織がかぶるという考え方は、経営者が陥りやすい「心理的な罠（わな）」だと。

そして、以下のような対策を提示した。

・安全最優先の経営と効果的な安全マネジメントが行われているかを監視するため、社内監査の強化とともに、外部の第三者による検査を受けること

・誠実な職務遂行の中で起きたヒューマンエラーについては非懲戒とすること。原因究明と再発防止を優先するために社員を処罰しないこと

・ヒューマンエラーやヒューマンファクターについての研究を深め、社内外に周知するために安全研究所の機能を充実させること

・運転士と車掌のコミュニケーションなど、職種間の交流を助ける施策を実施すること

・経営陣が乗客の立場になって電車を利用したり、社員とともに業務に関わるなど、現場を知る努力と行動を義務付けること

・トップダウンだけでなく、現場力を重視するために、組織内の通常ルート以外か

ら「直接トップに物申す」仕組みを作ること

このほか、人事のあり方や新たな部局の設置などを提言し、1年11カ月で計11回に及んだフォローアップ会議は、14年4月に役割を終えた。

課題検討会と合わせると、3年3カ月。巨大事故の遺族と加害企業の幹部、それに第三者の有識者が一つのテーブルに着き、事故原因の検証と今後の安全対策について議論を交わした、前例のない取り組みの記録は、2冊の報告書、計148ページにまとめられた。

万感の報告

2014年4月25日。福知山線脱線事故からちょうど9年を迎えた日、追悼慰霊式会場の隣にある尼崎市内のホテルで4・25ネットワークのつどいが開かれた。

事故の翌年から毎年、淺野が中心となって企画し、安全問題の研究者や専門家を招いて、あの事故から学ぶべきことを考え、発信してきた場である。この年は安全フォローアップ会議の報告がメインテーマとなり、座長を務めた西川、JR西の代表者だった副社長の山本が成果を報告した。山本は「事故に至る経緯が体系的に整理され、見つめ直すことができた。いただいた多くの提言について具体化を検討し、それに沿った業務運営を目指したい」と語った。

最後に淺野が壇上に立ち、締め括りのスピーチをした。後方の席をJR西の社員と記者たちが占める以外は空席の目立つ会場で、「事故から10年目の節目に」と題して思いのたけを語った淺野の姿は、今も私の目に焼き付いている。やっとここまでたどり着いた——。そんな思いが溢(あふ)れ出す、まさに万感胸に迫るスピーチだった。

「9年前の今日という日は、抜けるように真っ青な空でした。遅咲きの桜が乱舞し、街路に散っていった光景が今でも思い浮かびます。その桜の花びらのように、女房と妹は散りゆきました。最期(さいご)の一言もかけることができなくて……それから9年。ようやく私自身が自分であることを取り戻せたように思います。

この間ずっと心の中にあった『なぜこんな事故が』という問い。これを解くにはやはり9年という歳月が必要だったのかなというのが実感です。その間、われながらに呆然自失たるわれを感じ、時には自暴自棄に陥りそうになるのをなんとかこらえながら、その『なぜ』の問いを遺族のみなさんと話し合いながら進めてきました」

冒頭から涙をこらえつつ話し始めた淺野は、事故後の自分の歩みを振り返った。

遺族の「なぜ」には、二つの問い——原因の究明と責任の追及がある。事故からしばらくは心の中で両者がないまぜになったまま、時間だけが過ぎていった。そのことに気づき、二つを切り離して考えようと決断したことで、事故の検証・総括に踏み出すことができた。

妻や妹への思いはいったん横へ置く。事故に対する恨みつらみ、加害企業への怒りもいったん置く。山崎に共同検証を呼びかけた夜、そう伝えた。そして実現した課題検討会。JR西の幹部に言った。「これは科学技術論争だ。感情論ではないんだ。感情論をぶつけ合っている限り、安全への道筋は開けない」。被害者と加害者の立場を越えて、なぜこの事故が起きたのかという一点で互いに意見を言い合い、考え抜く場にしたかった。実際に話し合ってみると見解の違いも多く、報告書は両論併記になった。だが、この時の共通認識があったからこそ、続くフォローアップ会議につながる議論の土台ができた。

組織事故の構造を明らかにするというテーマに取り組んだのは、おそらく日本で初めてだろう。それぐらいの自負と意欲を持って臨んだ、と淺野は言う。現場のミスだけが原因ではない。会社の経営理念、経営陣の安全思想、指示系統やマネジメントの手法、社員教育や一人一人の責任感。さまざまな要因が絡(から)むのが組織事故なのだ。そんな話に続けて、こう言った。

「目に見えない部分にこそ、根本原因は潜んでいる。それらを抉り出してこそ、この事故の社会化ができる。事故を社会化せずして、遺族の、私の責務は終わらないと思っておりました。ようやく、その端にたどり着いたのが今日でございます。

これがモデルケースだとは思っておりません。一つのレアケースとして提示できればいい。この報告書には、科学的な視点と論理があり、そして倫理がある。何点の評価がもらえるかわかりませんが、自分としては精いっぱいやりました。この取り組みが、社会に受け入れられてこそ、私たちの努力は実を結ぶと思っています」

ＪＲ西に対して、いくつか苦言も呈した。「この事故は１００万分の１ではない。当事者には１分の１であり、取り返しがつかないのだ」と考えなければ、安全への意識は真に高まらないこと。「適切で安全なダイヤ編成とは何か」という問題はフォローアップ会議でも合意できず、課題として残ったこと。そして、ＪＲ西に限らず、会社経営の中に根強くある「経営効率と安全はトレードオフ（一方を追求すれば他方が犠牲になる、両立できない状態）」という考え方。会議の中でも、ここに浅野は強く異を唱えていた。

「安全を追求することが、結果として経営効率を高める。そう考えるべきじゃないでしょうか。その二つを両立させることが鉄道事業者の使命であり、今後、経営幹部になっていく人の最大のテーマになるのではないでしょうか」

25分余りに及んだスピーチの最後は、JR西への願いで結ばれた。

「JR西は変わっていくなあ、変革していってくれているなあという姿をわれわれの目に、世の中に見せてもらいたい。改革を進める原点は、この2冊の報告書にあります。ここにしかないんだと思っております。それぐらい濃密な議論ができました。これをしっかりと踏まえ、基本認識からもう一度、整理いただきたい。

私も一つの到達点にたどり着いたと思っています。これまでずいぶん無理をしてきました。少し休ませていただき、これからは一ユーザーとして、JR西の取り組みを点検し、われわれと一緒に作ったこの報告書がJR西の中でどう磨かれていくか、深い期待と願いを持って見守っていきたい。長い間、ありがとうございました」

科学技術の使命。遺族の責務。問題を社会化する視点。確率論への異議。安全と経営の両立。淺野弥三一という人間の哲学が、このスピーチに凝縮されていた。

ある宴席にて

スピーチから半年余り経った同年11月5日、淺野は大阪市内で講演を行った。やはり長い付き合いがある都市政策研究者の片寄俊秀からの依頼だった。片寄はもともと大阪府庁の技師として千里ニュータウンの開発に携わり、研究職に転じてからは長崎造船大や関西学院大に勤務。国土研のメンバーとして淺野とともに、長崎水害や雲仙・普賢岳噴火災害、それに阪神・淡路大震災の現地調査を行った同世代の技術者である。「まちづくりや災害復興に関わってきた都市計画家としての歩みと、福知山線事故後のことを若い人たちの前で話してほしい」というのが依頼の内容だった。

会場は、梅田の高層ビルにある関学大の小さな講義室。前から3列目、淺野の正面に座り、私が開始を待っていると、空いていた隣の席に一人の男が座った。

顔を見て驚いた。山崎正夫だった。

この時、JR西の嘱託兼安全研究所技術顧問という肩書きになっていた。それまでに何度か山崎を訪ね、この本のための取材を依頼しては断られていた私は、小声で挨拶をした。山崎は特に警戒するでもなく、「ああ」と何気ない返事をして、講演が始まると、熱心にメモを取り、資料に下線を引きながら聞いていた。途中休憩時に尋ねると、新聞で講演があることを知り、自ら申し込んで参加したのだという。「同じ技術屋と言っても、淺野さんの生き方は僕のようなサラリーマンとは全然違うね。情熱がすごい」と、素直な感心を口にした。

さらに驚いたのは、その後だ。講演終了後にビル地下の居酒屋で打ち上げの懇親会をすると片寄が案内した。「参加する人は手を挙げてください」という呼びかけに、隣で躊躇なく山崎の手が挙がった。他にもＪＲ西の社員が数人いたが、当然手は挙げない。

巨大事故を起こした加害企業の元社長である。それも元国鉄官僚の。自分の裁判は終わり、嘱託の身分になったとはいえ、歴代3社長の裁判はまだ続いていた。それが遺族の講演を単身聞きに来るだけでも驚いたが、〝お付き〟の社員もなしに、懇親会に一人で参加するという。「偉ぶったところや裏表がない人」「細かいことにこだわらない性格」という人物評は聞いていたし、私も取材依頼のやり取りの中で同じように感じていたものの、普通はもう少し立場を気にするだろう。どういう心境なのか、測りかねた。

だが、宴席での山崎の様子を見ていると、本当にただ淺野の話を聞きに来て、その流れで打ち上げに参加しただけのようだった。細長い座敷席の出入口に一番近い末席に座り、店員から飲み物を受け取ったり、空いた皿をまとめて返したりしている。

「山崎さん、そんなことは僕がやりますから、どうぞ中に座ってください」と何度言っても、「いや、いいんだ。慣れてるからさ」と手で制する。20人ほどの出席者の中には新聞記者もいた。山崎がここで何をしゃべり、淺野とどう接するのか、注目しているのは私だけではない。だが、そんなことは気にもならない様子で、山崎は周囲の人と言葉を交わし、周りに促されて淺野とグラスを合わせ、問われるままに国鉄時代の話などを語っていた。

遺族と加害企業の元トップが杯を交わしている——。まさか、そんな場に遭遇するとは思わなかった。後で淺野に聞けば、「彼が就任・退任の挨拶を兼ねて弔問に来た時以外、向き合って話したことはなかったから、僕もちょっと驚いた」という。

しばらくすると、幹事の片寄が「今日の淺野さんの講演の感想を一人ずつ話してください」と言った。山崎も何か言うのだろうか。私は座卓の下でメモを取り出し、ペンを握った。

順番が回ってくると、山崎は尻込み(しりご)することもなく立ち上がり、こんなことを話した。

「今日参加した最大の理由は、私どもの事故で最大のご不幸を背負われた淺野さんが、それにもかかわらず、今日までさまざまなことに取り組んでこられた、その原動力、力の源泉がどこにあるのか、加害者ではありますが、私なりに勉強したいと思ったからです。

ご講演をうかがって、わかったことが二つあります。

一つは、淺野さんという方はずっと独立独歩でやって来て、しかも、あえて困難な仕事に自ら飛び込んできた、その繰り返しであったということ。普通の人間は楽をしたいと思うもので、自ら苦労の中に身を置くなんて、とてもできることじゃない。そこには、淺野さん本来の使命感みたいなものがあったんじゃないかと。

もう一つは、周囲の人たちの応援がすごい。講演の前後や今この場でも、若い人たちがたくさん淺野さんのところへ行って声をかけ、激励していた。ああいう光景は、私どものような官僚……と言っていいんでしょうが、その世界ではちょっと見られない。うらやましいと同時に、ちょっと真似(まね)できない別次元の世界だな、と思いました」

わが身を重ねているのだろうか。巨大組織の危機にあえてトップの苦労を引き受け、組織改革に孤軍奮闘し、だが、道半ばで退かねばならなかった自分の境遇と比べているのだろうか。技術屋の矜持(きょうじ)と生き方を貫く淺野の姿に、よほど感じ入るところがあったのだろうか。

いずれにせよ、衒(てら)いも飾りもない山崎の語り口や振る舞いを目(ま)の当たりにし、私はいっそう興味を惹(ひ)かれた。こういう人物だからこそ、淺野が対話の相手と見定めたのだということが、実感を持って理解できた。井手とは異なる意味で「並の官僚とは違う」のだ、この人は。

同時に、科学技術立国と高度経済成長の時代をともに生き、立場は違えど、目の前の仕事に邁進(まいしん)してきた技術屋の二人にしかわからない、深いところでの共感があるのだろうと想像した。被害者と加害者の壁を乗り越えてしまえるほどの共感が……。

懇親会が終わり、私は山崎にもう一度、声をかけた。

「取材の件ですが、どうかもう一度ご検討ください」

山崎は少し笑って、

「まあ、それはまた別だ。裁判もまだ続いているし、ご遺族の感情もある。またいずれ、時期が来れば考えるわ」

と言い残して、去って行った。

取材が実現したのは、それから2年半後だった。

第8章 軌道

鉄道安全考動館

入口に立つと、あの日の生々しい現場が目に飛び込んでくる。

アルミ缶のように押し潰され、マンションの角に巻き付いた2両目の車両。台車が横転し、むき出しになった車輪と車軸。ひしゃげた3両目の屋根に上り、あるいは、折り重なる残骸のすき間から救助を試みるレスキュー隊員、救急隊員、警察の機動隊員。それに、近所の工場や事業所から駆けつけ、捜索や搬送を手伝う人びと。

大きく引き伸ばした何枚かの報道写真が壁一面を埋める中で、最も目を引くのが上空からの俯瞰写真だ。懸命の救助が行われている現場から、マンションを挟んで死角となった線路上に、青い作業着姿に黄色いヘルメットの頭が数十人見える。JR西日本の社員たちである。

彼らは救助に加わることもなく、ただそこにいる。わずか数十m先に広がる凄惨な光景から目を背け、まるで他人事であるかのように、その場に立ち尽くしている。指示がないから動けないのか、そこにとどまれと命令されたのか。それとも、あまりの事態に凍りつき、自分たちが何をするべきか、わからなくなってしまったのか……。

厳しく言えば「烏合の衆」、控えめに言っても「指示待ち族」。およそ鉄道マンとは思えぬ、まして重大事故を起こした会社の人間には到底あり得ない姿が写し出されている。これこそが福知山線脱線事故が発生した2005年4月25日のJR西という企業の実像だった。

「なぜ私たちは、こんなことになってしまったのか……。痛切に反省し、真剣に考えよう。そういう意味で、この写真を正面に展示しています」

鉄道本部安全推進部で、安全マネジメント戦略室長を務める冨本直樹が言った。

ここは同社の研修施設「鉄道安全考動館」。07年4月、大阪府吹田市の社員研修センターに隣接して開設された。安全を確立し、守るために、深く「考え」、具体的に

「動く」ことを学ぶのが目的である。同社および関連会社の社員か、事故の遺族・被害者にしか、基本的には公開されていない施設を、私は冨本に依頼して見学した。

館内は大きく二つのスペースに分かれている。

一つは、福知山線事故に関する展示室。先の報道写真のほか、半日ごとに死者数が増えていく新聞号外、事故現場前にある「日本スピンドル製造」社員たちが救助に使ったチェーンブロックやバールなどの道具、遺族・負傷者の手記、遺族対応や遺品返却を担当した社員の証言。遺品は、ボロボロになったカバン、片方ずつ見つかる靴、折れ曲がった眼鏡など２２１３点に上ったという。中央には、現場を再現した20分の1のジオラマが展示されている。

遺族担当社員の証言の中に「本当のご遺族様担当者は誰なのか」と題する一文があった。こんな趣旨のことが書かれていた。

「ＪＲ西の役員がいくら詫(わ)びても、他の社員は他人事。また事故を起こすのではないか」という声を、多くの遺族からいただく。嵐(あらし)が過ぎ去るのを座して待っているだけではないか、と。そうではないと信じたいが、その問いに答える言葉を自分はまだ持てない。ＪＲ西が変わったという事実を示せるのは、鉄道の現場で働く社員の行動と実績しかない。遺族の再出発に力を尽くせるのは一人一人の社員しかいない。現場の社員こそ、本当の遺族担当者なのだ。特に、運転に関わる社員には強く言いたい。「あなたたちこそが力になれる存在だ」と――。

もう一つの展示室には、日本の鉄道事故の歴史がパネルになって並ぶ。安全設備の新設や、法令・ルール変更のきっかけになった39件の事故を集めている。

たとえば、1962年の三河島事故。国鉄常磐線三河島駅構内で、3台の列車が絡んだ脱線多重衝突事故は、死者160人、負傷者296人を出す大惨事となり、信号冒進と速度超過を防ぐATSが設置される契機となった。井手もこの現場に行ったと私の取材の中で語っていた、「国鉄戦後五大事故」の一つである。

51年の桜木町事故も、五大事故の一つ。国鉄京浜東北線の駅構内で、電気工事のミスから発火した列車火災。ドアが開かなかったため乗客が脱出できず、死者106人、負傷者92人に上った。事故後、非常ドアコックの設置が義務化され、緊急時には乗客が手動でドアを開けられるよう法令が改正された。

2001年、JR山手線の新大久保駅人身事故はまだ記憶に新しい。泥酔してホームから線路に転落した人を助けようと、2人が飛び降りたところへ電車が進入し、3人ともはねられて死亡した。これをきっかけに、ホームに列車非常停止ボタンが整備されることになった。現在進んでいるホームドアの設置も、この延長線上にある。

ＪＲ西では02年、東海道線塚本駅の人身事故。線路内に侵入した中学生が新快速列車にはねられ、重傷を負った。現場に駆け付けた救急隊員4人が救助作業中だったにもかかわらず、後続の特急列車が入って来て2人に接触。1人が死亡し、1人が重傷を負った。2台の列車の乗務員、輸送指令員、さらには現場の駅員の間の連絡ミスと誤認が原因だった。この事故後、ＪＲ西は「人身事故対処要領」というマニュアルを作成。また、指令所と現場責任者が直接連絡を取り合えるよう、各駅に携帯電話を配備した。

本書で触れてきた事故の展示も、もちろんある。

86年の余部鉄橋事故（突風で列車転落）▽91年の信楽高原鐵道事故（閉塞取扱いミスで正面衝突。注・この展示をめぐっては、遺族から「ＪＲ西の責任の記述が不十分」などと抗議を受け、開設後2度にわたり、修正・追加した経緯がある）▽93年の神戸駅脱線事故（軌道の摩耗による「競合脱線」）▽93年の茨木駅脱線事故（転轍機の操作ミスによる進路構成誤り）▽93年の相生市内の踏切事故（工事中の安全確保不備）▽95年の阪神・淡路大震災（地震による被害）▽95年の藍本駅脱線事故（降雪によるブレーキ不良）

こうして順に見ていくと、なるほど、「鉄道の安全の歴史は事故の歴史である」という言葉を実感する。その通りだと思う。だが、展示を見る社員たちが、既に解明され、対策も打たれた過去の出来事と受け止め、総論的に歴史を振り返るだけでは、安全への意識を高めることにはならないだろう。自分が今いる職場や目の前の仕事もこの歴史に連なっており、いつまた不測の事故が起きるかもしれない、どこにリスクが潜んでいるかわからないという当事者意識を持たない限り、「安全最優先の風土に」「二度と事故を起こさない」と、いくら言葉で唱えても虚しい。浅野が「事故は100万分の1ではない。1分の1なのだ」と説き、遺族担当社員が「現場社員の行動と実績でしか変えられない」と訴えるのも、そういうことだろう。

冨本や館の職員によれば、約3万人の全社員と1万人以上のグループ会社社員が3〜5年に1回は必ず同館を訪れ、講義を受けている。現在3巡目。毎回書かせるレポートには、「来るたびに原点に立ち戻る」という声もあれば、「前回より安全への理解が深まった」と記す者もいる。福知山線事故遺族の手記を読み、黙って涙を流し続ける者も少なくない。新入社員も真っ先にここで研修を受ける。今や、事故当時は小学生だった世代だ。「あなたたちは、こういう事故を起こした会社に入ったのです」と詳しい説明を受けて、大きなショックを受ける者もいるが、この事実の重さを刻み込むことなしに、鉄道の現場に出すわけにはいかない。

今後、福知山線事故を知らない世代が増えていく中で、事故の経験と背景まで含めた原因、被害者・遺族から奪ったもの、与えた痛みと苦しみ、そこから何年もかかってたどり着いた反省と教訓を、「もう終わった歴史」ではなく、どこまで「今」の実感を伴って伝えていけるか。記憶を風化させず、安全への意識を継承することが、安全考動館の何よりの目的である。

同様の取り組みは、他にもある。

たとえば、「状況報告会」。被害者対応本部の社員が全10支社の駅、運転区、車掌区、保線区、工事事務所など、すべての現場を定期的に訪ね、遺族・被害者の現在を伝える。自分が接してきた遺族・被害者が今どんな状況にあるか、どんなふうに日々を送り、JR西に対して何を思っているか。そんなことを説いて回る。最大時300人近かった被害者対応本部は現在約90人。各人が月に1回、金沢から福岡まで、どこかの支社管内を訪ねている。

遺族・被害者の声を直接聞く「講話」もある。毎年4月25日が近づく頃、一人の事故体験に全社員がじっくり向き合う。一堂には集まれないのでDVDに収録し、各職場で必ず視聴する。これとは別に、私の知る妻を失った男性は毎年、新入社員に向けて語りかけている。社内での風化を最も恐れるからだ。「なぜあなたたちに話すのか、考えてほしい」と問いかける。

事故現場では、「立哨」と呼ばれる職務がある。家族や友人が亡くなった場所へ、手を合わせに、あるいは心の中で語りかけるために訪ねて来る人は絶えない。毎月25日の月命日や週末は特に多い。入口に警備員が立ち、24時間３６５日入れるようにしているが、朝から夕方までは、焼香台と献花台の前にＪＲ西の社員が直立不動で控えている。全社員が２〜４人の組になり、午前中と午後の交代制で務める。遠隔地に勤務する社員や本社の幹部たちも例外ではない。

訪問者があれば深く一礼をして迎え、お参りの間は場を外す。誰も来ない時もじっと立ち、電車が激突した痕跡の残るマンションの壁と向き合う。長く遺族対応をしてきた社員も、「あの場所で感じる空気は特別なものがある」という。彼はこれまでに４回務めた。「お参りに来られたご遺族様の後ろ姿やマンションの壁を見ていると、私どもが起こした事故の傷が癒えていないことを痛感し、あらためて思いが深まります」と話す。

マンションは一部保存工事が進んでおり、敷地はもうすぐ慰霊の広場となって、慰霊碑と犠牲者名碑が立つ。風景が変わっても、ここはＪＲ西の社員にとって「特別な場所」であり続けるだろうか。それは、一人一人が事故の反省をどれだけ深く刻み、安全への意識をどれだけリアルに持ち続けられるかによるのだろう。

安全への投資

では、JR西は変わったのだろうか。少なくとも、変わろうと努めているだろうか。まず安全投資を見てみる。2006年度から16年度までの事故後11年間、設備投資の総額に占める安全関連の投資額は概ね60%台で推移し、平均すれば61・06%。事故前の9年間（震災復旧が一段落した1997年度以降）は概ね50%台で、平均55・67%だった。額で見れば、事故前年の04年度は945億円のうち467億円（49・41%）だったのが、16年度は1598億円のうち1050億円（65・70%）だから、確実に増えていることがわかる。

「安全投資の権限が事故後、鉄道本部に移ったのが大きい。安全推進部で総枠の予算をもらい、必要に応じて投資できるようになりましたから。それまでは、人・金・物すべてを握っていた総合企画本部に説明し、諸々の手続きを経て、他事業とのバランスの中で認められたものしか予算化できませんでした。必要性を理解している専門部署が決定権を持つことで、迅速に、柔軟に、的確に投資できるようになったわけです」

安全マネジメント戦略室の指揮を執る冨本の実感である。

冨本は92年に入社して以来、一貫して運輸系の職歴を積み、乗務員に関わる仕事をしてきた。新幹線運転士の免許も持つ。教習所に通った半年を含めて2年間、実際に運転士として勤務した。その後、運転士と車掌を両方抱えるみやこ列車区（京都）の区長などを務めている。元社長の山崎と同じ「運転屋」。その経験を踏まえて14年に安全推進部へ移り、17年から新設された現部署の長となった。

冨本のように若手の頃、運転士を経験してきた大卒の管理職は少なくない。ちょうど彼の世代から、乗務や駅務を短期間の研修だけではなく、実際に数年間経験させるジョブローテーションが定着したという。取材に同席した部下の岸本良記（きしもとよしのり）も、在来線の運転士として大阪環状線や大和路（やまとじ）本線（関西本線）で乗務したと語っていた。乗務員の仕事や職場環境を肌で理解する「現場主義」――山崎や井手もスタンスの違いはあれ、強調していた――を重視した社員教育が、事故前から行われていたということだろう。

それが事故を経て、予算面でも「現場重視・安全最優先」となったことを冨本の話は示している。人事や組織面では、山崎時代に技術理事というポストが新設され、安全研究所や先述の鉄道安全考動館も設立された。安全研究所はヒューマンファクターの研究に取り組み、安全考動館には15年、「安全体感棟」が併設された。ブレーキ、閉塞、鎖錠（さじょう）、ＡＴＳなど、鉄道の安全を守る仕組みと労働災害の防止を若手社員が体験的に学ぶ施設である。

では、安全投資の内訳はどうか。同社発行の「鉄道安全報告書２０１７」など各種資料と、冨本の話から概観してみる。

まず、福知山線事故の一因となったＡＴＳ。事故直後、宝塚―尼崎間への設置が運行再開の条件とされたが、それ以外の路線・区間でも大幅に設置が進んだ。06年3月までに、事故現場と同程度以上のカーブ１２３４カ所に速度照査機能付きの曲線用ＡＴＳ-ＳＷを設置。続いて、07年3月までに、分岐器１０１８カ所、行き止まり線57カ所に、やはりＡＴＳ-ＳＷを設置した。都市部が中心のＡＴＳ-Ｐは、06年12月の大和路線加茂（かも）―王寺（おうじ）区間を皮切りに、阪和線日根野（ひねの）―和歌山間、奈良線京都―木津間、福知山線新三田―篠山口間……などに順次設置。事故を受けて国交省が06年に出したＡＴＳ設置の省令に該当する箇所は、12年度末までにすべての線区で設置完了したという。

新しい運転保安システムの開発も進む。広島支社管内では13年度からＡＴＳ-ＤＷ

と呼ばれるシステムが整備されている。信号の位置、制限速度、ホームの左右などのデータベースを車両に搭載し、運転士のミスをカバーするという。新幹線は、さらに安全性の高いATC（自動列車制御装置）というシステムに支えられているが、この新型機（より滑らかな減速ができる）の使用が17年2月から始まっている。

ほかに投資額の大きいものでは、災害対策（高架橋の耐震補強、ゲリラ豪雨での土砂崩れを防ぐ斜面のコンクリート化など）、新型車両への切り替え（運転士が一定時間ハンドル操作をしなければ異常と判断して自動的に緊急停止するEB装置や、衝突時に衝撃を吸収する構造が特徴）、乗客の転落防止のホームドア（柵）などがある。近年、必要性が叫ばれているホームドアだが、同社ではまだ設置が進んでおらず、全駅数1200のうち、在来線では6駅、新幹線でも北陸新幹線を中心に6駅にとどまっている（18年2月末時点。一部ホームのみ設置の駅も含む）。今後、乗降客10万人以上の駅など15駅で優先的に進める予定だという。

「必要な安全投資は惜しみませんが、金額だけで見れば、経営規模で上回る東日本や東海にはどうしても見劣りするのは仕方ない。その分、知恵と工夫を出し合って、小さなところからでも変えていきたい」と冨本は言う。

たとえば、ホームベンチの向き。これまでは線路に対して平行だったのが、垂直の向きに変わる駅が最近増えてきた。これは、安全研究所の研究成果に基づいている。酔客の線路転落、列車との接触などの事故を分析した結果、ベンチから立ち上がって真っすぐに歩き出す傾向があることがわかり、それを防ぐために向きを変えたというわけだ。同研究所は他にも、運転士の眠気防止策や速度計の見やすい形状・配置を提言したり、ヒューマンファクターとは何かを解説したテキストを作って各職場で講義を行ったり、「知恵と工夫」の部分を担(にな)っている。

「職種を超えた安全ミーティングが支社ごとに積極的に行われるようになったのも、事故後の変化です。国鉄時代からの名残で、運転士と車掌と駅員、保線と電気工事など、外から見れば意外に思われるほど接点や交流が少なかった。そのせいでお互いの仕事のやり方がわからず、コミュニケーションが取れないこともあった。そういうことをなくしていこうという現場からの自発的な動きです。今後はそこから新たな改善点や提案が出てくるかもしれない」

こうした現場の取り組みを統括する安全管理体制では、外部機関による第三者評価が15年度から導入されたのが大きい。安全フォローアップ会議で、座長の西川や淺野が強く求めた提言が活(い)かされたのだった。

外部機関とは、ノルウェーに本部がある国際的な評価機関「DNV GL」社。日本法人の本社を神戸に置き、船舶や製造業の安全管理評価、国際規格ISOの認証などを行っている。同社の社員がJR西の内部監査に同行し、国交省のガイドライン14項目に照らして、適切な安全マネジメントが行われているかを評価する——いわば「内部監査を外部監査する」仕組みである。15、16年度の評価報告書を読むと、「改善を必要とする事項」として、いくつか興味深い記述がある。

〈安全管理における思想・方針は明確にされているが、それを具現化するための安全管理体制の基準を明確に定めるべきであり、改善が必要である〉

〈……リスクアセスメントが十分実施できていない状況があることから、全社的に無理なく高いレベルで行う仕組みとするよう改善が必要である〉

〈……現場レベルで安全管理体制の推進等において負担感を感じているケースがあった。（中略）内規・手順については、時間が経つにつれ事故や気がかり事象が発生するたびに見直されることで実施項目が増える傾向があり、現場の従業員にとっては尚更負担感を感じやすくなる。場合によっては「あるべき論で上から指示を多く受けても処理しきれない」、「手順書を守っていたら仕事にならない」と考える者が出てくるリスクも大いにある〉

安全のためのルールや手順、業務が増えることが現場を縛り、逆にストレスを与えているという指摘である。あり得る話だろう。第5章で、山崎が推進したSA計画のことを書いた。「基本動作の徹底」の号令に対し、現場の運転士たちは必ずしも歓迎していなかった。むしろ細かく指示されすぎることに不満を持っていた。この感覚を、運転士経験のある富本は理解できるという。

「何か事が起こるたびに基本動作やチェック項目が加算されていき、業務の内容がどんどん肥大化していきました。無駄なものは廃止し、ばっさり減らそうと提案したこともありますが、今度は逆に、現場の方から『そこまで減らすべきじゃない』という声が上がったりする。

つまり、人はこれまで長年やってきた仕事のやり方や手順やスタンス、それに成功体験を、そう簡単に捨てたり、変えたりできるものじゃないということ。私が担当しているリスクアセスメントも一朝一夕で定着するとは思っていません。何年もかけた息の長い取り組みになると覚悟しています」

JR西は、確かに変わろうとしている。そのための投資や組織づくり、取り組みもさまざま行ってはいる。だが、それが成功するかどうか、カギを握るのは結局、現場を支える「人」、つまりはヒューマンファクターということになる。

罰しない思想

ヒューマンエラーは非懲戒とする——。

２０１６年４月、ＪＲ西の真鍋精志社長が打ち出した方針は大きな注目を集めた。鉄道業界では初めてのことだった。

同社が08年に「事故」の定義と区分を見直し、オーバーランや列車遅延などの軽微なミスを懲戒処分やマイナス評価の対象としなくなったことは前章で述べた。これをさらに進め、実際に人身・物的被害の出た事故や赤信号への進入などであっても、故意や著しい怠慢でなければ、懲戒の対象としない。原因を究明し、今後の再発防止に活かすという内容である。

福知山線脱線事故まで根強くあった「気の緩みや意識の低さから起こるヒューマンエラーが事故の最大の原因である」とする責任追及型の考えから、「ヒューマンエラーはシステムと人間の不調和、人間の特性や諸々(もろもろ)の環境条件から起こった結果であり、原因ではない」という原因追求型の考えへ。これこそ、淺野たちが課題検討会と安全フォローアップ会議を経て到達した結論であり、ＪＲ西に求めてきたことの具現化だった。

リスクアセスメントで事故の芽を摘み、それでも起こってしまった事故やエラーについても、避け難いヒューマンエラーと判断されれば処分しない。この二つが、福知山線事故の教訓からＪＲ西が取り組み始めた安全管理体制の柱だが、他業界には先行事例がある。

リスクアセスメントとは先述の通り、職場の環境や設備、作業手順に潜むリスクを発見し、原因と構造を分析し、事故につながる危険レベルがどれぐらいあるかを評価することだ。これに基づいて対策を取り、事故を予防する。１９９０年代初めに英国から広がり――組織事故のスイスチーズ・モデル（第６章）を考案したヒューマンエラー研究の第一人者、ジェームズ・リーズンらが提唱した――日本ではまず、建設現場や製造業の労働災害対策として導入された。原子力発電所や石油化学プラントなど、いざ事故が起これば甚大な被害となる分野へも広がり、06年には厚生労働省が努力義務化している。

運輸関係への導入は、航空各社が早かった。航空業界では、ある大事故を契機にヒューマンエラーへの認識が高まり、世界的に研究が進んでいたことが背景にある。その事故とは77年、スペイン領カナリア諸島のテネリフェ島の空港で起きた大型旅客機同士の正面衝突。583人が死亡し、「テネリフェの悲劇」と呼ばれる。概要はこうだ。

その日、カナリア諸島の主要国際空港がテロで一時閉鎖された。各国の飛行機がテネリフェ空港に代替着陸し、待機したため、滑走路1本の小さな空港は混み合っていた。夕方になって国際空港が再開され、各機は順にそちらへ向かう。そこで事故が起きた。滑走路にまだ飛行機が残っているのに、別の飛行機が離陸滑走を始め、ぶつかって大破炎上したのである。

直接的には離陸滑走した飛行機の機長の判断ミスだが、さまざまな背景要因があった。

運航の遅れにより、機長は焦(あせ)りと疲労を感じていた。管制官の指示が曖昧(あいまい)で、意味を取り違えた。滑走路上の飛行機の機長が無線交信に割り込み、指示が正しく伝わらなかった。夕方に霧が発生し、滑走路上の視界が極めて悪かった。離陸滑走を始める直前、不安を感じた航空機関士が制止しようとしたが、ベテランの機長は耳を貸さなかった――。予定外の空港運用、霧の夕方という悪条件に加え、思い込みや誤解やすれ違い、自信過剰、遅延のストレス、さらに乗務員間の権力勾配(こうばい)といったヒューマンエラーが連鎖した、まさに組織事故だった。

これが世界的な教訓となった航空業界では、ICAO(国際民間航空機関)が、インシデント報告を収集し、発生頻度や傾向を分析して対策を取ること、会社の枠を超えてその情報を共有することを提言している。正確な報告を数多く集めるには、公正な判断とミスを罰しないことが必要になる。報告したら処分や訴追されるのでは、ミスを隠すのが人間の心理だからだ。こうして、ヒューマンエラー非懲戒の考えが浸透していった。

アメリカには「自発的航空安全報告制度」があり、10日以内に報告すれば免責される。ヨーロッパの航空会社やメーカーなど約150社が参加する「包括的安全報告制度」では年間4万件の報告が集まるが、刑事事件として立件されることは事実上ないという。日本では、第6章で柳田邦男が指摘していたように、ミスをした個人を特定し、罰を与える責任追及の考え方が根強いが、航空各社は国際的な方法を採用している。日本航空は07年からヒューマンエラー非懲戒の方針を打ち出し、全日空もこれに続いた。対策に役立った報告には感謝状を贈るなど、報告しやすい風土を作り、成果を上げているという。

では、JR西のリスクアセスメントの仕組みはどうなっていて、ヒューマンエラーか否(いな)かの判断はどのようになされるか。そして、現状ではどの程度効果を上げているか。冨本や担当者の説明ではこうだ。

まず、リスクアセスメントの制度。事故や労災につながる可能性のあるリスク（気がかり事象という）の報告は現場ごとに集め、現場長らが一つ一つ評価して点数化する。基準は３つ。①事故になった場合の重大性（０〜10点）②事故につながる可能性（１〜６点）③事象の起きる頻度（１〜４点）。３つを足し、合計点の高いものから優先的に対策を打つ。計20点のうち、12点より低いものは「許容できるリスク」として現場対応に任せるが、12点以上になれば、現場から支社へ上げて再度、厳密な分析・評価のうえ対策を取り、本社へも報告する。

制度を導入した08年４月から17年11月末までの約10年間に集まった報告は、29万１１７９件。うち12点以上が１万件弱あった。ただ、冨本によれば、およそ９割は再評価の結果、許容できるリスクと判断された。投資や人員投入を伴う対策が必要になった残り１０００件弱のうち、８割方は労災関係。鉄道運行や乗客の安全に関わるリスクは２００件あまり。信号が見えにくい、踏切の設備故障などハード面に関わるものが多いという。

一方、ヒューマンエラーを非懲戒にしたことによって、以前なら処分の対象になっていた10㎞以上の速度超過、赤信号の見落としや見間違えによる信号冒進、保線作業員などが列車の接近ギリギリまで作業をする退避不良などのミスが、責任不問となった。16年度で85件、17年度上期で34件あった。これらは、支社ごとに作る判定委員会が事情聴取やデータ分析を行い、故意や意図的な無謀行為、はなはだしい怠慢には当たらない——つまり、避け難いヒューマンエラーだったと見なされたということだ。制度導入前年の15年度は82件あった懲戒処分などが、導入の年からゼロになった。

「たとえば、赤信号を進んでしまったとします。その場合はまず運転士に事情を聞きますが、本人の記憶は曖昧なことが多い。そこで、運転台に設置したドライブレコーダーに記録された前方映像と運転室内の音声を確認しながら、本人と一緒に振り返ります。すると、最初はいいリズムで指差喚呼していたのが、ある時点から遅れ気味になったり、普通は速度を上げないところで、なぜか上げてしまっていたりと、詳しい状況がわかってくる。そうした情報を総合的に見極めて、ヒューマンエラーかどうかを判断します」

福知山線事故後、ドライブレコーダーを導入するに当たっては、「運転士を監視するのか」と労組から反発があった。ヒューマンエラーの判定基準がわかりにくく、運用が恣意的になるという声も現場にある。だが、「監視や勤務評価といった労務管理的な発想ではない。あくまで鉄道の安全のためだ」と冨本は断言する。そして、現場から信頼され、安心して報告を上げてもらうためにも、ミスを罰しないという非懲戒の方針が必要なのだ、と。

事故後に批判が集中した日勤教育の内容も変わった。現場長に任せるのではなく、運転経験の豊富な専門の指導官を支社ごとに配置し、シミュレーターなどを使って技術面の指導に力を入れる。指導官は、支社ではなく本社の運輸部に属しており、乗務員との直接的な上下関係はない。懲罰やマイナス評価につながらないから、ミスをした乗務員も報告・相談しやすくなるというわけだ。

では、福知山線事故当日の高見運転士の行動を、現在の社内基準に照らせばどうなるか。

「仮に、事故後も彼が生きていて、事情聴取ができる状態で、その結果、故意や怠慢や意図的ではないと判断された場合という何重もの前提条件付きですが……」

慎重に言葉を選んで冨本が言う。

「宝塚駅でのATS作動、伊丹駅でのオーバーラン、事故現場での速度超過についてはは不問となるでしょう。ただし、宝塚でATSを無断解除したことは確実に意図的な行為ですから、これは処分の対象となる。

つまり、眠気や意識がそれたことによるミスは仕方がない。それは誰にでも起こり得ることで、ハードでカバーするなど対策の取りようもある。怖いのはミスをした時に隠そうとする、次のアクションなんです。保安装置を解除されるほど怖いことはない」

リスクアセスメントも、ヒューマンエラー非懲戒も、フォローアップ会議が指摘した通り、「報告する文化」が社内に根付くかどうかに成否がかかっているのだ。

事故の予兆をつかむ

事故への認識を改め、安全投資も増やした。報告しやすい制度や再教育の仕組みも整えた。その効果が上がったということか、JR西の部内原因（車両など設備の故障、社員の取り扱いミスなどJR側に原因があること）による輸送障害は、福知山線事故後の十数年間、減少傾向が続き、2005年度に344件だったのが、16年度には149件となった。半数以下、いや4割近くまで減少している。JR各社と比較しても、減少ペースはかなり早い。

それでも、間隙（かんげき）を突いて事故やエラーは起こる。ゼロになることは決してない。同社の鉄道安全報告書やHPには、この数年に限っても、事故やインシデントがいくつも載っている。

山陰線で風速規制違反（15年5月12日）千代川橋梁の風速計が規制値に達したため、鳥取駅の信号担当が指令に連絡。指令は運転士に停止の指示を出したが、列車はそのまま走行し、信号から1・2km進入して止まった。「風速規制が出てるのでよろしく」という指令の曖昧な指示が原因だった。

山陽新幹線のフサギ板落下（15年8月8日）小倉―博多間のトンネル内を走行中、車両床下の機器を覆う外部のフサギ板（カバー）が落下。車体の側面数カ所に当たった後、トンネル上部の架線に接触して停電。車体への衝撃で乗客1人が軽傷を負った。この列車は直前に走行試験をしており、その際にフサギ板を取り付け直したが、通常の検査担当者とは異なるチームが作業したため、手順や確認が不十分だった。

摩耶駅建設現場で足場倒壊（15年12月11日）新駅の建設中だった工事現場の足場が強風で下り線路内に倒壊。現場すぐ横の線路を走っていた新快速列車などが緊急停止し、乗客が一時、車内に閉じ込められた。施工業者が防護用シートを撤去せず放置していたために風の影響を受けやすく、足場の固定方法も不十分だったのが原因。

関空特急のパネル落下（16年1月14日）関西空港線で夜間の線路工事をしていた作業員が、線路上に車両部品が落ちているのを発見。調べたところ、前日夕方に現場を走行した特急の荷物室ドアから外側パネルが落下していたことがわかった。原因は、接着剤の経年劣化。途中の駅などで複数の社員が列車の異常に気付いたが、通報していなかった。理由を聞いたところ、「あんな状態で走ることは通常ない。既に誰かが報告しているはずだと思った」「修理のために車両所へ行く途中だと思った」などと話したという。

豪渓駅で列車脱線（17年1月24日） 伯備線の豪渓駅構内で普通列車の3両目が脱線した。原因は、車輪止めの取り外し忘れ。この列車の運転士は同駅を出発してすぐ、前方の枕木から煙が出ているのを発見し、降車して消し止めた。この時、車掌が車輪止めを取り付けたが、運行再開時に外すのを忘れたため、車輪が乗り上げた。

このほか、車両の台車枠に亀裂が見つかったのが2件（15、16年）。工事作業員が貨物列車と接触して死亡する労災事故が1件（17年）。この労災事故と、上記の新幹線フサギ板落下、摩耶駅の足場倒壊では、各地の運輸局から行政指導（警告）を受けている。

事例を見ていくと、ほとんどが、指示の取り違え、作業手順忘れ、確認漏れ、思い込み……といったヒューマンエラーだ。それも乗務員だけでなく、車両検査、工事や保線業務、駅員、下請けの工事業者に至るまで、あらゆる現場で発生している。

福知山線事故後4人目の社長になった来島達夫（16年6月就任）は、17年12月1日の記者会見で、「部内原因による輸送障害が大きく減ったのはなぜか」と聞かれ、「一定数のヒューマンエラーはまだ起きている」と慎重な姿勢を崩さず、輸送障害が減ったと成果を誇るよりも、今後さらに減らすことに力点を置くと強調した。

その11日後に行った私のインタビューに対しても同様の見解を述べている。

事故後に定めた安全最優先の企業理念は根付いているか、ＪＲ西日本は本当に変わったのかと尋ねると、来島は言葉を選びながら、こう語った。

「私どもが変わったかどうか、それはご被害者様や世間の評価に委ねることであり、事故を起こした立場で自己評価をするべきではないと思います。全社を挙げてリスクアセスメントに取り組み、努力をしている最中ですが、職種やエリアが多岐にわたることもあり、本当に定着しているか、全員が同じレベルで取り組めているかと言えば、まだまだそうではない。

ヒューマンエラーは原因ではなく、結果として起こってしまうという前提に立った事故防止の考え方も、まだ浸透しているとは言えません。厳しく諭せば事故はなくなるという、過去の社員管理から続く上意下達的な指導、一方的な指示を待つ空気が上司にも部下にも残り、完全には消えていない実感があります。それをいかに払拭していくか。指導する側とされる側、両者の対話を交え、社員の理解度を見ながら、足りない部分を補っていくような教育の方法を、それぞれの職場内で努力している過程です」

リスクアセスメントのレベルアップを目指しているが、報告件数が多ければよい、逆に、少ないから事故の芽が減ったと単純に数では測れない、と来島は言う。大事なのは、集積された情報から事故やエラーの起こる場所、時刻、季節や天候などの傾向をつかみ、予兆を察知して事故防止に活かすことだと。そのために過去の事故や労働災害、社員から報告のあったリスク、低減策などの情報を一元管理するデータベースも動き始めた。すべての部署からパソコンで閲覧でき、事故の種別や場所、天候などの条件を指定すれば、発生しやすい事故を検索できる。導入に約7億5000万円かけた。

「われわれ鉄道事業者は、安全を保てなければ事業をする資格がないと思っていますから、今後も、老朽設備の更新や災害対策などを含め、安全投資を優先的に行っていきたいと考えています。一方、地域の人口が今後減少していく中で、安全に投資するキャッシュも生み出していかねばならない。2020年までに非鉄道事業の売上高を全体の4割に引き上げるのを目標にしています。そして、事業を永続させる道筋を作る、また、社員の働きがいを高めるのが、自分の社長としての役割です」

来島は福知山線事故当時、広報室長だった。殺気立つ報道陣と部下たちが激しくやり合う中、責任者の来島だけが落ち着いて丁寧に対応していたと、当時取材した記者たちから聞く。その後には被害者対応本部長を務め、浅野たち遺族と面会する機会も多かった。ある被害者から、「あなたたちが何を言っても、正当化するための言い訳やウソに聞こえる」と言われ、自分たちの会社がいかに不信感を持たれているか思い知らされた、という。

なるほど、面と向かった印象は物腰柔らかく、話す内容はあくまで謙虚で、表現も慎重だ。その分、これまでに会ってきた井手や山崎と比べれば、社長としての個性は薄いとも言える。自分でも「目指すリーダー像なんて考えたり、人前で語ったりしたことがない」と苦笑する。

こういう人物がトップになるのもＪＲ西の変化なのかもしれない。そんなことを考えながら、私はＪＲ西本社を後にした。このインタビューを取材の締め括りとするつもりだった。

だが、そうはいかなかった。

重大インシデント

第一報はネットのみの短い記事だった。

〈新幹線「のぞみ」で異臭騒ぎ／台車部分に異状／名古屋

11日午後5時ごろ、JR名古屋駅に停車中の博多発東京行きの東海道新幹線「のぞみ34号」の台車部分に異状が見つかった。のぞみ34号は運転をとりやめた。JR東海によると、京都駅を出た後に、車両から焦げ臭いにおいがしているのに乗務員が気づいたという〉（『朝日新聞デジタル』17年12月11日）

翌12日の午後3時半、車両を保有するJR西の発表から事態の深刻さがわかってくる。新幹線の台車枠に大きな亀裂が見つかった。台車枠が破損すると車軸を固定できず、高速走行中に脱線していた恐れもある。運輸安全委員会は「重大インシデント」と認定し、調査を始めた。01年に前身の航空・鉄道事故調査委員会が発足して以降、新幹線では初めてのことだった。

問題は大きく二つある。

一つは、圧延鋼材製の台車になぜ亀裂が入ったか。なぜ破損の恐れがある箇所を事前に、あるいは走行中にでも見つけられなかったかというハード面や検査体制の問題だ。

破損箇所は、台車枠の側バリと呼ばれる部分で、車輪と車軸を固定する軸箱のすぐ近く。底面の幅16cmと、左右側面の高さ17cmのうち14cm以上にわたって——つまり「コ」の字形に——亀裂が入っていた。残るはたった3cm足らず。破断寸前だった。台車枠が歪み、モーターの回転を車輪に伝える継手がずれ、油が漏れ出して焼け付いた。焦げたような異臭は、これが原因だったと見られる。約10カ月前にJR西が博多車両所で行った全般検査（部品を取り外して行う台車枠のみの検査）では問題なく、前日、JR東海の車両所で行った目視中心の仕業検査でも異常は見つからなかった。点検作業が正確に行われていたとすれば、走行中に生じた可能性が高い。JR西は、台車の異常を検知するセンサーの開発・導入を決め、2018年度から始まる新たな「鉄道安全考動計画2022」に盛り込んだ。

そしてもう一つの問題は、車掌や指令員ら複数の社員が異常に気づいていながら、そのまま運行を続け、新大阪駅で交代するJR東海の乗務員にも「走行に支障なく運転継続」と引き継いだことだ。福知山線事故後、「安全最優先」を掲げ、リスクアセスメントに取り組んできたことを考えれば、こちらはより深刻だ。

関係社員に聴取した当日の経緯は以下のようなものだった。

のぞみ34号（N700系、16両編成）は13時33分、博多駅を出発した。乗務員は運転士のほか、車掌2人と客室乗務員1人、パーサー（車内販売員）が3人。出発2分後、客室乗務員が13号車（前から4両目）デッキ付近で甲高い音を感じた。13時50分に小倉駅を出発直後にも同様の音を聞き、前後して、車掌長とパーサー2人が7、8号車付近で「焦げたにおい」「鉄を焼いたようなにおい」を感じている。14時18分、車掌長が東京指令所の指令員に異臭を報告。指令員は乗客からの申告と異音の有無を確認したが、車掌長は「ない」と答えた。指令員は、車両の保守担当社員に岡山駅から乗車するよう指示した。異臭と異音は一時弱まりながらも続き、福山駅出発後の15時過ぎには別の車掌（広島駅から乗車）が乗客から13号車に異臭とモヤがあると言われた。確認すると、客室全体がかすみ、焦げ臭いにおいがした。

岡山駅から乗車した保守担当社員3人は、13号車の異音と、床下からビリビリ伝わる振動が気になった。新神戸駅に向かっていた15時31分、「音が激しい」「床下を点検したいんだけど」と指令員に伝えた。指令員が「走行に支障はあるか」と尋ねたところ、保守担当は「そこまでは行かないと思う。見ていないので現象がわからない」と答えた。これにより、指令員は走行に支障なしと判断した。保守担当は「安全をとって新大阪で床下をやろうか」と提案したが、この時、指令員は受話器を耳から離し、聞いていなかった。上司の指令員から状況報告を求められ、対応していたためだった。その際、保守担当に「ちょっと待ってください」と会話を待つように言ったが、やり取りを聞いていた別の保守担当は、「新大阪駅で床下点検の準備をするから待て」という意味に受け取った。

床下点検を提案した保守担当は、指令員の返答がないため、13号車のモーター開放（特定のモーターを使わないようにすること）で不具合箇所を特定することを依頼。指令員から運転士にモーター開放を指示した。上司の指令員は、東京指令所で隣の卓にいるJR東海の指令員に、「異臭があったが、今はない」「異音があるのでモーター開放をする」と伝えたが、運転見合わせの協議は行っていない。新神戸駅に到着すると、保守担当2人が降車して13号車とホームの間を懐中電灯で照らして確認したが、異常は発見できなかった。

新神戸駅を出発後の15時55分、モーター開放の音を確認した保守担当が「音に変化がなく、台車まわりではないか」と指令員に伝えた。指令員が「走行に支障はないか」と聞くと、保守担当は「判断できかねる。走行に異常がないとは言い切れない」

「音が変わらず、通常とは違う状態であることは間違いない」と答えている。指令員はこの時、「保守担当は車両の専門家であり、本当に危険性や点検の必要があれば、はっきり伝えてくる」と考え、保守担当の方は「床下点検をどこでするか、指令員が調整してくれている」と思っていた。指令員は「台車関係かどうか、疑わしいけどわからないということですよね」と確認し、保守担当は「そうですね、はい」と答えた。走行に支障なしという指令員の認識は、最初に保守担当とやり取りした時（岡山駅出発後）から変わらなかった。その報告を受けていた上司の指令員も同様に判断し、「保守担当から異常なしの報告があった」と、ＪＲ東海指令員に伝えている。

新大阪駅到着後、車掌長ら３人はＪＲ東海の車掌に対し、13号車で異臭がしたこと、保守担当が点検したことを伝えたうえで、「走行に支障なし」と引き継いだ。

こうして、台車枠の亀裂と継手の油漏れを抱えたまま、のぞみ34号は名古屋駅まで走り続けた。博多駅出発直後に客室乗務員が異音を聞いてから約３時間20分。その間、広がり続けた亀裂の開きは最大１・６cmに達し、継手は異常な高温にさらされて変色していた。

やり取りを追うと、異音と異臭の軽視、曖昧な報告、思い込み、聞き漏らし、言葉の行き違い、確認ミス、判断の相互依存、いい加減な引き継ぎ……と、まさにヒューマンエラーの連続である。本来、列車運行を止める権限は指令員にある。その指示を待つ余裕がない時は現場の判断で止める。だが、異音を感知した場合のマニュアルはあっても、現場の実際の音は指令に伝わらない。異臭のマニュアルもあったが、有毒ガスや列車火災を想定したもので、今回は当てはまらなかった。互いに相手が判断するだろうと責任を押し付け合い、異常な事態をずるずると先送りするような会話は、安全への感度の鈍さと言うしかない。うまく状況把握ができない現場と、希望的観測に基づく指令員のやり取りは、第3章に書いた福知山線脱線事故直後の車掌と指令員のやり取りを思わせもする。

言葉の行き違いや思い込みによるミスは、先に列挙した近年の事例にもある。その都度、対策が打たれ、たとえば指示や状況を明確に伝える「確認会話」の徹底も繰り返し呼びかけられていた。しかし今回、それらが活かされた形跡はまったくない。新幹線は、在来線とは別系統で動いているから情報が共有されないとでもいうのだろうか。新幹線の保安システムは特別だと過信したのではないか。あるいは、新幹線を止めると、乗客への影響や経済的損失が大きいという無意識の心理的抵抗があったのではないか。だとしても、東海は止められたのに、西はなぜ止められなかったのか——。

　ＪＲ西が福知山線事故後に定めた安全憲章にこんな項目がある。

「判断に迷ったときは、最も安全と認められる行動をとらなければならない」

　この最も重要な項目が守られなかった。来島が「職種やエリアが多岐にわたり、全員が同じレベルで取り組めているとは言えない」と言ったのは、このことだったのだろう。私が来島に取材をしたのは12月12日の午後4時。まさに、のぞみ34号が止まった翌日の、ＪＲ西が亀裂発見を発表した30分後だった。ただ迂闊なことに、私はその一報を把握していなかった。本の締め括りにと、総論的で茫洋とした問いを私が重ねている間、来島の頭の中は具体的な危機で満たされていたのだろう。

現場力の低下

　のぞみ34号の重大インシデントを受けてＪＲ西は、来島や会長の真鍋ら11人の報酬の一部返上と、副社長兼鉄道本部長、吉江則彦の降格を決めた。併せて、副社長を3人体制にした。うち1人は、課題検討会で淺野と向き合った平野賀久である。また、安部誠治・関西大教授を座長に、ヒューマンファクターの観点から検証・提言する有識者会議を設置した。

年が明けて、私は再び冨本に会った。重大インシデントから1カ月が経っていた。

「さまざまな問題がありますが、最終的にはただ一点、運行を止められなかったこと。誰もその判断に至らず、行動できなかったことを痛恨と言うしかありません」

最初にそう言い、指令員や保守担当社員の判断の背景を推し量った。先述した通り、冨本は新幹線の乗務経験がある。

新幹線の「異音」の報告は、年間百数十件あるという。2017年度は、今回のインシデント発生までの8カ月余りに104件。大半は走行に関係のない音で、実際に列車を止めて点検の必要があったのは1件のみ。そのため、最初に報告を受けた指令員の認識は、「いつものこと」から始まっていた可能性がある。一方、保守担当を同乗させ、チェックさせるのは月に1、2回程度。とすれば、見過ごしてよい事態と思ったわけでもない。

では、なぜそこから先に踏み込めなかったのか。

新幹線は在来線と違って、この種のトラブルが少なく、特に初代の0系車両が運行を終えてからは、ほとんど発生していないこと。それゆえ現場社員がトラブルに遭遇した経験が少なく、今回も大丈夫だろうと過信してしまった、つまり、都合の悪い情報を過小評価や無視する「正常性バイアス」が働いたと考えられること。そして、もう一点はやはり、最終的な判断を互いに依存し合い、自ら「考動」する姿勢が根付いていないこと。

問題は、福知山線事故後にＪＲ西がさんざん指摘され、批判され、何年もかかってようやく反省したはずの「組織風土・企業体質」に行き着く。

「何よりも安全を優先してやってきたつもりですが、現場の最前線まで浸透していなかった。浸透させられなかった私自身にも責任がある。しかし、これまで取り組んできた方向性が変わることはありません。ギリギリ３㎝、台車枠がなんとか残ってくれたことをチャンスととらえ、もう一度、福知山線事故という原点に立ち戻って、地道にやっていくしかない」

この件で私は何度も淺野と話した。当初は失望をあらわにし、怒ってもいた。だが、冨本が年末に弔問に訪れた際、淺野は励ましたのだという。

「あなたたちのやってきたことは間違っていない。前向きにやってくれ」

もちろん楽観はしていない。台車の材質や強度、製造工程や品質管理など、ＪＲ西１社にとどまらない問題が潜んでいるかもしれないと考えてもいる。だが、それ以上に、事故後に議論と対話を重ね、ともに考え、定めてきた安全への軌道をＪＲ西は進んでほしいと願っている。信じてみようと思っている。

◇

2月末になって、重大インシデントの発端と見られる事実が明らかになった。

台車を製造した川崎重工業が、鋼材を加工する際、設計基準より薄くなるまで削ったために強度が不足していたのである。台車枠には厚さ8㎜の鋼板が使用され、溶接や加工時に削るとしても0・5㎜以内にとどめ、厚さ7㎜以上を保つ設計基準があった。だが、現場の作業チームで共有されず、基準を超えて削っていた。台車枠に別の部品を溶接する際、接着面のすき間をなくすためだったという。最も薄い部分では4・7㎜になっていた。

この台車は2007年製だが、JR西が07年〜10年に川崎重工から購入した100台で同様の欠陥が見つかり、JR東海の保有車両でも46台あることがわかった。JR西は車両の交換を進めると同時に、目視では確認できない箇所や微細な傷を発見するため、超音波検査を導入すると発表した。

川崎重工の社長ら幹部は会見で、「班長の思い違いで間違った指示を出していた。加工不良という認識がなく、情報は上に伝わっていなかった」「現場の判断任せで、基本的な教育が欠如していた」と現場のミスを強調するように語ったが、問題はそれだけではない。同社全体の品質管理体制、発注側であるJR西のチェック体制、引いては日本が誇ってきた「ものづくり」全体に欠陥が潜んでいることを、この重大インシデントは物語っている。

日本の製造業では近年、不正が次々と発覚している。三菱自動車の軽自動車燃費試験データ偽装、日産自動車やSUBARUの無資格従業員による出荷検査、神戸製鋼所のアルミ・銅製品の検査データ改ざん……。不正な行為だという認識がないまま、数十年にわたって常態化してきたケースも少なくない。「現場力」の低下を指摘する声がある。専門化・細分化が進み、ブラックボックス化する作業手順。現場を知らないために見過ごしてしまう経営陣。この現場と経営陣の分断は、80年代後半のバブル景気前後に原点があるという声も聞く。利益と経営効率ばかり追求し、バブル崩壊後は人員やコストの削減に走るあまり、日本の企業全体で安全や品質という「倫理」が軽視され、おろそかになった。その結果が今、噴出しているのだと。

果たしてそこまで普遍化できるのか、私にはわからない。だが、福知山線脱線事故の後、技術屋の自負を持って淺野が指摘し続けた問題と重なる部分は決して少なくないように思える。

戦後史の二つの軌道

かつて温泉や遊園地でにぎわった郊外都市の駅を出て、銀色の列車は古い住宅地の間を行く。時々現れる農地やため池にのどかなローカル線の面影が残る風景は、次第にマンションが増え、ショッピングセンターや工場が混じり始める。さらに行くと、町工場、物流倉庫、資材置き場などが連なり、やがて真っすぐな線路の先に名神高速の高架橋が見えてくる。くぐれば、制限速度60㎞を示す標識。運転席のモニターは「制限速度60㎞」の表示で点滅し、「速度確認！」の音声が流れる。運転士の後ろ姿が心なしか引き締まるように見える。カーブに差しかかる。列車はゆっくりと、あのマンションの脇を行き過ぎる――。

本書のための取材を始めてから、ＪＲ福知山線で宝塚―尼崎間を幾度となく往復した。なぜ脱線事故は起こったか。淺野が事故後に求めてきたものとは何だったか。それ以前から続いてきた彼の軌道は、どこから来て、どこへ行こうとしているのか。駅ごとに変化してゆく車窓の風景を追いながら、ぼんやりと考えて。

淺野の人生の歩みは、戦後の日本をある角度から写照した肖像である。

科学技術振興。列島改造。地域開発と都市計画。それらによって実現された高度経済成長。一方に、負の側面として現れた工場煤煙や排気ガスなどの大気汚染公害。水質汚濁や自然環境破壊。山林や農漁村の消失。そして、震災や水害、噴火や土砂崩れなどの大規模災害。

両方をまたぎながら、淺野の精神的な軸足は、強い者より弱い者、大きな者より小さな者、組織より個人、権力や資本家より市民や労働者の側にあった。「僕は〝やられる側〟に立つ」と信条を語ったように。政治的な信念ではない。彼の中で一貫しているのは、技術屋の矜持である。都市計画やまちづくりの専門家として、プロの仕事ができているか。責任を果たせているか。それだけが自己評価の物差しだった。

災害復興の話ほどには触れられなかったが、2000年に尼崎公害訴訟が和解した後、公害患者会の依頼を受けて、彼らを支援する組織を設立し、事務局長を務めた。自動車公害の発生源だった国道43号や阪神高速の環境対策から患者の療養旅行まで、さまざまな交渉や活動をコーディネートし、自ら参加した。公害で傷つき疲弊した尼崎南部地域の環境再生と活性化を目指して、「尼崎南部再生研究室」という市民組織も設立した。地域の歴史や資源を掘り起こし、かつて存在した地場産サツマイモの復活栽培など、住民のつながりと街のにぎわいを取り戻すアイデアをさまざまに絞ってきた。その仕事は、若狭健作と綱本武雄を中心とする若い世代に受け継がれている。彼らは、淺野とともに国土研で活動した片寄俊秀のゼミ出身である。技術屋のネットワークとさまざまな分野の専門知を駆使して、住民の目線から地域の再生と災害被災地の復興に取り組む――。これが、淺野の生き方だった。

それは、本人が意図しようとせざると、戦後民主主義の思想に立脚し、体現する生き方だった。「戦後が終わった」としばしば言われる1995年の阪神・淡路大震災が、彼のキャリアの集大成となったのは、その意味で象徴的だ。そして、「戦後の終わり」からちょうど10年後に遭遇し、当事者となったJR福知山線脱線事故においても、淺野は技術屋の矜持と戦後民主主義に根差した思想を手放さなかった。

一方、加害者であるJR西日本の歩みも一つの戦後史そのものだった。

戦後発足した国鉄の輸送力増強と交通網の拡大。動力の近代化と、新幹線に代表される高速化。だが、巨大な公共企業体ゆえに経営は非効率になり、政治との癒着や介入も問題視された。同時に労働運動の一大拠点となり、激しい労使対立を抱え込んだ。巨大組織は行き詰まり、やがて解体へと向かう。分割・民営化。それは、「戦後政治の総決算」を掲げた中曽根政権による「民活」や「小さな政府」という名の新自由主義的改革であり、その裏には国労および総評を崩壊させ、日本の労働組合全体を弱体化させる狙いがあった。国鉄内部の総司令官だった井手正敬は「宮廷革命」と呼び、その下で動いた葛西敬之は「啓蒙運動」と位置付けた。いずれにせよ、徹底して統治者目線の、上からの構造改革だった。

ＪＲが発足してからは、民営化の果実を生み出すことが各社の至上命題となった。人員削減など際限のないスピード競争。都市路線の拡充と赤字ローカル線の切り捨て。人員削減などの合理化。井手の率いたＪＲ西は一時、「民営化の優等生」と呼ばれるまでになった。だが、その成功体験と独裁的統治の果てに事故は起こった。それは、独り井手やＪＲ西という一企業の問題ではない。改革を支持した世論、効率化とスピード化を求め続けた乗客、つまり私たち自身の問題でもあることは認めねばならない。

淺野とＪＲ西。立場や視座を異にして交わることのなかった二つの戦後史の軌道が、まったくの偶然によって交錯したのが、あの事故だった。だが淺野は、偶然を不条理のまま終わらせなかった。「なぜ」を徹底的に突き詰めて、事故を社会化しようとした。いわば、事故の瞬間に未来から働きかけ、偶然性に永遠の意味を付与しようとした。

自分自身が〝やられる側〟になった彼は、妻と妹を亡くした遺族という「個人」の立場で、巨大企業に対峙した。4・25ネットワークは遺族の集まりではあるが、「組織」ではない。あくまで、JR西を事故と自分たちに向き合わせるための弱い者、小さい者たちの連帯だった。糸口は、組織の中にいる個人を見つけることだった。南谷昌二郎や垣内剛では話にならない。次々と謝罪に訪れるものの、頑なに組織の言葉しか口にしない幹部たちも対話の相手には到底なり得なかった。独裁者が支配する組織は、個人を溶解させる。個人が溶解すれば、主体的な判断や思考を誰もしなくなる。前例と予算と内部の力関係、そして空気に支配される。それがJR西の「組織風土」や「企業体質」と呼ばれるものになっていた。国鉄改革の総司令官から「天皇」となった井手の威光が、そういう組織を作ってしまった。

そこに現れた少し毛色の違う人物が山崎正夫だった。同世代の技術屋だったことが淺野の目を引き、率直な言葉に好感を持った。山崎は組織改革の途上で退場を余儀なくされ、また情報漏洩という自らの失態によって非難を浴びるが、淺野の信頼は揺るがなかった。

もう一人が坂田正行である。彼は、山崎よりは組織人でありながら、淺野をはじめ遺族・被害者という弱い者、小さい者の言葉に耳を傾けられる個人だった。その坂田の後押しを得て、淺野は、加害企業側と対等に議論する場を実現させた。

淺野と山崎という2人の技術屋が出会い、共鳴し、外と内から組織に穴を穿った。

組織内の空気を読むのが不得手な山崎を、坂田がサポートした。そうして何年もかかって、ＪＲ西という巨大企業の軌道は緩やかにカーブを描き始めた。福知山線事故までに目指してきた行き先とは、少し異なる方向を目指して。

信号はいつも青とは限らない。線路上に障害物もあるだろう。思わぬ車両のトラブルや機器の故障に見舞われることもあるかもしれない。乗務員がエラーをすることも、当然ある。

そして、おそらく終着駅に着くことはない。安全に「絶対」はないのだから。

彼らが掲げる安全憲章の最初にうたうように「不断の努力」を続けていくしかない。

エピローグ　一人の遺族として

鮮やかな黄色や橙色(だいだいいろ)の実が鈴なりになって、冬の陽に輝いている。
柚子(ゆず)、はっさく、金柑(きんかん)、スダチ、そして、レモン。
浅野の家から歩いて5分ほどの住宅地。父親が工務店経営を引退してから作った畑がある。その一角に30年ほど前から果樹を植え始めた。浅野夫婦や弟たちが手分けして肥料をやり、剪定(せんてい)や収穫などの世話をしてきた。

2本あるレモンの木は、浅野と妻の陽子が苗木を買ってきて、2人で植えた。

「あれはたしか震災の数年後だったから、20年ぐらいになるかな。長いこと花も実も付かなかったけど、女房が亡(な)くなった頃から、まるで入れ替わるみたいにたくさん実るようになってね。たぶん、今がこの木の盛りやろうね」

みずみずしく香り立つ、テニスボール大に育ったレモンを摘みながら、浅野がつぶやく。

妻が亡くなって、まもなく13年。たくさん取れるレモンと畑で育てた新タマネギ、それに、バナナやニンジンやセロリを加えた野菜ジュースを飲むのが毎朝の習慣になっている。余った分は、近所や事務所の社員たちに配る。それでも持て余してしまう。かつては夫婦と子供3人、両親と祖母の8人が暮らした広い家に、今は淺野だけしかいない。

事故当時、同居していた長男は、仕事の都合もあり、1年半後に家を出た。3年が経った頃、父親を92歳で見送った。重傷を負って半年近く入院した次女の奈穂は退院後、家には戻らず、独り暮らしを始めた。リハビリを続けながら、後遺症の克服と自立を目指し、懸命に事故後を生きている。長女の充智がそれを見守り、サポートする。

「僕がどうしろこうしろと口を挟むべきじゃない。もちろん心配はしているけれど、僕には言うべき言葉がない。何を言えばいいのかわからない」

家族の全員が、あの事故でそれぞれに深く傷付いた。お互いを慮って事故の話もしてこなかった。いや、できなかった。背負わされた重荷とどう向き合い、人生を切り開いていくかは、それぞれが自分で考えるしかない」

この家の土台だった陽子を失い、家族はばらばらになった。JR西日本の人間に言ったことがある。「あんたらは、僕ら家族の精神的つながりまで断ち切った。完全に崩壊させてしまった。それをわかっているか」と。事故検証においては、妻への思いや恨みつらみの感情はいったん置くと言ったが、それらが消えたわけではない。

事故から5年後、淺野がある研究誌に寄稿した文章にこうある。

〈今では空気のない家屋に棲んでいるような日々が続いている。肉親の誰かがいるといないでは全く異なる時空のように思える。ただ毎朝、老犬と共に出勤し、夜、私の部屋でぐっすり寝入っている姿に、ほっと妻の幻影を重ねようとする自分がある〉

厳しい姿勢でJR西と対峙しながら、自宅に戻れば、ふと妻のまぼろしを見ることが幾度もあった。春によく手入れをしていた庭先。かわいがっていた老犬の散歩コースにある路地の角。池の水面や立木の陰。何をするでもなく、何かを訴えるでもなく、こちらを見て立っていた。花が欲しいのだろう。そう思って秋にパンジーを植えた。冬になれば、仏前にレモンを供えた。そうして妻を失ってからの日々をどうにか過ごしてきた。唯一、心の慰めだった老犬のクッキー――もともとは震災から救出された被災犬を動物好きの奈穂が引き取ってきたのだった――も、先の一文を書いてからまもなく、息を引き取った。

空気のない家に暮らす孤独。そこに病気も重なった。

最初は事故の年の夏だった。仕事帰りに胸が苦しくなり、病院へ行くと、狭心症と診断された。即入院となったが、妻の百箇日法要を数日後に控えており、応急のカテーテル治療だけでしのいだ。２カ月後にあらためて入院して治療。さらに、数年おきに入院を繰り返してきた。安全フォローアップ会議が始まった２０１２年にはバイパス手術を受けている。

その翌年には脳梗塞に見舞われた。自宅でテレビを見ていたら急に視野が欠け、画面の４分の１ほどが見えなくなった。救急車を呼んで即入院。発見が早かったため投薬で済んだが、これ以外にも救急車で運ばれたことが2回ある。

長年の持病も悪化した。歩くのが辛いほどの足の痛みは、若い頃からの腰痛の影響だろうと言われた。冬場の冷えは特にこたえる。震災直後から患う糖尿病は、事故の日が近づく毎年春になると、血糖値が上がる。「おそらくメンタルなものでしょう」と医者は言う。

２０１４年４月25日のスピーチで、「これまでずいぶん無理をしてきた」と口にしたのは、こうして次々と現れる身体の不調を指していた。加齢による衰えや慣れない独り暮らしの疲労もあるだろう。だが、やはり妻を失ったショックと、思うに任せぬＪＲ西との厳しい交渉が精神にストレスをかけ、身体が悲鳴を上げているのだという自覚があった。

それでも、ひるむことなく前を向いてこられたのは、精神力というほかない。不条理極まる妻の死を無駄にしてはならない。JR西に事故を語らせ、組織変革へ向かわせねばならない。遺族となった自分の社会的責務を果たさなければならない——。その一心で病気をねじ伏せ、なんとか持ちこたえてきた。

精神的にも肉体的にも、やや落ち着きを取り戻せたのは、自分たちがまとめた提言によって、JR西に変化の兆し（きざし）が見えてきた頃。10年以上が経っていた。

「お父さんは十分にやってくれたよ。わたしのことはもうええから」

一人で家にいると、妻のそんな声が聞こえてくる気がした。

技術屋の矜持（きょうじ）と被害者の感情と

淺野には趣味と呼べるものがない。

同年輩のサラリーマンの多くがやっていたゴルフは興味がなかった。近場でできる山歩きや釣りにも行かない。野球観戦は嫌いではないが、ほどほどでいい。競馬や麻雀（マージャン）は性に合わず、映画や音楽に心動くこともない。我を忘れて何かに熱中したい気持ちはあるが、そんな自分をクールに眺める自分が一方にいて、のめり込むことができないのだという。

結果、仕事一筋の人生となった。自治体などから請け負う都市計画やまちづくりの業務を「本業」とすれば、それ以外で自主的に出かける被災地視察や環境調査などのサブワークが「趣味」。それゆえ、仕事外で交流のある友人も少ない。たまに妻と出かける旅行ぐらいが小さな楽しみだったが、引退後に取っておいた旅の計画は、もう果たされることはない。

趣味というほどでもないが、事故後、思いがけず料理に目覚めた。それまでは一切、台所に立つことはなかったが、必要に駆られて食事の用意をするうち、食材の組み合わせや調理法をあれこれ工夫したり、新しいレシピを見つけて試したりするのが意外と楽しいことを知った。「料理はロジックやからね」と言う。料理の情報を電話やメールで交換し合う同年輩の友人もいる。元メーカー勤務の原子力技術者で、事故後、親交が深まったという。

私も一度、その友人と一緒に淺野の手料理を食べたことがある。鯛(たい)の潮汁(うしおじる)、根菜の炊(た)き合わせ、豚肉の野菜巻き、タケノコご飯。「薄味で申し訳ないけど」と言いながら並べてくれる料理はどれもおいしく、〝七十の手習い〟にしては立派なものだった。何よりも、頑固で不器用な浅野が精いっぱいもてなそうとしてくれている、その心遣いがありがたかった。

食卓で阪神・淡路大震災の話になった。

「若い頃の浅野さんが『べき論』を唱える理想主義者だったとすれば、雲仙・普賢岳を経て、阪神・淡路からは、そのうえでどう現実と折り合うかという考え方に深まった感じがするね。単に妥協するということじゃなく、住民の権利や人間の尊厳という理想を明確に持ったまま、現実から出発する、というね」

友人の見る浅野評に、こう答える。

「雲仙・普賢岳では、災害復興の中に被災者の思いをどう位置付けるかを考え、阪神・淡路では、そこで学んだことを実践した。それがこの事故で当事者になって、初めてわかる被害者の感情があった。でも、自分の感情をそのまま出したのでは、これまで人をサポートし、問題を社会化しようとやってきたプロとしては不十分だ。被害者の感情を、社会の問題に置き換えてこそプロなんやと」

雑談は結局、仕事論に戻る。復興とは、都市計画とは、技術者とは、プロの責任とは……。

正直に言って、私には理解しかねるところもある。「社会化」などせずに感情を表すことも、時には必要ではないか。あってもいいのではないか。しかし、淺野の考え方は違う。個人的な感情の問題を社会化することによって、自分を納得させ、プロとしての信念を貫く。そのように生きてきた。おそらく、そのようにしか生きられなかった。

列車が軌道を外れては走れないように、自らの立てた理路に徹底的に沿うことによってしか、彼は前へ進めなかった。被害者になっても、それを外れることをよしとしなかった――。

2017年4月25日。事故から12年の日も、私は淺野と一緒に追悼慰霊式に出席し、現場へ献花に行った。感傷に浸るような場所が苦手なのだろう、やはり居心地が悪そうに見えた。淺野は年に一度、この日にしか現場へ行かない。

マンションの保存工事はさらに進み、18年の年明けに私が見に行った時には、風雨から守るアーチ状の大屋根が付き始めていた。敷地は芝生の広場になり、慰霊碑と犠牲者名碑が立つことになっている。完成予定は18年夏頃というから、まだ半年以上先になる。

犠牲者名碑に妻の名を刻むことを淺野は了承しなかった。これも、彼なりの筋道の通し方だ。現場を保存し、事故を社会に記憶させることには意味があるが、妻の死を悼(いた)み、弔うのは家族の役目であり、個人的な感情の問題だと彼は言う。

妻の墓は、自宅からすぐの寺にある。あの日、家を出る時に身に着けていた服や指輪や眼鏡も傍らに置いてある。それでいい。

１本のレールが技術屋の矜持だとすれば、もう１本が妻を失った男の感情のレールだ。その２本で淺野の軌道はできている。２本が交わることはないが、離れることも決してない。

彼の軌道は、人生の終着駅まで、そのようにして続いてゆく。

淺野氏が手元に保管している妻・陽子さんの遺品

あとがき

「尼崎のJR福知山線で踏切脱線事故！」

デスクが両手をメガホンにして、編集局のフロア中に告げたのを覚えている。

私は、記事の見出しと紙面レイアウトを担当する整理部の一人離れた机で、夕刊のスポーツ面を作ろうかというところだった。内勤も4年目に入り、特に緊張感もない。「米大リーグ、デビルレイズの野茂英雄（のもひでお）投手が2敗目を喫した」「アテネ五輪金メダルの北島康介（きたじまこうすけ）が世界水泳の代表権を得た」といった、通信社から届く日常的な記事にのんびり目を通していた。

そこへ大事故の一報。自分の担当紙面はさっさと片付けて、一面や社会面の応援に入った。現場から写真や記事が次々と送られてくる。無残に大破した車両、懸命の捜索と救助、刻々と増えていく死傷者。踏切ではなくカーブで脱線し、マンションに激突したということも、ほどなくわかった。その日の夕刊は事故の記事で埋め尽くされた。号外も発行した。

ただ、自分が取材するわけではない内勤部署は、当番の紙面ができ上がれば仕事は終わる。作業が一段落して緊張が解けた夕刻だったか、「大変な事故やけど、そっちはどんな様子?」と尼崎の親しい友人に電話した。淺野弥三一氏の事務所の若狭健作氏である。彼の返事は思いもかけないものだった。「淺野の奥さんが電車に乗っていて、まだ見つかっていないんです」——。

まさか自分の知る人が……。絶句し、身を固くした。自分の緊張感のなさを恥じた。約1年後、私は新聞社を退社した。フリーランスになって初めて書いた記事が、第2章に引用した淺野氏の手記だった。私よりずっと早く新聞社を辞めて、東京で週刊誌記者をしていた西岡研介氏から『月刊現代』を紹介されたのだった。その雑誌も今はもうない。

その後も事故関連の記事をいくつか書いたが、きちんと筋道立てて追っていたわけではない。ただ、淺野氏の発言や行動が報じられればやはり気になったし、相変わらず尼崎の事務所には出入りしていたので、様子は聞いていた。顔を合わせれば、4・25ネットワークの動きやJR西とのやり取りを直接聞いた。いつかまとまったものを書く必要があるかも……と、ぼんやり考える一方で、尻込みする気持ちもあった。プロローグに書いた通り、淺野氏が何を主張し、どこを目指しているのか、当初は理解しかねるところもあったからだ。

「事故後にやってきたことを客観的な記録として残せないかと思ってるんやけど」

淺野氏からそう言われたのは、2012年の春頃だったと思う。課題検討会が終わり、安全フォローアップ会議に移行しようとしていた頃だ。自分がその役割に指名されたのかどうかもわからないまま、次の年からまた4月25日の追悼慰霊式に出席させてもらうようになった。

取材は難航した。というよりも、何を、どこまで書けばよいのかが見えなかった。淺野氏の主張や行動、折々の心境を聞き書きするだけなら、そう難しくはない。だが、彼のやってきたことが加害企業のJR西日本にどう響き、誰が反応し、それによって安全思想や経営手法にどんな変化があったのか、組織の内情まで書かなければ意味がないと思っていた。淺野氏にインタビューを重ね、関連資料を読みながら、JR西の元幹部に取材依頼を繰り返した。

私のような一介のフリー記者が、JR西の関係者や専門家に取材できたのは、淺野氏という遺族の思いを背負っていたからだが、とりわけ同社元専務の坂田正行氏と、被害者対応本部で長く淺野氏を担当する左野良樹（さのよしき）氏にはお世話になった。深く感謝を申し上げたい。坂田氏は、淺野氏の思いをなんとか形にしようと陰に日向（ひなた）にご尽力くださり、左野氏には多くの同社関係者の取材を連絡調整していただいた。

記者の先輩である西岡氏と牧久氏にも、心より感謝を申し上げる。一般的な鉄道事故取材の経験はあっても、ＪＲを担当したことはなく、国鉄改革の知識や理解も深くない、また鉄道マニアでもない私が、どうにか本書を書き上げることができたのは、西岡氏の『マングローブ』と牧氏の『昭和解体』を読み、国鉄改革の構図と内情、今に続く宿痾（しゅくあ）について、レクチャーを受けたおかげだ。そして、中心人物である井手正敬氏をはじめ、関係者につないでいただいたことが大きい。結果的に労組問題には踏み込まなかったとはいえ、ＪＲという巨大組織に必ずついて回る歴史を踏まえることなしに、この取材はできなかった。

本文中に新聞記事を多数引用したが、約13年間の膨大な報道の中から、大筋の経緯を追う参考にしたのは、自分がかつて所属した神戸新聞の記事だった。マスコミ各社が総力を挙げ、東京の国交省や事故調にも記者を張り付かせる中、人員体制や取材網で大きなハンディを負う同紙が奮闘を続けてきたことに私は敬意を持っている。この事故と教訓を語り継ぎ、ＪＲ西が本当に変わったかを見つめ続けるのは、現場を抱える地方紙の使命だと思う。

東洋経済新報社の渡辺智顕氏には、本書の企画が曖昧模糊とした状態だった段階から相談に乗っていただいた。執筆が始まっても筆が遅く、すぐに悩んで筆が止まる私を辛抱強く待ち、励ましていただいた。前著を書き上げた直後に御礼にうかがった先で、偶然にも彼と出会えたことは幸いだった。

本書は、淺野弥三一という一人の遺族の肩越しに事故を追った記録であると最初に書いた。淺野氏も知らないJR西の関係者と会ったり、内情を聞いたりする時、私は、彼の目となり、耳となろうと努めた。それゆえ、他の遺族・被害者とは考え方が異なる点も多々あるはずだ。実際、淺野氏や4・25ネットワークと一切関わりを持たず、まったく違う事故後を歩く人も、私は知っている。だから、ここに書いたことが唯一の「正解」であるとか、「あるべき姿」などと言うつもりはない。数百人の遺族がいれば数百通りの事故後があるのは大前提である。

ただ私は、淺野氏との縁をはじめ、自分のこれまでの職歴と人間関係の中で、否応なく自分自身に生じた「責務」――淺野氏の技術屋人生とJR西の歴史をさかのぼり、二つの軌道が交錯した地点からの歩みを記録すること――を、ようやく果たせた気がしている。

最後に、福知山線脱線事故で犠牲になった方々のご冥福(めいふく)を祈り、負傷された方々やご遺族が一日も早く平穏な生活を取り戻せるよう願っている。

２０１８年３月

松本　創

補章　事故を心に刻むということ

コロナ禍で問われる「経営と安全」

安全と経営はトレードオフではない。そうあってはならない。安全の追求と経営の効率化を両立させるのが、鉄道事業者の使命ではないか――。

淺野弥三一がＪＲ西日本に突き付けた命題が、にわかに現実となった。

２０２０年の初頭から日本でも広がり始めた新型コロナウイルス禍は、年が変わっても収束の兆しが見えない。鉄道・航空をはじめとする公共交通機関、とりわけ長距離輸送を主軸とする各社は大打撃を受け、経営危機にあえいでいる。

通勤通学客の減少、出張や旅行の自粛、インバウンド（訪日観光客）の消失……。各社は、減便や運休、路線の廃止・再編、新規事業凍結といった事業の見直しと、社員の一時帰休、他事業や関連会社への異動、給与カットやボーナス不支給など雇用面のコストカットで対応してきたが、収束が見通せない以上、苦境は続く。経営計画の見直しにより、大規模な人員削減も予想される。

ＪＲ西も、もちろん例外ではない。20年10月末に発表した同年9月の中間連結決算は、売上高が前年同期比49％減、最終損益は１２８１億円の赤字。1年前には、関西圏のインバウンドの好調もあって過去最高益を上げ、業績予想を上方修正する勢いだったのが一転、21年3月期には赤字が２４００億円まで膨らむと予想されている。民営化後最大の赤字である。

19年秋、来島達夫が社長退任と代表権のない副会長に退くことを突然表明したのを受けて、12月から9代目――福知山線事故後では5人目――の社長となった長谷川一明（はせがわかずあき）は、いきなり危機に直面することになった。

交代発表の記者会見で、来島が「切れと繊細さを併せ持つ」と評した長谷川は、主に財務や営業、経営企画畑を歩み、副社長時代にはホテルや商業施設や不動産などの非鉄道事業を統括した。25年に開催予定の大阪・関西万博などを見据え、経営の多角化と新たな成長戦略を期待されての就任だった。一方、福知山線事故当時は神戸支社次長として被害者対応に当たった経験もあり、本人は会見や幹部への訓示で「基幹事業である鉄道の安全なくして、当社グループの成長はない」と何度も強調している。淺野が求める「経営と安全の両立」を目標に掲げていたわけだ。

それが、成長どころか、事業存続にも関わる経営危機に見舞われている。

この間、ＪＲ西は、山陽新幹線の本数を１カ月間にわたって最大約３割削減し、在来線の特急も大幅に減便。仕事の減った駅員や乗務員をはじめ、各部署の社員を一日につき１０００〜１４００人休ませる１カ月前後の一時帰休を２回行った。長谷川の５割返上を筆頭に、役員報酬はカット。次年度の採用人数も減らし、赤字ローカル線の廃止を含む見直しを進める。最大組合のＪＲ西労組は21年の春闘で、発足以来初めてベースアップ要求を見送っている。同年春からは深夜帯のダイヤを見直し、近畿圏12線区で48本を削減。これにより、終電が最大30分早くなる。もっとも、これはコロナ禍以前から深刻になっていた、深夜の保線作業などを担う協力会社の人手不足も大きい。不規則な夜間勤務や危険で過酷な仕事が敬遠され、人が集まらない。なんとか採用しても、離職率が高いという。

中間決算と同じ日、長谷川は22年度までの中期経営計画の見直しを発表し、その理由をこう述べている。

「短期間での利用回復は見込めず、コロナ収束後も乗客は9割程度しか戻らない」

在宅勤務やWEB会議の定着、旅行や外出の減少で、人と人が会う機会そのものが減っていくことを前提とした予測だが、同社関係者からは、さらに悲観的な声が漏れ聞こえてくる。

「ひどい時は、通勤時間帯の乗車率が3割ほどのこともあった。働き方が大きく変わっていくと考えれば、コロナ前の7割も戻ればいい方じゃないか」

「阪神・淡路大震災、福知山線事故に続く三度目、その中でも最大の危機。回復が見えないのが痛い。20年後の人口減少社会が、いきなりやってきたようだ」

こうした急激な業績悪化の中でも、長谷川は「安全」を最優先課題に掲げ続けている。経営計画見直しの会見でも「変わらぬ価値観がある」と語り、福知山線事故のような重大事故を二度と発生させない、という決意をあらためて示した。

「当社がきわめて重大な事故を引き起こした責任は、何ら変わりません。反省と教訓を重く受け止め、被害に遭われた方々への真摯な対応、安全性向上の取り組み、変革の推進という、従来掲げている経営の三本柱は、今後も最重要課題として取り組んでまいります」

発生15年となった20年4月25日は、コロナ禍により、追悼慰霊式が中止になったが、現場へ献花に訪れた長谷川は記者に囲まれ、「反省と教訓」「事故を心に刻む」と、歴代社長と同様に語った。この年から、事故後に入社した社員が過半数の52％になったことを問われると、「世代が変わっても風化させることなく、ご被害者の悲しみや痛み、安全性向上について、しっかり伝えていく」と述べた。

経営と安全はトレードオフではない——。ＪＲ史上最悪の事故と、その後の淺野たち遺族との対話を通して、ＪＲ西の安全最優先は堅持されているように見える。今のところ、トップや経営幹部の発言を聞く限りは。

重要なのは、こうしたトップの言葉や経営姿勢がただのスローガンで終わらず、具体的で実効性ある取り組みになっているか、「組織風土」として根付いているかだろう。ＪＲ西は、あの事故を経て本当に変わったのか。経営が危機的状況にある今こそ、真価が問われている。

祈りの杜（もり）を歩く

犠牲者を追悼し、事故を語り継ぐとともに安全最優先を心に刻むための施設は、この数年の間にも整備が進んだ。

尼崎市久々知の脱線事故現場は、一見それとわからない空間に生まれ変わり、「祈りの杜」と名付けられた。18年9月下旬から一般公開されたが、私はその少し前に淺野とともに訪れた。

列車が衝突したマンションと隣接地を合わせ、７５００平方ｍに及ぶ敷地。広い芝生の中央に水盤があり、白御影石（みかげいし）でできた高さ約４ｍの慰霊碑が立つ。その前に犠牲者名碑と献花台、ＪＲ西のお詫（わ）び文と安全の誓い。数十ｍ先にあのマンションが横たわるが、常緑樹の木立に遮られ、手を合わせる場所からは見えないように配慮されている。

もともと9階建てだったマンションは、ＪＲ西が遺族・被害者の意向を確認したところ、全棟保存から完全撤去までさまざまな意見があったが、結局、衝突の痕跡（こんせき）が残る北側の４階部分から、救助活動が行われた南側1階まで階段状に保存され、アーチ状の大屋根で覆(おお)われた。線路との間には半透明の壁ができ、ほんの５ｍ先の軌道上を走る電車の姿は見えづらくなった。浅野とたたずんでいると、数分ごとに轟音(ごうおん)や軋(きし)み音だけが響いてくる。

「リアリティがないというか、よそよそしいというか、すっかり異空間になったね。きれいすぎるという反発も遺族の中にあるようだけど、保存整備しようと思えば、まあこんな形になるやろうね。感想は……まあ、こんなものかと。どう言えばいいかわからない」

感情表現や感傷的な場所が苦手なのは、相変わらずだ。事故の遺族というより、震災復興や公園の設計を手掛けてきた都市計画コンサルタントの目線で語っているように聞こえた。

祈りの杜の入口には小さな建物があり、１階が記帳所と常駐する社員の事務所、地下が「追悼の空間」「事故を伝える空間」という展示室になっている。ここにも遺族らの意見が反映され、追悼の空間には犠牲者へ向けた手紙や千羽鶴(せんばづる)などの品が展示されている。浅野がこだわったのは、事故を伝える空間の方だ。

脱線に至る運行経路や時間・速度の推移、車両破損や救助活動など現場の状況、ＪＲ西の安全策の不備や組織風土といった背景要因まで含めた事故原因、それから浅野自身が深く関わってきた事故検証や安全確立への取り組み。そうした詳細が、事故調査報告書や報道・社内資料を引用する形で展示されている。

そこを見て歩いている時、淺野のつぶやきに一瞬、感情がにじんだ。

「女房が死んだ状況なんて想像したくないけど、これではひとたまりもない……」

目の前の壁に、車両ごとの死亡者数が記されていた。1両目42人、2両目57人、3両目3人、車両不明の死者が4人。淺野の家族は、最も犠牲者の多い2両目に乗っていた。マンションの角に押し潰され、ほぼ真ん中から「く」の字に折れ曲がった図をあらためて見て、ぽつりと漏らしたのだった。

その事故列車は、数年間の議論と検討を経て、全7両を保存展示する計画が最近ようやくまとまった。淺野は現場マンションの横に置くべきだと主張したが、JR西は吹田市の社員研修センター内に保存施設を作り、収容することを決めた。同じ敷地には、第8章に書いた「鉄道安全考動館」と「安全体感棟」がある。JRやグループ企業の社員たちが定期的に受けている安全教育に活かすという。完成は24年秋を目指す。前の4両は救出活動で切断・解体され、原形をとどめていないが、その分、事故の惨状が生々しく伝わるかもしれない。

では、その安全教育は効果を上げているだろうか。幹部たちが言うように、「事故の反省と教訓を心に刻み、安全最優先に努める」ことにつながっているだろうか。

どうもそうは思えないことが、この間いくつかあった。

前社長の痛恨

一つは、私自身が現場社員から聞いた声だ。

ある支社を訪ね、ＪＲ西が事故後、全社的に取り組むリスクアセスメントについて話していた時、保線担当だという男性が不服そうに声を上げた。

「現場の実態は違いますよ。リスクアセスメントの報告を上げろと現場長がうるさいんです。どうやら支社の上の方から、月に何件とノルマが課されているらしい。人を減らされ、ただでさえ余裕がないのに、仕事が増えるばかりです」

似たような声は、別の現場でも聞いた。つまり、リスクアセスメントがどういう経緯で、何のために導入され、なぜやらねばならないかが伝わっていない。本社の安全推進部がやれと言うから支社は応じる。確実にやっていることを示すために、現場にノルマを課す。現場は現場で余計な業務が増え、労働強化だと感じながら渋々やっている。これでは何の意味もない。

もう一つは、新聞に報じられた一件だ。

〈脱線事故の慰霊は「仁義なき戦い」　ＪＲ西駅長が掲示〉（『朝日新聞デジタル』19年11月19日）

広島県の海田市駅の事務室に、60歳の駅長が一枚の写真を掲示した。そこには彼自身を含む黒いスーツ姿の社員たちが写っており、「仁義なき戦い　祈りの杜へ」と書き込まれていた。事故現場へ行った際に尼崎市内で撮ったものだという。彼は物見遊山の旅行気分で出かけていた。広島が舞台のヤクザ映画に見立て、職場に写真を貼っていたというのだから、そう言われても仕方がない。

社内の聞き取りに、駅長は「他の社員にも祈りの杜に行ってもらおうと考えた」と釈明したという。軽率さに驚く。事故現場から遠く離れた広島支社管内とはいえ、発生当時を知る、駅長の立場にあるベテランが、自社の起こした重大事故をこの程度にしか受け止めていない。ＪＲ西が唱える「反省と教訓」「風化防止」「被害者への真摯な対応」とは、いったい何だろうか。

この一件は、来島が社長を退任する間際に発覚した。事故の反省と安全の徹底を繰り返し語ってきたが、社内に意図が伝わっていないと思い知らされた来島は、本人を呼んで直接事情を聞いたという。

「事故現場に行くことだけが目的になってしまい、そこで何を学び、どう自分の仕事に生かすかが抜け落ちていたようです。写真の掲示をおかしいと注意する者もおらず、外部から指摘があるまで1週間近く貼られていたのも問題。支社の管理体制も含め、かなり深刻な問題と捉え、全支社でこの件を議論させました」

来島の在任中、17年12月には新幹線の重大インシデントが起きている。これもまた、事故の教訓が末端の現場まで浸透していないことを示すできごとだった。

台車に亀裂を抱えた新幹線は、異音や異臭、乗客の申告など、いくつも危険の兆候がありながら、誰も列車を止める判断ができなかった。乗務員も、車両検査担当も、指令員も。新幹線を遅らせることへの躊躇か、判断の責任を負いたくないのか、あるいは、立場が上の者に物を言いにくい権力勾配か。いずれにせよ、「大きな問題ではない」と見過ごす正常性バイアスが働いた。

ＪＲ西は、インシデントを引き起こしたヒューマンファクターを「ルールで対応できない場合の判断力不足」「関係者間の認識のズレと判断の相互依存」と総括し、「安全が確認できない時は迷わず列車を止める」「異常時は現場の判断を優先する」ことを、「鉄道安全考動計画２０２２」に盛り込んだ。

新幹線重大インシデントと海田市駅の一件は、社長時代の痛恨事として、来島の脳裏に今も刻まれている。

「福知山線事故の現場を見て、事故の悲惨さやご被害者の痛みを感じ取る。そのうえで、会社の安全対策をきちんと理解する。それを自分の仕事に生かすにはどうするかを考え、実際に体を動かす。この『考動』のPDCAサイクルを一人一人が働かさなければ、お客様の命を守れないということを、今後も口を酸っぱくして言い続けるしかないと思っています」

ある遺族担当の原点

事故を風化させない。自分のことと捉え、仕事に生かす。口で言うのはたやすいが、それはいったいどういうことなのか。あらためて考える時、一人の現場社員の話を思い出す。

2018年6月、『軌道』の出版報告会を尼崎市内のホテルで開いた時のことだ。出版報告と銘打ったものの、実際には、淺野の長年にわたる労をねぎらう会である。彼の仕事仲間や支援者、それにJR西の山崎正夫元社長、坂田正行元専務ら、淺野と関わりのあった同社社員たちも出席した会はなごやかに進み、一人一人が事故に対する思いや淺野との思い出を語っていった。

最後に順番が回ったのが、被害者対応本部で長く淺野を担当する左野良樹だった。「遺族担当」という仕事をどういう気持ちで務めてきたか、鉄道会社の一員として何を第一に考えているか。一語一語絞り出すような訥々(とつとつ)とした語り口に、今ここで自社の幹部たちに伝えておかねばならないという覚悟と、現場を支える者の矜持(きょうじ)がにじんでいた。それまでの談笑は途絶え、全員が左野の話に聞き入った。

自分の原点には信楽高原鐵道事故がある、と左野は言った。福知山線事故の遺族と向き合う時も、それを忘れたことはない、と。初めて聞く話だった。ＪＲ西関係者の取材を連絡調整してくれた左野とは、数年にわたり何十回とやり取りしたが、彼自身の経歴や心境は聞いたことがなかった。

淺野がＪＲ西関係者と会う時、事故現場や被害者説明会に出かける時、どこかで事故について講演する時、いつもそばに付き添い、淺野の言葉に耳を傾けている。自分から口を開くことはめったにない。何か話しても最小限で、連絡事項や聞かれたことへの答えのみ。ごくまれに酒席をともにしても、言葉がくだけることは決してない。常に姿勢を正し、遺族担当という職責の重さに身を律している。私が今回、「あらためて話を聞かせてほしい」と依頼すると、数カ月間の熟考の末、ようやく承諾の返事があった。そんな人物である。

左野は滋賀県出身。1979年に18歳で臨時職員として国鉄に採用された。長年、京都駅で案内係をしていた父親——列車の行き先などを筆で看板に書く仕事だったという——から、入社を勧められた。親子二代の国鉄職員というのは、出身地域内で勤め上げることの多いノンキャリア職員には珍しくない。

左野も地元の滋賀や京都の駅に配属され、最初は構内清掃や職員の飯炊き係から始まって、案内放送、改札、貨物列車の入れ替え作業、踏切警手、京都駅長付きの「茶坊主」と呼ばれる雑用係まで、さまざまな駅の業務を経験した。乗務員になれば手当が付くが、その意思はなく、駅一筋に歩んできた。

国鉄が民営化された87年、京都駅から一つ滋賀寄りの山科駅に配属されると、営業係となった。駅の営業とは、窓口に座って切符を販売するのが重要な仕事だ。当時は一般にコンピューターが普及しておらず、ネット検索も当然ない。乗客の行き先を聞き、時刻表から最適のルートと列車を見つけ出す。それを提案し、切符を売る。そんな仕事を見よう見まねで覚えていった。

事故が起きたのは、山科駅勤務が4年を過ぎた頃だ。

91年5月14日。泊まり明けの朝だった。窓口に座っていると、「信楽の世界陶芸祭に行きたい」という客が相次いでやってきた。10組以上はいただろうか。声や話しぶりから年配の女性が多かったように思うが、顔は見ていない。カウンターの内と外は壁で仕切られ、細かな吹き出し口の開いたプラスチック板越しに会話していた。切符と料金は、手元の小さな窓でやり取りする。だから、どんな人かわからない。

信楽へ向かう客に、左野は一つ西隣の京都駅に戻って、同駅発の臨時快速列車に乗るように案内した。陶芸祭の期間中、JR西が信楽高原鐵道に乗り入れていたため、乗り換えなしで、早く着ける。営業係としては適切な案内だった。

ところが、午前10時前に勤務を終え、出かけた先で友人に知らされる。「おまえの会社、えらいことになってるで」。テレビをつけると、JRの臨時快速列車が、信楽高原鐵道の列車と正面衝突したという。絶句した。JR側の車両が対向列車に乗り上げ、空に向かって反り返っているのを呆然と見つめた。

自分の勧めた列車に乗った人たちを、事故に遭わせてしまったのだろうか。自分は、死の切符を売ってしまったのだろうか——。

窓口対応をした時間帯からすれば、その可能性は高い。だが、確かめようがない。確かめたところで、どうすることもできない。自分のせいか。落ち度があったか。自問するが、心当たりはない。しかし、現実に事故が起きている。42人の死者と628人もの負傷者が出ている。死傷者の大半は、超満員だったＪＲの列車だ。

その日から左野の心の奥底に、あの事故がずっとわだかまる。痛みとも後悔ともつかぬ感情をともなって。

鉄道会社の使命とは何か

福知山線事故の発生当時は、滋賀県内の駅に勤務していた。テレビを見た時、これは信楽事故を上回ると一目でわかった。だが、自分は京都支社の所属で、事故は隣の大阪支社管内だ。まさか直接関わることになるとは思わなかった。

ところが、事故発生から5年後の２０１０年、被害者対応本部へ突然異動を命じられる。大阪の吹田駅（京都支社が管轄）で駅長になって1年も経っていなかったが、上司から「悪いけど、君しかおらんのや」と頼まれた。被害者対応本部には、社内やグループ会社から、職種を問わず、さまざまな社員が集められていたが、自ら手を挙げる者はまずいない。きわめて重要な仕事であるとわかっていても、加害企業の人間として、会社と遺族・被害者の間に立つことを誰が望むだろうか。

左野も同じだ。面食らった。なぜ自分なのか……。だが、最初の1年間、遺族・被害者と接しない後方支援の事務を担当するうちに考えが変わった。

せっかく対応本部に来たんだ。ここの仕事を本当に理解するためには、逃げずに遺族や被害者と向き合うべきじゃないか。信楽事故へのわだかまりもある。この経験が、また駅の仕事に戻った時に生きるかもしれない——。

そうして翌11年、淺野家の担当になる。初めて会った日に言われた言葉を覚えている。「僕は怖くないで」。淺野は、JR西との課題検討会で厳しい対話を重ね、安全フォローアップ会議を構想していた頃。「怖くない」と本人は言うが、どう見ても眼光鋭かった。どんなやつが来たのかと、人間性を見極められている気がした。最初のうちは、事故直後に遺体安置所となった体育館から、ずっと淺野に付いてきた先輩社員が2人いたので、彼らの脇に控え、末席に座っていることが多かった。あの過酷な時期を経て、淺野の信頼を得た先輩には、今も敬意を抱く。

彼らと入れ替わりに主担当となったのは、数年を経た13年頃のこと。ちょうど、後に祈りの杜となる事故現場の保存整備計画が動き始めていた。左野は、淺野家以外にも複数の遺族を担当している。同じ事故の遺族でも、考え方は一つではない。事故現場を慰霊の場と考えるか、淺野のように「社会に事故を伝える」ことに重きを置くかで、施設の内容や配置も変わってくる。一つの家族の中で意見が食い違うこともある。それをできる限り丁寧に聞き取り、会社に伝えてゆく。

この件で淺野とやり取りする中で、意思疎通がうまくいかず、怒鳴られたことがある。逆に、会社から渡すように言われた説明資料を、敢えて届けなかったこともある。淺野がそれを望んでいないことを知っていたからだ。

単なるメッセンジャーとなって会社の考えを押し付けてはいけない。自分は加害者側の人間であることを忘れず、遺族に耳を傾け、心情を理解するよう努める。それでも、完全に遺族の側に立つことはできない。会社か遺族か、あるいはイエスかノーか、何ごとも一線で区切ってはいけない。双方が許容できる一定の幅の中に、話を収めてゆく。それが遺族担当の役割だと左野は言う。

「結局、うちの会社の使命は何やということに尽きると思うんです」

信楽事故から、福知山線事故の遺族対応まで、考え続けてきたのはそのことだ。尼崎の会合で声を振り絞った、あの話――。

「鉄道会社の使命は、お客様を無事に目的地まで送り届けることです。それは何も、運転士や車掌だけの仕事やない。私のように駅で切符を売っていた者も、保線や車両整備などの施設系も、その一つの目的のために仕事をしている。

目的を果たすために、それぞれの現場でできることは必ずある。逆に、自分が完璧な仕事をしたと思っても、他で大きなミスが重なれば、使命を果たせない。二つの事故がそうだったように。会社の中の一人一人が、お客様の安全に対する責任を自覚しているか。単にルールや命令に従うだけでなく、相手や状況を見て、自分が今何をするべきか、しっかり考えて仕事ができているか」

自分はまだまだですが、と苦笑しつつ語る左野の話を聞きながら、「事故を心に刻む」「風化させない」とは、こういうことではないかと私は思う。一つの事故を心に長く心に留め、自分の仕事の中で何ができるか考え続ける彼のような存在が現場の各所にいてこそ、JR西は事故を語り継ぎ、組織風土を本当に変えていくことができるのではないか。

左野は今、60歳。定年の年を迎えたが、淺野をはじめ多くの遺族と接して教えられたこと、考えたことを後輩たちに伝えておきたいと考えている。

「事故の社会化」への熱情

そして、その淺野である。コロナ禍以降、夏ぐらいまでは外出を極力控え、JR関係者の弔問も含めて来客を断ることが多くなった。先述した通り、事故15年の追悼慰霊式は中止になったため、祈りの杜へも行っていない。私も直接会って話す頻度がめっきり減り、メールでの近況報告が多くなった。

ただ、そういう状況にあっても淺野らしいと思うのは、「事故を社会化する」ことへの熱情がいささかも衰えていないことだ。9月に一度、事務所を訪ねた時、こんなことを話していた。

「あの事故については、事故調査報告書をはじめ、さまざまな専門家が原因究明をしてきました。組織的・構造的要因については、僕たちと一緒にやった共同検証で、課題検討会とフォローアップ会議の報告書にまとまっている。それを受けて、JR西は『鉄道安全考動計画』や『鉄道安全マネジメントシステム』といったマニュアルを作り、安全対策や管理体制を構築してきたわけです。

けれども、今ここであらためて、あの事故から何を反省し、事故後に何をやってきたのか、それはどこまで到達し、残る課題は何かということをJR西自身が検証・総括するべきやと思うんです。それも社内向けのマニュアルや官僚的な書面ではなく、広く社会へ向けて、わかりやすい言葉で。今それを安全推進部の担当者に投げかけて、やり取りをしているところです」

事故の教訓を一企業の内部にとどめ置かず、社会に発信し、誰もが共有できるようにしてほしい。だから分厚い社内資料のようなものではなく、一般の人にも通じる言葉で、簡潔にまとめてほしい。浅野の意図はそういうことだ。

２０１４年の4・25ネットワークのつどいで、浅野は語っていた。

「事故を社会化せずして、遺族の、私の責務は終わらないと思っておりました」

「この取り組みが、社会に受け入れられてこそ、私たちの努力は実を結ぶと思っています」

自分たちの検証の成果に満足することなく、あの日から浅野は「事故の社会化」という次なる目標へ向けて歩み続けてきた。この『軌道』という本も、そんな彼の執念と言うべき強固な意志があったから書けた。あらためて思う。

ひとしきり話し終えると、浅野は言った。

「これが、僕の最後の仕事になると思う」

妻と妹を失い、娘が重傷を負った事故から15年余。愚直なまでにまっすぐ一つの目的を追い続けてきた浅野弥三一は今ようやく、自身の「軌道」の行き着く先を見据えているのかもしれない。

「JR西日本と福知山線脱線事故」年表

年	月日	事項
1987(昭和62)年	4月1日	国鉄分割・民営化により、西日本旅客鉄道株式会社(JR西日本)発足。会長・村井勉、社長・角田達郎、副社長・井手正敬の体制で、社員数5万1538人。保有路線は近畿・北陸・中国など2府16県にまたがり、営業キロ数は在来線と山陽新幹線で5323㎞。
1988(昭和63)年	3月13日	9路線に愛称を付ける。福知山線の大阪―篠山口間は「JR宝塚線」に。
1989(平成元)年	3月11日	京阪神の都市近郊路線を「アーバンネットワーク」と名づけ、新型車両の投入、スピードアップや接続改良による速達化の取り組みを本格化。
	8月27日	阪和線天王寺駅で快速が車止めに衝突。乗客45人が負傷。同年1月には山陽新幹線が8時間止まる架線事故があり、この頃からJR西は「列車事故ゼロ」を掲げ、ATSの高度化を図る。ATS-SWへの取り替え、都市部ではATS-Pに移行など。

年	月日	事項
1991（平成3）年	5月14日	信楽（しがらき）高原鐵道（てつどう）事故。ＳＫＲの運転士らを含む死者42人、負傷者628人。
1992（平成4）年	6月24日	井手が社長に就任。
	12月18日	信楽事故の調査結果を運輸省が発表。
	12月24日	ＳＫＲ関係者起訴。遺族が告訴告発したＪＲ西幹部らは不起訴となる。
1993（平成5）年	1月30日	神戸駅で快速列車が脱線。続いて2、3月にも脱線と踏切死亡事故が発生。4月、山崎正夫が鉄道本部副本部長兼安全対策室長に就任。
	8月8日	信楽事故遺族らがＴＡＳＫ（鉄道安全推進会議）を設立。
	10月14日	信楽事故遺族らがＪＲ西とＳＫＲに損害賠償を求めて民事裁判提訴。
1995（平成7）年	1月17日	阪神・淡路大震災。甚大な被害を受けたが、4月1日に在来線、同8日に山陽新幹線が全線開通。発生から81日という早期復旧を果たした。
1996（平成8）年	10月8日	大阪、東京、名古屋の各証券取引所に株式上場。初値は36万円。

年	月日	事項
1997（平成9）年	3月8日	JR東西線が開業。尼崎駅を拠点として福知山線、東海道線、片町線が直通で結ばれる。これに先立つ前年12月、福知山線の上り線カーブが付け替えられ、半径304mに。
	4月1日	井手が会長に就任。後任の社長は南谷昌二郎。
1998（平成10）年	6月26日	常務兼鉄道本部長の山崎が退任。ジェイアール西日本メンテック副社長に。
1999（平成11）年	3月29日	信楽事故民事裁判で大阪地裁判決。JR西の過失を認める。JR西は控訴。
2001（平成13）年	10月1日	航空・鉄道事故調査委員会が国土交通省内に発足。
2002（平成14）年	11月6日	塚本駅付近の線路内で、救助活動中の救急隊員が特急列車にはねられ、1人死亡、1人重傷。
	12月26日	信楽事故民事裁判で大阪高裁判決。一審判決を支持。JR西は上告断念。
2003（平成15）年	4月1日	井手が相談役に就任し、代表権を外れる。南谷が会長、垣内剛が社長、坂田正行が代表権のある専務にそれぞれ就任。

年	月日	事項
２００４（平成16）年	３月12日	国鉄清算事業本部に残されていた株式が売却され、完全民営化を達成。
２００５（平成17）年	４月25日	福知山線脱線事故。捜索作業は4日間にわたり、運転士を含む死者１０７人、負傷者は５６２人に上った。死者数では、戦後の列車事故史上４番目。
	５月26日	事故を受けた刷新体制を発表。井手が相談役を辞任し、顧問に（後に撤回され、子会社顧問に）。会長の南谷と社長の垣内は留任し、坂田と徳岡研三の両専務が辞任。安全性向上担当の副社長を新設し、山崎が就任。
	５月31日	「安全性向上計画」を国交省に提出。組織風土への反省と、ＡＴＳ-Ｐの設置、余裕あるダイヤへの見直しなどを柱とする内容。
	６月19日	福知山線の宝塚―尼崎間が55日ぶりに運行再開。
	６月25日	遺族らが「４・25ネットワーク」を発足。淺野弥三一が世話人の一人になる。
	９月６日	事故調査委員会が「経過報告」を公表。

11月1日	京阪神の主要路線に設置しているATS-Pの設定速度に96カ所でミスがあったことが発覚。うち30カ所は、列車が制限速度を超えてもブレーキがかからない状態だった。事故調査の過程で判明したが、JR西は約2カ月間公表していなかった。
12月1日	井手が『論座』に手記発表。
2006（平成18）年	
2月1日	山崎が社長に就任。代表権のない会長に倉内憲孝（元住友電気工業会長）。南谷は相談役、垣内は取締役に。
3月1日	遺族・負傷者対応を拡充するため、「福知山線列車事故ご被害者対応本部」を設置。専任社員は163人。従前の列車事故相談室の147人から増員した。
3月18日	ダイヤ改正で、所要時間を初めて全面的に延長。
3月22日	新たな企業理念と安全憲章を発表。「安全こそ最大の使命」とうたう。
4月25日	事故1周忌でJR西主催の追悼慰霊式。午後、4・25ネットワーク主催の集会「追悼と安全の夕べ」。同集会は安全をテーマに、以後、2015年まで続く。

年	月日	事項
	6月23日	株主総会で、事故当時の専務兼鉄道本部長だった徳岡が子会社の「レールテック」社長に就任したことが発覚。続いて元専務の坂田、元大阪支社長の橋本光人も子会社社長や専務になっていたことが判明。「天下り」と批判された。
		安全研究所を開設。ヒューマンエラーの研究と防止策の提言が目的。
	12月20日	事故調が、最終報告書の前段階の「事実関係報告書案」を公表。
2007（平成19）年	2月1日	事故調の意見聴取会。淺野を含む13人が報告書案への見解や主張を述べる。ＪＲ西の丸尾和明副社長の公述が事故調委員や遺族から激しい批判を受ける。
	4月3日	鉄道安全考動館を開設。福知山線事故をはじめ、事故の教訓を伝える展示研修施設。
	5月18日	南谷相談役と垣内取締役が6月に退任し、顧問となる人事を発表。併せて、「天下り」の3人も子会社を退任。坂田が嘱託として、7月から本社に復帰することも発表。

年	月日	出来事
	6月28日	事故調が最終報告書を公表。運転士のブレーキ遅れという直接原因に加え、日勤教育、ＡＴＳ設置の遅れ、無理なダイヤ、安全管理体制など、組織風土から生じた背景要因があることを指摘した。だが、結論部分には反映されず、淺野ら遺族は反発。
2008（平成20）年	4月1日	「安全基本計画」を策定。事故調報告書や社外有識者会議の提言を踏まえた5カ年計画。鉄道業界では初のリスクアセスメントを導入。「事故」の定義を人的・物的被害を伴うものに見直し、オーバーランや停車駅通過は処分対象から外す。
	5月11日	損害賠償の枠組みについてＪＲ西と交渉を進める「ＪＲ福知山線事故賠償交渉の会」が発足。淺野の呼びかけで遺族約30組が参加した。
	9月8日	兵庫県警が、山崎社長らＪＲ西の関係者10人を業務上過失致死傷容疑で書類送検。
	10月1日	事故調と海難審判庁を統合した「運輸安全委員会」が発足。
2009（平成21）年	3月18日	井手、南谷、垣内の歴代3社長が1月、遺族により神戸地検に告訴されていたことが明らかになる。

4月20日	4・25ネットワークが遺族とJR西の共同検証を求める要望書を提出。
7月8日	神戸地検が山崎を在宅起訴。同日、山崎は社長辞任を表明。2日後、佐々木隆之が後任となることを発表した会見で、山崎は井手について「縁を切る」と発言。
8月21日	歴代3社長の不起訴を不服として、遺族が神戸第一検察審査会に審査申し立て。
8月22日	被害者説明会で、山崎が遺族との共同検証委員会を設置する意向を表明。
8月31日	佐々木隆之が社長に就任。山崎は取締役に。
9月25日	山崎が事故調委員から公表前の報告内容を聞き出した情報漏洩問題が発覚。続いて、事故調への組織的な働きかけや情報隠しが連鎖的に発覚。
10月7日	歴代3社長に対し、神戸第一検察審査会が「起訴相当」を議決。2カ月後、神戸地検は再び不起訴処分に。
10月17日	情報漏洩問題で「おわびの会」。被害者に経緯を説明し、謝罪。

10月23日	情報漏洩問題で、山崎と土屋隆一郎副社長が引責辞任。嘱託となる。
11月18日	JR西が設置した外部有識者の「コンプライアンス特別委員会」が、長年の井手独裁で形成された企業体質が情報漏洩問題の背景にあったとする報告書を国交省に提出。また同日、この問題に関わった当時の役員ら計35人の報酬返上などを発表。
12月7日	運輸安全委員会が情報漏洩問題と事故調査制度の検証を目的に、専門家や遺族・被害者に委嘱した「検証メンバー・チーム」が初会合。安部誠治・関西大教授や作家の柳田邦男が中心となって検証が進む。淺野も参加。
12月25日	「課題検討会」初会合。淺野ら4・25ネットワークの遺族代表とJR西の幹部の共同検証作業がスタート。
2010（平成22）年	
3月21日	4・25ネットワークの会合に、JR西の元役員としては初めて坂田が出席。歴代3社長について、「個人的には起訴されてほしくないが、起訴されても仕方がない」と語る。
3月26日	歴代3社長に対し、神戸第一検察審査会が「起訴議決」。
4月23日	検察官役の指定弁護士が歴代3社長を業務上過失致死傷罪で強制起訴。

7月15日	大阪環状線などの電車約20両で防護無線の予備電源のヒューズが抜き取られていたことが発覚。無事故表彰を4回受けたベテラン車掌が逮捕された。
12月21日	山崎の公判が神戸地裁で始まる。
2011（平成23）年	
4月15日	検証メンバー・チームが報告書を発表。情報漏洩問題の経緯を明らかにし、事故調査制度の改善へ10項目の提言をまとめた。
4月25日	課題検討会が計16回にわたった事故検証の報告書を発表。4・25ネットワーク主催の「追悼と安全のつどい」で、淺野とＪＲ西の西川直輝副社長が詳細を説明した。
2012（平成24）年	
1月11日	神戸地裁が山崎に無罪判決。神戸地検は控訴を断念、同26日に無罪確定。
5月1日	真鍋精志が社長に就任。佐々木は代表権のない会長に。
5月25日	安全フォローアップ会議が初会合。事故原因を検証した課題検討会の成果を踏まえ、淺野ら遺族とＪＲ西、安全問題の専門家たちが今後の安全対策を議論・提言する目的。

年	月日	事項
	7月6日	歴代3社長の公判が神戸地裁で始まる。井手は遺族・被害者に対し、公式の場で初めて謝罪したが、裁判で問われた予見可能性は明確に否定。
2013（平成25）年	4月1日	「安全考動計画」を策定。安全基本計画を引き継ぐ、17年度までの5カ年計画。リスクアセスメントのレベルアップを掲げ、「乗客が死傷する列車事故と死亡労災事故の発生ゼロ」「ホームでの人身事故3割減」「踏切事故4割減」などの数値目標を盛り込んだ。
	9月27日	神戸地裁が歴代3社長に無罪判決。指定弁護士は控訴。
2014（平成26）年	4月25日	安全フォローアップ会議が11回の議論の報告書を発表。組織事故の構造を明らかにしたうえで、ヒューマンエラー非懲戒、リスクアセスメントの充実、第三者機関による外部監査などを提言。「追悼と安全のつどい」で淺野が総括した。
2015（平成27）年	3月14日	北陸新幹線の長野―金沢間が延伸開業。上越妙高駅以西をJR西が運行。
	3月27日	大阪高裁が歴代3社長に対する控訴を棄却。一審を支持し、無罪とした。指定弁護士は最高裁に上告。

年	月日	事項
	4月15日	安全管理体制への第三者評価導入を発表。DNV GL社に外部監査を委託。
2016（平成28）年	4月1日	ヒューマンエラー非懲戒の新制度がスタート。鉄道事業者では初。故意やはなはだしい怠慢を除き、速度超過や信号冒進も「安全報告」に分類し、懲戒処分の対象から外した。
	6月22日	来島達夫が社長に就任。真鍋は代表権のない会長に。
2017（平成29）年	6月12日	最高裁第二小法廷は歴代3社長に対する上告を棄却。指定弁護士は異議を申し立てず、井手、南谷、垣内の無罪が確定。
	12月1日	「安全マネジメント統合システム」が稼働。事故の予兆やリスク低減策などの情報を一元管理するデータベース。
	12月11日	山陽新幹線「のぞみ34号」で重大インシデント。台車枠が破断寸前となり、異音や異臭が発生した状態で運行を続け、約3時間半後、JR東海の判断により名古屋駅で運行を取りやめた。運輸安全委員会が認定する重大インシデントは新幹線で初。
	12月27日	井手のインタビューが朝日新聞に掲載。福知山線事故の背景とされた企業風土の問題は「絶対になかった」と述べ、「基本的に運転士が悪い」との見解をあらためて示した。

2018（平成30）年

1月5日	新幹線重大インシデントを受け、副社長兼鉄道本部長の吉江則彦を降格。新たに副社長を3人体制とした。来島ら幹部11人が報酬返上。
1月8日	新幹線重大インシデントを検証する有識者会議（座長・安部関西大教授）が初会合。
2月28日	新幹線台車枠を製造した川崎重工が、設計基準以上に鋼材を削り、強度が不足していたことを発表。JR西も会見し、「想定外」と語った。
3月27日	新幹線重大インシデントの有識者会議が最終提言。「保守担当の3人が自信を持って指令に異常を伝えられなかったこと」が運行を続けた最大の要因とし、リスク認識の甘さを指摘。現場の判断力を養う訓練や教育の強化を提言した。
4月1日	「鉄道安全考動計画2022」を策定。18年度から5カ年。新幹線重大インシデントを受けた安全対策とグループ全社まで対象を広げたことが特徴。
6月14日	山陽新幹線の博多―小倉駅間で線路に侵入した男性をはねる死亡事故。先頭車両の先端が割れ、血痕が付着していたが、小倉駅で点検・確認せず、新下関駅まで走行した。重大インシデントの教訓「迷わず止める」の不徹底が指摘された。

8月24日	博多総合車両所などが、新幹線トンネル内で最高時速３００㎞となる列車の風圧体感研修を行っていることを毎日新聞が報道。「危険で、精神論的」と批判が集まり、国交相も効果を疑問視した。ＪＲ西は10月になって同研修の中止を発表。
9月4日	台風21号に備え、前日に在来線全線運休を発表。関西私鉄5社も追随した。ＪＲ西は、災害を回避する「計画運休」を14年秋に初めて実施。これを定着させ、「安全最優先の先進的取り組み」と評価された。同30日の台風24号でも実施。
9月14日	福知山線事故現場一帯を犠牲者の追悼慰霊と事故を伝える施設として整備した「祈りの杜」が完成し、遺族・負傷者に公開。21日から一般公開された。
2019（平成31、令和元）年	
4月25日	「祈りの杜」で初めての福知山線事故追悼慰霊式。
10月28日	来島が11月末で社長を退任し、副社長の長谷川一明を後任とすることを発表。「経営環境が変化する中、より高いレベルの安全と成長を目指し、新体制で臨む」と交代理由を説明した。

11月16日	福知山線の事故車両全7両の保存計画が固まり、遺族説明会で説明。吹田市の社員研修センター内に展示し、安全教育に活用する方針。完成予定は24年秋。
11月19日	海田市駅（広島県）の駅長が「仁義なき戦い　祈りの杜へ」と書いた写真を事務室に貼っていたことが発覚。来島は「浅はかで許しがたい。本当に申し訳ない」と会見で謝罪。駅長を解任し、自身も減給処分に。
12月1日	長谷川が社長に就任。来島は代表権のない副会長となり、被害者対応を担当。
2020（令和2）年	
3月25日	新型コロナ禍により、福知山線事故15年の追悼慰霊式中止を決定。「祈りの杜」は4月下旬、一時閉場となった。乗客・収入も激減し、ＪＲ西は役員の報酬返上、新幹線の本数削減、社員の一時帰休などを相次いで実施。
9月17日	21年春から深夜帯ダイヤを見直すことを発表。近畿の主要12線区で48本を削減し、終電が最大30分早まる。保線作業員の深刻な人手不足とコロナ禍の影響。

	10月30日	コロナ禍による業績悪化を受け、「中期経営計画２０２２」の見直しを発表。事業計画の凍結などを決めたが、安全性向上は引き続き最重要課題に位置付けた。21年3月期には赤字が２４００億円と、民営化後最大の赤字を予想。

※ＪＲ西日本発足から33年経った２０２０年４月１日時点の社員数は、２万７１５０人。営業キロ数は、４９０３・１km（新幹線２線区８１２・６km、在来線49線区４０９０・５km）

引用・参考文献

▼事故調査・検証報告書

航空・鉄道事故調査委員会（主管調査官作成）『事実調査に関する報告書の案（意見聴取会用）西日本旅客鉄道株式会社　福知山線塚口駅～尼崎駅間列車脱線事故（平成17年4月25日　兵庫県尼崎市において発生）』（２００６年）

航空・鉄道事故調査委員会『鉄道事故調査報告書　西日本旅客鉄道株式会社　福知山線塚口駅～尼崎駅間列車脱線事故』（２００７年）

ＪＲ西日本安全フォローアップ会議『ＪＲ西日本安全フォローアップ会議　報告書』（２０１４年）

福知山線列車脱線事故調査報告書に関わる検証メンバー・チーム『ＪＲ西日本福知山線事故調査に関わる不祥事問題の検証と事故調査システムの改革に関する提言』（運輸安全委員会、２０１１年）

4・25ネットワーク、西日本旅客鉄道株式会社『福知山線列車脱線事故の課題検討会　報告―事故に関わる組織的、構造的問題の解明と安全再構築への道筋―』（２０１１年）

▼遺族・被害者関係

浅野弥三一「JR西日本の安全再構築への願い――遺族の社会的責務とは」くらし学際研究所編『現在の不安　それを超えて』(2010年)
浅野弥三一、松本創「独占手記　妻と妹の無念、そして娘の闘い」『月刊現代』(2006年6月号)
JR福知山線脱線事故被害者有志『JR福知山線脱線事故――2005年4月25日の記憶』(神戸新聞総合出版センター、2007年)
信楽列車事故遺族会・弁護団編著『信楽列車事故――JR西日本と闘った4400日』(現代人文社、2005年)
西村匡史『悲しみを抱きしめて――御巣鷹(おすたか)・日航機墜落事故の30年』(講談社+α新書、2015年)
松本創「JR福知山線脱線事故被害者たちは語る『狂わされた人生を生きる』」『週刊現代』(2007年5月5・12日合併号)
山口栄一編著『JR福知山線事故の本質――企業の社会的責任を科学から捉(とら)える』(NTT出版、2007年)
吉田恭一『福知山線5418M　一両目の真実』(エクスナレッジ、2006年)
4・25ネットワーク「JR西日本に対する公開質問状」(2008年)ほか発信文書綴と年表

▼国鉄改革関係

葛西敬之『未完の「国鉄改革」――巨大組織の崩壊と再生』（東洋経済新報社、2001年）
葛西敬之『国鉄改革の真実――「宮廷革命」と「啓蒙(けいもう)運動」』（中央公論新社、2007年）
『JR西労組UNIONニュース号外　結成25周年特集』（2016年）ほか
西岡研介『マングローブ――テロリストに乗っ取られたJR東日本の真実』（講談社、2007年）
牧久『昭和解体――国鉄分割・民営化30年目の真実』（講談社、2017年）
松田昌士『なせばなる民営化　JR東日本――自主自立の経営15年の軌跡』（生産性出版、2002年）
宗形明『「国鉄改革」の完成に向けて――「JR東日本革マル問題」の整理』（高木書房、2006年）
山之内秀一郎『JRはなぜ変われたか』（毎日新聞社、2008年）

▼JR西日本関係

交通新聞社編『マスメディアを通した井手正敬小史』（西日本旅客鉄道株式会社広報室、1999年）
交通新聞社編『マスメディアを通した井手正敬小史　第2巻』（西日本旅客鉄道株式会社広報室、2004年）
西日本旅客鉄道株式会社『データで見るJR西日本（2004～2017年度版）』
西日本旅客鉄道株式会社『鉄道安全報告書（2016～2017年度版）』

西日本旅客鉄道株式会社『JR西日本30年史　1987〜2016』（2017年）
西日本旅客鉄道株式会社安全研究所『事例でわかるヒューマンファクター』一部改訂版（2010年）
西日本旅客鉄道株式会社監修『よみがえれ！　線路よ　街よ――阪神・淡路大震災　JR西日本100人の証言』（交通新聞社、1996年）
西日本旅客鉄道株式会社監修、交通新聞社編『新世紀へ走る　JR西日本10年のあゆみ　1987〜1996』（1997年）

▼事故調査・ヒューマンエラー関係

安部誠治監修・鉄道安全推進会議編『鉄道事故の再発防止を求めて――日米英の事故調査制度の研究』（日本経済評論社、1998年）
小林宏之『航空安全とパイロットの危機管理』（成山堂書店、2016年）
小松原明哲『安全人間工学の理論と技術――ヒューマンエラーの防止と現場力の向上』（丸善出版、2016年）
杉江弘『機長が語るヒューマン・エラーの真実』（ソフトバンク新書、2006年）
竹田正興『新版　安全と良心――安全立国への道』（晶文社、2016年）
シドニー・デッカー著、芳賀繁監訳『ヒューマンエラーは裁けるか――安全で公正な文化を築くには』（東京大学出版会、2009年）
芳賀繁『失敗の心理学――ミスをしない人間はいない』（日経ビジネス人文庫、2004年）

芳賀繁『事故がなくならない理由――安全対策の落とし穴』（ＰＨＰ新書、２０１２年）
畑村洋太郎『失敗学のすすめ』（講談社文庫、２００５年）
畑村洋太郎『図解雑学　失敗学』（ナツメ社、２００６年）
柳田邦男『死角――巨大事故の現場』（新潮文庫、１９８８年）
柳田邦男『事故調査』（新潮文庫、１９９７年）
柳田邦男『人生やり直し読本――心の涸れた大人のために』（新潮社、２０１０年）
柳田邦男『終わらない原発事故と「日本病」』（新潮文庫、２０１６年）
ジェームズ・リーズン著、十亀洋訳『ヒューマンエラー　完訳版』（海文堂出版、２０１４年）

▼鉄道史・鉄道技術関係

老川慶喜『日本鉄道史　大正・昭和戦前篇――日露戦争後から敗戦まで』（中公新書、２０１６年）
佐藤充『誰も語りたがらない鉄道の裏面史』（彩図社、２０１５年）
柴田哲孝『下山事件　最後の証言』（祥伝社、２００５年）
宮本昌幸『図解雑学　電車のしくみ』（ナツメ社、２００５年）
宮本昌幸『図解　鉄道の科学――安全・快適・高速・省エネ運転のしくみ』（講談社ブルーバックス、２００６年）
『週刊東洋経済臨時増刊・鉄道最前線２０１７』（２０１７年3月8日号）

▼災害調査・郷土史関係

尼崎南部再生研究室『南部再生第34号　特集・尼崎公害って何ですか?』(2009年)

雲仙普賢岳火山災害救援対策島原南高共同センター・普賢岳災害合同調査団『雲仙・普賢岳災害　災害から復興への途(みち)(試論)』(1995年)

島原・普賢岳災害調査団、国土問題研究会『長崎県島原・普賢岳災害調査緊急報告』(1991年)

宝塚市史編集専門委員編『宝塚市史　第三巻』(宝塚市、1977年)

宝塚市立図書館市史資料室編『市史研究紀要たからづか　第10号』(宝塚市教育委員会、1994年)

千歳地区連合自治会『語りはじめた千歳っ子たち――千歳地区復興の10年』(2005年)

日本科学者会議兵庫支部、兵庫県労働運動総合研究所編『みんなできりひらこう震災復興――2・18震災フォーラム全記録』(兵庫県労働運動総合研究所、1995年)

兵庫県震災復興研究センター『生活再建への課題――検証　阪神・淡路大震災1年』(1996年)

▼その他

網谷りょういち『信楽高原鐵道事故』(日本経済評論社、1997年)

九鬼周造『偶然性の問題』(岩波文庫、2012年)

佐野眞一『響きと怒り――事件の風景・事故の死角』(日本放送出版協会、2005年)

杉田敦編『ひとびとの精神史　第7巻　終焉する昭和――1980年代』（岩波書店、2016年）
鈴木哲法『検証　信楽列車事故――鉄路安全への教訓』（京都新聞出版センター、2004年）
戸部良一、寺本義也、鎌田伸一、杉之尾孝生、村井友秀、野中郁次郎『失敗の本質――日本軍の組織論的研究』（中公文庫、1991年）
中島岳志『血盟団事件』（文藝春秋、2013年）
古川雄嗣「苦しみの意味と偶然性――九鬼周造の偶然論再考」『人文学の正午』第3号（京都大学大学院文学研究科二十世紀研究室、2012年）
本多勝一『殺される側の論理』（朝日文庫、1990年）
村尾行一『死に至る文明――公害論入門』（亜紀書房、1970年）
安岡正篤『政治と改革』（明徳出版社、1993年）
安岡正篤『新装版　活眼　活学』（PHP文庫、2007年）
安田浩一『JRのレールが危ない』（金曜日、2006年）
山本純美『江戸の火事と火消』（河出書房新社、1993年）
山本義隆『私の1960年代』（金曜日、2015年）
山本義隆『近代日本一五〇年――科学技術総力戦体制の破綻』（岩波新書、2018年）

▼DVD・映像資料

NNNドキュメント『命を運ぶ電車～JR脱線事故10年　遺族の執念』（読売テレビ、2015年

4月27日）
クローズアップ現代『いのちをめぐる対話〜遺族とJR西日本の10年』（NHK、2015年4月20日）
BS1スペシャル『Brakeless（ブレーキなき社会）〜JR福知山線脱線事故9年』（NHK、国際共同制作、2014年4月29日）
4・25ネットワーク『追悼と安全のつどい2011　なぜ事故が発生したのか〜遺族とJR西日本による共同検証の到達点』（2011年）
4・25ネットワーク『追悼と安全のつどい2014　事故の検証→総括から安全の構築へ』（2014年）

▼新聞各紙（引用記事の発行日付は本文中に明記した・順不同）
神戸新聞、日本経済新聞、朝日新聞、読売新聞、毎日新聞、産経新聞、日経産業新聞、交通新聞

解説

重松清

本作には、ＪＲ西日本の福知山線脱線事故をめぐって、常に二つの相反するものが対置されている――文字どおり、「軌道」を成す二本のレールのように。

最も大きな枠組みは、被害者と加害者の関係になる。一〇七名におよぶ死者を出した脱線事故の遺族は、加害企業であるＪＲ西日本と、どう対峙してきたのか。

松本創さんは遺族の一人・淺野弥三一さんの〈後ろに立って、その肩越し〉に事故を見つめ、ＪＲ西日本の関係者への取材を続けることで、さらにいくつもの対置の関係を抽出していった。

まずは淺野さん本人。妻と妹を亡くし、娘も重傷を負った淺野さんには、もちろん深い悲しみと怒りがある。だが、淺野さんはそれをあえて封印した。なぜ、妻と妹は死ななければならなかったのか。自ら〈不条理〉と呼ぶほどの大きな「なぜ」を解くことを、個の感情を超えて、〈事故の社会化〉へと広げたのだ。〈二度と、あのような不条理に泣く人を出してはならない〉という思いで、事故の原因究明と組織の変革をJR西日本に強く求めつづけたのだ。

国交省の航空・鉄道事故調査委員会は、運転士のスピード超過と、その背景にある日勤教育や過密ダイヤなどを脱線事故の「原因」とした。けれど、ほんとうは逆ではないのか。淺野さんは問う。それらはむしろ、JR西日本という巨大な組織が持っていた歪みの「結果」ではないのか、と。

JR西日本は、事故当時、民営化して二十年に満たなかった。社会のインフラを担いながらも、民間企業として利潤を追い、組織を維持しなくてはならない。「安全」と「経営」の両立である。むろん優先順位は考えるまでもないはずなのだが……脱線事故は、それを取り違えてしまったがゆえの惨事だった。

ならば、歪みは、いつから生まれたのか。なぜそうなってしまったのか。どうやって改めていくのか。それは可能なのか。組織の体質や風土は変えていけるものなのか。

本作は、その紆余曲折のドキュメントでもある。

松本創さんは、淺野さんという「個人」の物語を描きつつ、JR西日本という「組織」の体制や歴史にも分け入っていった。

すると、そこには、決して交わりようのない二種類の言葉があった。

骨太の社会派ノンフィクションを、つくりごとのお話を書いている自分の語彙に引き寄せて評するのは、もしかしたら松本さんに失礼かもしれない。それを承知で、申し上げる。

僕は本作を、「言葉をめぐるノンフィクション」として堪能した。

さらに言わせてもらうなら、東日本大震災の被災地取材から橋下徹、ネルソン松原に至るまで、松本さんの手がけてきたすべての仕事の根っこには「言葉」があるのでは、と僕はにらんでいるのだ。松本さんは多岐にわたる執筆を続けながら、じつは地下水脈のように「言葉」という大きな主題に挑んでいるのではないか……。

本作の解説の小文も、だから、やはりここからは「言葉」が軸になる。

浅野弥三一さんの闘いは、「言葉」から始まった。

奥さんの通夜の席上、〈決まりきった謝罪の言葉の羅列〉のあとでＪＲ西日本の会長が口にした、あまりにも不用意で、無神経で、傲岸不遜で、冷酷な一言――〈今後また補償の話もありますんで〉に、浅野さんは激怒する。当然だろう。

だが、浅野さんはその怒りを感情にはとどめなかった。会長個人をにらみつけるまなざしを、ＪＲ西日本という組織へと移した。

浅野さんは松本さんに、こう言った。

〈これほど非常識かつ稚拙な人間がトップにいる組織に女房は殺されたのか、殺されねばならなかったのかと……あまりにも不条理ですよ。その時から、この事故を不条理ととらえ、なぜそんなことが起こったのかを考えるようになっていった〉

しかし、〈不条理〉を解くための闘いは困難を極めた。相手が変わっても、浅野さんが抱く思いはいつも同じだった。これもまた浅野さん自身の発言である。

〈幹部連中が入れ替わり立ち替わりうちに来て、いくら謝罪の言葉を並べ立てても一つも響かない。本当に申し訳ないことをしたという人間的感情も、これからは絶対に安全最優先に努めるという意志も伝わってこない〉

彼らが口にするのは、徹頭徹尾、組織の言葉なのだ。

松本さんもさまざまな場面での地の文で、ＪＲ西日本側が発する言葉を、〈美辞麗句〉〈官僚答弁〉〈慇懃無礼〉〈弁明と責任逃れ、自己正当化〉と難じる。

浅野さんの怒りに煽られたのか——いや、そうではあるまい。松本さんには、西岡研介さんや青山ゆみこさんらと共著の『ＢＥ　ＫＯＢＥ』という人物ルポ集がある。阪神・淡路大震災から二十年をへた神戸に暮らす人たちの姿を描いた同作のあとがきには、こんなフレーズがあった。

〈言葉は箱、思いが中身だ。誰が、どんな経験をして、何を考え、悩んだり迷ったりしながら、その言葉を紡ぐに至ったか。そこがわからなければ、いくらきれいな「教訓」を唱え続けても箱は空っぽのまま。誰にも届くことなく、やがて忘れ去られる〉

共著で、しかもあとがきは無署名なので、これをストレートに松本さんの文章だとするわけにはいかないが、少なくとも、共著者の一人としてその思いを持っていたことは間違いないだろう。

そんな松本さんだからこそ、「言葉」をめぐる淺野さんの発言を、地の文で整えたり要約したりはしない。淺野さんの箱には中身がぎっしり詰まっているから、自分はただそれを読者に届けるだけなのだ、と言わんばかりに。前述したとおり、松本さんは自分の立ち位置を淺野さんの〈後ろ〉に定めた。決して前には出ない。先回りして発言を要領よくまとめたりはしない。取材対象者への敬意、そしてなにより「言葉」への畏怖の表れだろう。

松本さんは「言葉」の力を知っている。その怖さも身に沁みている。本作の三年前、二〇一五年に刊行され、翌年の日本ジャーナリスト会議（ＪＣＪ）賞を受賞した『誰が「橋下徹」をつくったか』は、大衆に向けて放つ「言葉」を扱うことを既得権益にしていたマスメディアが、橋下徹氏に「軒を貸して母屋を取られた」過程をつぶさにたどる。その最終章で、松本さんは、自らも身を置くマスメディアをこう総括する。

〈「今」を追うことだけに汲々とし、自らの報道姿勢を問うことをやめ、効率とわかりやすさに身を委ねるうち、最も大切にするべき「言葉」を橋下に乗っ取られてしまった〉

むろん、その「言葉」が我が身に返ってくることも覚悟のうえで、である。

さらに、寄り道ついでに（この小文の「軌道」は曲がりくねっているのである）、『日本人のひたむきな生き方』でも、松本さんは、「言葉」と時代、「言葉」と日々の暮らしとの関係について、こんなふうに書いている。

〈「日本」「日本人」という大きな主語で、「誇り」「国益」みたいに漠然と感情に訴える言葉を振りかざし、「愛国」か「反日」かと踏み絵を迫るような言説が増えている今。あるいは、「グローバル人材」だ「イノベーション」だ、はたまた「地方創生」だ、いや「地方消滅」だと声高なスローガンや警鐘があふれている今。そんな浮き足立った言葉と現実のすき間を埋めていくのは、いつだって、それぞれの土地で地に足を着けて、日常を積み重ねているふつうの人たちしかいない〉

僕が先ほど、「言葉」という主題を「松本創ノンフィクション」の地下水脈に譬えた意味、おわかりいただけただろうか。

さて、文字通り「言葉が通じない」大組織を相手に孤独な闘いを強いられてきた淺野さんだが、その日々はただ徒労に終わったというわけではなかった。ねばり強く交渉を続けるうちに、淺野さんはＪＲ西日本も〈決して一枚岩ではないことがわかってきた〉。ならば、突破口も見つかるかもしれない。

〈話せる相手がどこにいるか、見極めようと思ったんです。遺族対企業ではなく、お互い名前のある個人として向き合える相手をね〉

そこに二人の人物が現れた。

ＪＲ西日本の社長として淺野さんの声に初めて応え、組織改革に取り組んだ山崎正夫氏と、その改革を支えた坂田正行氏――。

二人についての淺野さんの発言は、驚くほど似かよっている。

まず山崎氏について、淺野さんは初めて面談したあとで〈彼となら対話ができるかもしれない〉と思った、という。じつは山崎氏は遺族への説明会で失言をして批判されるのだが、それでさえ、淺野さんは肯定する。

〈事務方が用意した作文や想定問答を読むだけの人なら絶対に出てこない言葉でしょう。場にふさわしくない不用意な発言ではあるけれど、ただの官僚答弁ではないな、

この人は自分の言葉で本音をしゃべる人だなと、あらためて思った〉

坂田氏についても、そう。

〈組織の論理や体面を離れて、自分の言葉で話をしていた。もちろん組織人の立場はあるけれども、その前に一人の人間として、僕に向き合おうとしてくれた。山崎氏と同じように。そこが他の幹部と違うところでね。この人とは話ができると思った〉

〈自分の言葉〉――。

それまでの組織の言葉とは対照的な、〈自分の言葉〉を持った二人との出会いによって、状況は動いた。

そこから先の、すなわち本作の主眼となる物語を、ここで繰り返すほどヤボではない。作品を読了している人はあらためて心地よい余韻に浸っていただきたいし、解説の小文を先に読む流儀の人は、どうかそのくだりを楽しみにして……いや、なんなら、もう作品のほうに行っちゃいますか？

このまま、山崎・坂田両氏との出会いとJR西日本の改革で作品が閉じられれば、どれほどすっきりするだろう。

だが、松本さんは〈自分の言葉〉で話す人物を、もう一人登場させる。JR西日本に絶対的な存在として君臨し、「天皇」とまで呼ばれた井手正敬氏である。

　マスコミどころか遺族の前にすら姿を現さない井手氏へのインタビューは、本作の――あえてこの言葉をつかうなら「裏面の白眉」の箇所になる。

〈面と向かって、彼自身の言葉を聞いておきたかった〉という覚悟を持って対峙する松本さんに、井手氏は〈何でも聞いてください〉と応え、実際、驚くほど率直に、脱線事故についての認識や組織のあり方について自らの信念を語る。それは淺野さんが求め、山崎氏らが取り組んできた改革にはっきりと背を向けるものだった。

　だからこそ、松本さんは最後に〈埋めがたい溝を感じた〉ことを表明して、言う。

〈そこはきちんと書かせていただきたい〉

　それに対して、井手氏は〈自分の発言には責任を持つ。あなたがどう受け取っても、いくら悪く書かれても、それは構いません〉と言い切った。〈しかし、きちんと事実だけを書いてほしい〉

　この場面、単行本で初読したときも背筋が伸びたし、それは解説の小文を書くために再読したいまも変わらない。

　井手氏の言葉に、松本さんと同様に〈埋めがたい溝を感じ〉て反発する読み手は、僕も含めて、きっと少なくないだろう。けれど、井手氏の言葉は、同時に、ＪＲ西日本が組織として公にしている事故の認識や改革の方向性とも異なっている。〈自分の言葉〉だったのだ、この冷たく苦い発言の数々もまた、確かに。

僕は、優れたノンフィクションとは「満場一致にはならない」ものだと考えている。賛否両論が欲しい。作品じたいにも、作中のさまざまな場面にも、著者を含む登場する人物の言動にも、読み手によって賛否や好悪が分かれていいし、そうあるべきだとも思うのだ。満場一致を求めると、作品が正義のお墨付きにすがってしまう。それは、とてもつまらないことだし、怖いことではないか？

本作の場合なら、井手氏を徹底して悪者にしてしまえば、話はきれいにまとまる。松本さんが単行本刊行直後に「週刊東洋経済」の著者インタビューで話した言葉を借りれば、〈一刀両断して単純化〉した物語になるだろう。だが、松本さんはそうしなかった。〈憶測を交えたり、無用な修飾語を付けたりするのは勘弁してほしい〉と求めた井手氏との約束をフェアに守って、インタビューの場面をまとめた。

だからこそ、僕は淺野さんの闘いに胸を熱くして、山崎氏や坂田氏の姿に共感を覚えつつも、井手氏をすぐさま断罪できるかと問われると、言葉に詰まってしまう。

事故や安全のすべてを個人の責任に帰す井手氏の信念に、与するつもりはなくとも、そういう考えが是とされてきた時代がかつて確かにあったことは認める。しかし、もちろんいまはもう、それは……いや、どうなのか……と一瞬でも迷ってしまうことも、認めるしかない。

組織に身を置いたことがほとんどないまま、あと二年で還暦〈組織にいれば定年だ〉になるフリーランスの人間でさえそうなのだから、大企業や官庁で管理職にいる人は、本作をどう読むのだろう。感想を訊きたい思いと、訊くのがちょっと怖い（中高年の管理職より、意外と若手のほうに「井手氏派」が多かったりして……）思いとが、いま、僕の中では交錯しているのだ。

むろん、それは本作への賛辞にほかならない。淺野さんや山崎氏や坂田氏に対しても、読み手一人ひとりの立場や年齢や考え方によって、さまざまな受け止め方があるに違いない。そこがいい。さきのインタビューで〈組織と個人をめぐる群像劇を描きたかった〉と語った松本さんも、「読み」がプリズムのように分光していくのを、きっと歓迎してくれるだろう。

本作は二〇一八年四月に単行本版が刊行され、翌年、第四十一回講談社本田靖春ノンフィクション賞を受賞した。新聞記者出身のノンフィクション作家の大先達・本田靖春の名を冠した賞を受けたわけだ。受賞のことばで、松本さんはその喜びを綴り、こう締めくくっている。

〈時間をかけ、思索と試行錯誤を重ね、さまざまな角度から少しずつ核心に近づいていく。そんなノンフィクションの作法を、私は本田から学んだ。／時間こそが重要だ。受賞を機に、あらためて嚙み締めている〉

確かに時間はかかった。事故が起きたのは二〇〇五年だから、十三年の歳月が流れたことになる。しかし、その時間の元手が、作品の柄を一回りも二回りも大きくしてくれた。

二〇一七年十二月、新幹線『のぞみ』の台車枠に亀裂が入ったまま運転を続けた重大インシデントが起きてしまった。

その少し前に全編の取材を終えていた松本さんにとっては、まさに青天の霹靂である。追加取材の負担だけでなく、淺野さんという個人の闘いが大組織を動かし、ＪＲ西日本は変わろうとしている……という流れじたいが否定されかねないことになってしまった。

単行本の刊行日から逆算すれば、触れずにおいてもさほど不自然ではないはずだし、追記の形で――すなわち作品全体の流れとは切り離して書きつけておくこともできただろう。

しかし、松本さんは追加取材をして、最終章に入れた。作中に記された日付を見ていくと、二〇一八年二月末に明らかになったデータも組み込まれている。ほんとうに、ぎりぎりのぎりぎりまで取材をしたのだろう。深く掘れば掘るほど、もしかしたら「JR西日本は結局なにも変わってないじゃないか」と、すべてが台無しになってしまうかもしれない。そのリスクも覚悟しながら、松本さんは単行本版で九ページにも及ぶ加筆をした。結果、ほんの少しだけ物語の据わりは悪くなってしまい、副題の「JR西日本を変えた闘い」の「変えた」も揺らいだ。講談社本田靖春ノンフィクション賞の選考でも、そこについての注文はないわけではなかった。だが、それは「心ならずも起きてしまったこと」に対する誠実さの証(あかし)なのだと、僕は読んだ。

さらに時は流れ、二〇二一年の文庫化に際しても、松本さんは補章を書き加えた。せっかくの書き下ろしなので内容の詳述は避けるが、新型コロナ禍という最新の状況を取り込んだ補章にも、福知山線脱線事故が風化しつつあるのを思い知らされた二〇一九年の愚かな出来事が記されている。

「変えた」の文言は、いっそう揺らいでしまった。

しかし、補章には同時に、その揺らぎをむしろ「だからこそ、JR西日本を変える闘いを終えてはならない」という視点で捉(とら)え直してくれるエピソードが紹介されている。脱線事故の被害者対応本部で淺野さんを長く担当している左野良樹氏の言葉は、付記を超えて、このノンフィクションの締めくくりになによりふさわしいものだった。なぜなら、左野氏が語ったのは、紛うかたなき〈自分の言葉〉だったから——。

安全をめぐるJR西日本の軌道は、地平線の消失点まで見渡しても、むろん、終着駅など見えない。ここが終着だ、と決めてはならないものでもあるだろう。「変えた」の文言が、将来にわたって、しっかりとした説得力を持っていくのか。それとも、さらに激しく揺らぎ、ひび割れ、ついには崩れ落ちてしまうのか。〈時間こそが重要だ〉——松本さんは、文庫化という形でひとまず作品から手が離れたあとも、間違いなく、淺野さんやJR西日本を見つめつづけ、そのまなざしは一編の作品を超えて、いまという時代すべてに注がれるだろう。

そして松本さんは、これからも〈自分の言葉〉で話す人を見つけだしては、僕たちに〈自分の言葉〉の尊さを教えてくれるだろう。

僕の考える優れたノンフィクション作品の条件を、最後にもう一つ。

作品が、読み手への問いとなっていてほしい。

あなたはいま、淺野さんのように、山崎氏や坂田氏や、あるいは左野氏のように

〈自分の言葉〉で話していますか——？

その声が行間から聞こえたとき、僕たちは本作から、福知山線脱線事故の詳細やその後についての知識だけでなく、組織と個人について、さらに「言葉」についての、大きくて深くて豊かな問いを受け取っているのである。

（二〇二一年一月、作家）

(2018 年 1 月 7 日撮影)

この作品は二〇一八年四月、東洋経済新報社より刊行された。
文庫化にあたり、補章を書下ろしで加えた。

忌野清志郎著

ロックで独立する方法

夢と現実には桁違いのギャップがある。そこでキミは〈独立〉を勝ちとれるか。不世出のバンドマン・忌野清志郎の熱いメッセージ。

井上理津子著

葬送の仕事師たち

「死」の現場に立ち続けるプロたちの思いとは。光があたることのなかった仕事を描破し読者の感動を呼んだルポルタージュの傑作。

NHKスペシャル取材班著

日本海軍400時間の証言

―軍令部・参謀たちが語った敗戦―

開戦の真相、特攻への道、戦犯裁判。「海軍反省会」録音に刻まれた肉声から、海軍、そして日本組織の本質的な問題点が浮かび上がる。

国分拓著

ヤノマミ

大宅壮一ノンフィクション賞受賞

僕たちは深い森の中で、ひたすら耳を澄ました――。アマゾンで、今なお原初の暮らしを営む先住民との150日間もの同居の記録。

清水潔著

桶川ストーカー殺人事件

遺言

「詩織は小松と警察に殺されたんです……」悲痛な叫びに答え、ひとりの週刊誌記者が真相を暴いた。事件ノンフィクションの金字塔。

西岡常一
小川三夫著
塩野米松

木のいのち木のこころ

〈天・地・人〉

〝個性〟を殺さず〝癖〟を生かす――人も木も、育て方、生かし方は同じだ。最後の宮大工とその弟子たちが充実した毎日を語り尽す。

千松信也著　ぼくは猟師になった

山をまわり、シカ、イノシシの気配を探る。ワナにかける。捌いて、食う。33歳のワナ猟師が京都の山から見つめた生と自然の記録。

高野秀行著　謎のアジア納豆
―そして帰ってきた〈日本納豆〉―

納豆を食べるのは我々だけではなかった！　タイ、ミャンマー、ネパール、中国。知的で美味しくて壮大な、納豆をめぐる大冒険！

筑波　昭　著　津山三十人殺し
―日本犯罪史上空前の惨劇―

男は三十人を嬲り殺した、しかも一夜のうちに――。昭和十三年、岡山県内で起きた惨劇を詳細に追った不朽の事件ノンフィクション。

二宮敦人著　最後の秘境　東京藝大
―天才たちのカオスな日常―

東京藝術大学――入試倍率は東大の約三倍、けれど卒業後は行方不明者多数？　謎に包まれた東京藝大の日常に迫る抱腹絶倒の探訪記。

長谷川康夫著　つかこうへい正伝
―1968-1982―
講談社ノンフィクション賞・新田次郎文学賞他受賞

風間杜夫ら俳優および関係者への取材から、即興の台詞が響く〝口立て〟稽古、伝説の舞台、つかの実像を描き出す決定版評伝！

松本　修　著　全国アホ・バカ分布考
―はるかなる言葉の旅路―

アホとバカの境界は？　素朴な疑問に端を発し、全国市町村への取材、古辞書類の渉猟を経て方言地図完成までを描くドキュメント。

新潮文庫最新刊

竹宮ゆゆこ著
心が折れた夜のプレイリスト
元カノと窓。最高に可愛い女の子とラーメン。そして……。笑って泣ける、ふしぎな日常をエモーショナル全開で綴る、最旬青春小説。

瀬尾順著
死に至る恋は嘘から始まる
「一週間だけ、彼女になってあげる」自称・人魚の美少女転校生・刹那と、心を閉ざし続ける永遠。嘘から始まる苦くて甘い恋の物語。

野口卓著
からくり写楽
―蔦屋重三郎、最後の賭け―
謎の絵師を、さらなる謎で包んでしまえ――。前代未聞の密談から「写楽」は始まった！江戸を丸ごと騙しきる痛快傑作時代小説。

向田邦子著
碓井広義編
少しぐらいの嘘は大目に
―向田邦子の言葉―
没後40年――今なお愛され続ける向田邦子の全ドラマ・エッセイ・小説作品から名言・名ゼリフをセレクト。一生、隣に置いて下さい。

松本創著
軌道
―福知山線脱線事故　JR西日本を変えた闘い―
講談社本田靖春ノンフィクション賞受賞
「責任追及は横に置く。一緒にやらないか」。事故で家族を失った男が、欠陥を抱える巨大組織JR西日本を変えるための闘いに挑む。

長谷川晶一著
オレたちのプロ野球ニュース
―野球報道に革命を起こした者たち―
多くのプロ野球ファンに愛された伝説の番組「プロ野球ニュース」。関係者の証言をもとに、誕生から地上波撤退までを追うドキュメント。

軌道（きどう）

福知山線脱線事故
JR西日本を変えた闘い

新潮文庫　ま－61－1

令和三年四月一日発行

著者　松本（まつもと）創（はじむ）

発行者　佐藤隆信

発行所　株式会社新潮社

郵便番号　一六二―八七一一
東京都新宿区矢来町七一
電話　編集部（〇三）三二六六―五四四〇
　　　読者係（〇三）三二六六―五一一一
https://www.shinchosha.co.jp

価格はカバーに表示してあります。

乱丁・落丁本は、ご面倒ですが小社読者係宛ご送付ください。送料小社負担にてお取替えいたします。

印刷・株式会社三秀舎　製本・株式会社植木製本所

© Hajimu Matsumoto 2018　Printed in Japan

ISBN978-4-10-102681-7 C0195